Doro Zachmann · Bin Knüller!

Doro Zachmann

Bin Knüller!

Herz an Herz mit Jonas

scm R.Brockhaus

Umschlaggestaltung: Dietmar Reichert, Dormagen
Satz: Breklumer Print-Service, Breklum
Druck: CPI – Ebner & Spiegel, Ulm
ISBN 978-3-417-26224-7
Bestell-Nr. 226.224

INHALT

WIDMUNG

Für Wolfgang,
die größte Liebe meines Lebens –
immer noch und mehr denn je …

In Liebe und Dankbarkeit
für Eliane, Maren und Katharina,
die großartigsten Töchter, die ich mir,
und die besten Schwestern,
die Jonas sich wünschen kann!

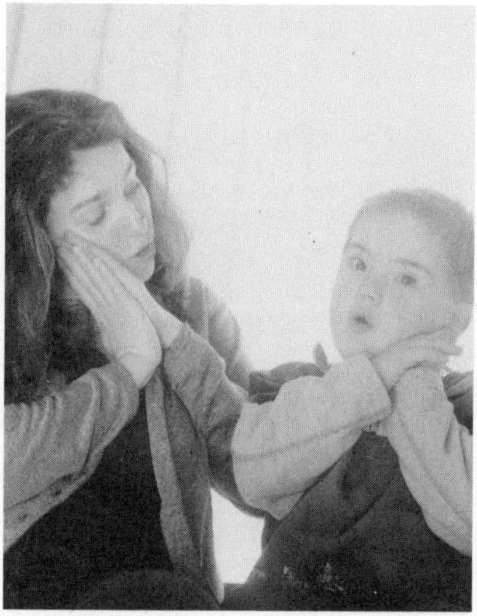

Vorwort von Bianka Bleier

»Bin Knüller!« – dieser ebenso männliche wie selbstbewusste Zweiwortsatz entspricht der lebensfrohen Selbsterkenntnis des inzwischen 15-jährigen Jonas.

Jonas ist mit dem Down-Syndrom zur Welt gekommen. Und seine Mutter, die wie alle Mütter dieser Welt ein gesundes Kind erhofft hat, schreibt über ihre Ängste und Schmerzen, über ihren Mut und ihre Hoffnung. Sie schreibt über die Entwicklung ihrer Beziehung zu Jonas und über faszinierende Entdeckungen, dort, wo sie keine erwartet hat.

Doro Zachmann schreibt mir, ebenfalls Mutter eines jugendlichen, behinderten Sohnes, aus der Seele wie kaum jemand. In faszinierenden Kurztexten und authentischen Tagebuchnotizen findet sie Worte für unaussprechliche Gefühle. In jedem Seufzer, in jeder frohen Entdeckung, in jeder neuen Episode ihrer Jonas-Erzählung finde ich mich, fühle ich mich verstanden, getröstet, ermutigt, erheitert.

Sie schlägt den Bogen von dem neugeborenen zu dem heute fünfzehnjährigen Jonas, füllt Erinnerungen mit Leben, prall und bunt. Der Grundton ihrer Zeilen lautet: »Ich schaffe es, und ich schaffe es nicht nur für mich allein, sondern ich schaffe es auch für dich« – Gegenteil von Selbstmitleid und Resignation.

Doro Zachmann ist keine Übermutter. Sie ist eine Frau, die ehrlich Ängste, Überforderungsgefühle und Versagen beim Namen nennt. Aber sie nimmt den Leser mit auf ihren Weg, auf dem sie lernt, sich dem herausfordernden Leben mit Jonas voller Einfühlungsvermögen, Fantasie und Humor zu stellen. Gerade auf den beschwerlichen und steinigen Wegstrecken erlebt sie einen neuen Zugang zu sich selbst. Sie erfährt ihre Grenzen, entdeckt aber auch ihre Stärken. Unterwegs gibt es unzählige wunderschöne Begegnungen, Ausblicke, Wegweiser und Oasen, die unmittelbar mit dem »Anderssein« ihres Kindes zu tun haben. Darauf möchte sie nicht mehr verzichten. Das macht Mut und zeigt gangbare Wege.

Schon der Titel lässt ahnen, wie das Lebensprogramm von Jonas und allen, die um ihn herum leben, lautet: Ich habe Tränen geweint, aber viel mehr Tränen gelacht!

Trotz des nicht ganz schwerelosen Themas ist *Bin Knüller* ein Buch voll berstender Lebensfreude und Humor, Ermutigung und Ehrlichkeit, Tiefgang und Leichtigkeit.

Dabei spart es keine Fragen aus. Wie erträgt eine Ehe, eine Familie Grenzsituationen und -belastungen? Wie sieht der Alltag mit einem behinderten Kind ganz praktisch aus, wie kann man ihn schaffen?

Doro Zachmann gibt Anteil an ihrem Hadern, Kämpfen, Zweifeln, Annehmen der Behinderung. Wir erleben, dass ihr Liebe zufließt, sie es nicht »machen« muss. Dass die Familie wächst an der Herausforderung.

Es tut gut zu sehen, wie eine Ehe an einem »besonderen Kind« wachsen kann. Es macht Mut zu erleben, dass Geschwister zwar lernen müssen zu verzichten, dass sie aber dennoch gewinnen. Dass Liebe so viel wettmacht. Dass sich eine Mutter in allem Kämpfen und Tapfersein dennoch nicht über ihr behindertes Kind definiert. Ebenso wenig erleben wir Jonas als einen Menschen, der sich durch seine Defizite reduziert. Es ist sehr viel Schönes und »Normales« in all dem Besonderen.

Wir lernen Jonas kennen als einen Menschen voll Leidenschaft, ungeschminkter Emotionen, sprühendem Charme und Witz, großzügigem Umgang mit Zärtlichkeit und der Fähigkeit, bedingungslos zu lieben. Seine Originalität ist wundervoll, köstlich und gottgewollt. Seine Schwäche ist seine Stärke. Das Leben an seiner Seite ist voller Überraschungen, durchwoben von Sternstunden, Herzensschätzen, Lernstationen, Lachfalten, Geduldsproben …

Bin Knüller ist ein überaus wohltuendes Buch für (werdende und seiende) Eltern eines behinderten Kindes. Darüber hinaus ist es empfehlenswert für alle, die das Selbstverständnis von Menschen mit Down-Syndrom kennenlernen möchten und schon immer mal wissen wollten, wie sich das Zusammenleben mit diesen besonderen Menschen gestaltet.

Bianka Bleier
Familienfrau, Bibliothekarin und Autorin

Vorwort von Cora Halder

Manchmal frage ich mich, was wohl aus den Kindern geworden ist, die in vielen »meiner« Down-Syndrom-Bücher beschrieben wurden. Als ich jetzt von Doro Zachmanns neuem Buch erfuhr, freute ich mich. Nun konnte ich nachlesen, wie es Jonas und seiner Familie ergangen ist, seitdem »... mit der Stimme des Herzens« 1999 erschien, in dem Frau Zachmann ihre Gedanken und Empfindungen über die ersten Jahre des Zusammenlebens mit ihrem Sohn Jonas in lyrischen Texten beschrieb. Das Buch stand lange Zeit ganz oben auf der Top-Ten-DS-Bücherliste und bestimmt wird es *Bin Knüller* genauso ergehen.

Obwohl ich eigentlich sehr ungern längere Texte am Laptop lese, weil mir das zu anstrengend ist, blieb mir dieses Mal nichts anderes übrig, als mich vor meinen »Tiptop« – wie es Jonas, die Hauptperson im Buch, sagen würde – zu setzen und das Manuskript am Bildschirm zu lesen. Erstaunlicherweise fiel es mir nicht mal schwer, denn das neue Buch *Bin Knüller* hatte mich gleich im Griff.

Doro Zachmann hat es verstanden, die Geschichte ihres jetzt 15-jährigen Sohnes Jonas so fesselnd zu erzählen, dass man einfach dranbleiben muss. Sie beschreibt die aktuellen Ereignisse, blendet frühere Tagebuchnotizen ein und benutzt manche lyrischen Texte aus ihrem ersten Buch.

Ich habe geschmunzelt über Jonas' Streiche, bin begeistert von seinen kreativen Wortschöpfungen und musste lauthals über seine genialen Problemlösungen lachen. Ich habe Tränen geweint, als seine Mutter verzweifelt um sein Leben bangt, mit ihm gelitten, als er nach der Herz-OP von Schmerzen geplagt wird, und gestaunt, wie schnell er sich wieder erholt.

Jonas' Versuche, selbstständig zu werden, sind erfreulich, seine unerschütterliche Zuversicht, dass immer alles gut wird, ist beneidenswert. Seine Beharrlichkeit, Dinge genau so und nicht anders durchsetzen zu wollen, kommt mir sehr bekannt vor.

Überhaupt ist mir – als Mutter eines Kindes mit Down-Syndrom – vieles in dieser lebendigen, sprudelnden Erzählung vertraut, als wäre es die eigene Geschichte. Vielleicht liest man das Buch deshalb so gern?

Jonas hält seine Umgebung auf Trab, da kommt keine Langeweile auf. Das, was seine Eltern und Schwestern an Zeit, Anstrengungen, Nerven und Geduld investieren, bekommen sie durch Jonas' Liebenswürdigkeit, seine Zärtlichkeit, seine Liebe, seinen Humor und seine gute Laune doppelt und dreifach zurück. Wir »Insider« wissen das und möchten diese Botschaft so gern werdenden oder neu betroffenen Eltern eines Kindes mit Down-Syndrom mit auf den Weg geben. Bestimmt werde ich den »Knüller« dazu oft einsetzen.

Und denjenigen, die sich immer noch fragen, ob das Leben eines Menschen mit Down-Syndrom überhaupt lebenswert sei, und sogar sein Lebensrecht infrage stellen, möchte ich dieses Buch zur Pflichtlektüre machen. Spätestens nachdem man Jonas »Knüller« kennengelernt hat, weiß man: Nicht nur sind Menschen mit Down-Syndrom die geborenen Lebensgenießer und Lebenskünstler, sie sind auch auf eine bezaubernde Art und Weise in der Lage, das Leben aller in ihrer Umgebung reicher und lebenswerter zu machen.

Liebe Doro Zachmann, danke für dieses Buch!

Cora Halder
Leiterin des Deutschen Down-Syndrom InfoCenters und Herausgeberin der Zeitschrift »Leben mit Down-Syndrom«

Vorneweg

»Haben Sie es vorher gewusst?«, werde ich sehr häufig im Flüsterton gefragt, wenn ich erzähle, dass ich ein behindertes Kind habe, oder mich jemand auf unseren Jonas anspricht. Inzwischen höre ich aus diesen Worten die eigentlich beabsichtigte, aber meist nicht ausgesprochene Frage heraus: »Hätten Sie dann abgetrieben?«

Ich kann sie nicht beantworten, denn das Leben hat mich nie vor diese Frage gestellt – und dafür bin ich ihm sehr dankbar!

Wir hatten einfach nicht damit gerechnet, ein Kind mit Behinderung zu bekommen – warum auch? Schließlich waren unsere damals eineinhalbjährigen, quirligen Zwillingstöchter Maren und Eliane nach ziemlich komplizierter Risikoschwangerschaft dennoch kerngesund zur Welt gekommen und deren 7-jährige Halbschwester Katharina eine zahnlückengrinsende Musterschülerin. Was also konnte der Bilderbuchschwangerschaft mit einem »Einling« an Überraschungen folgen? Eine ganze Menge: Jonas wurde mit dem Down-Syndrom geboren.

Die Tatsache, ein Kind mit sogenannter geistiger Behinderung bekommen zu haben, versetzte meinen Mann und mich für einige Tage in einen Schockzustand. Kaum hatten wir uns aufgerappelt, erfuhren wir, dass unser Sohn zudem einen schweren Herzfehler hat. Diese Diagnose traf uns noch härter, denn plötzlich ging es um Leben und Tod. Gleichzeitig aber wurden wir uns bewusst, wie tief doch bereits unsere Liebe zu dem kleinen Kerlchen war: Wir hatten größte Angst, es zu verlieren.

Zugegeben, unser Alltag war nicht einfach und ist es auch heute manchmal nicht. Aber wie auch, bei einer so ungewöhnlichen Familienkonstellation? Jonas' »Anderssein« ist da nur einer von mehreren Gründen. Ich könnte jetzt natürlich hauptsächlich von den Ängsten, Sorgen und Schwierigkeiten erzählen, die sich um die Behinderung drehen. Aber das würde das Bild verzerren, das ich von meinem Sohn habe, würde ihn reduzieren auf all das, was er nicht kann und vielleicht nie können wird.

Und es wäre gleichsam die Unterschlagung dessen, was ich durch ihn lernen durfte: nämlich, dass es im Wesentlichen nicht darauf ankommt, was einer an Leistungen zu bieten hat, sondern auf seine menschlichen Qualitäten. Und da hat Jonas mir jedenfalls heute schon eine Menge voraus: wenn ich nur an seine unbestechliche Leidenschaftlichkeit denke, seinen ungeschminkten Ausdruck sämtlicher Emotionen oder seine Fähigkeit, bedingungslos zu lieben, seinen sprühenden Charme und Witz, seinen großzügigen Umgang mit Zärtlichkeit und all die vielen ideenreichen Überraschungen, die er stets auf Lager hat ...

Aber lesen Sie selbst und begleiten Sie mich durch das Jahr 2007, gespickt mit Erinnerungen aus den vergangenen 14 Jahren.

Viel Freude mit dem Knüller!
Doro Zachmann

Déjà vu

Huch – schon so spät! Nach einem Blick auf die Uhr reiße ich mich los von der spannenden Mail, die mir eine Freundin geschrieben hat. Schnell den PC runterfahren, Hund und Katze noch füttern, den Töchtern einen Zettel schreiben und dann nichts wie los. Ich fahre die 20 km zur Schule für geistig Behinderte. Es ist ein kalter Januartag, die Straßen sind jedoch frei von Schnee und Eis, sodass ich gut vorankomme.

Jonas, mein 14-jähriger Sohn, wartet schon ungeduldig auf mich. Abgeholt zu werden, anstatt mit dem Schulbus zu fahren, ist immer wieder eine schöne Abwechslung für ihn.

»Mama, endlich du komms! Spange bei?« – »Nein Jonas, deine Spange habe ich nicht dabei. Die brauchst du nicht, denn wir gehen nicht zum Kieferorthopäden. Heute fahren wir in die Kinderklinik, dein Herz wird wieder untersucht.« Und ich erzähle zum dritten Mal an diesem Tag von EKG, Ultraschall etc., bis Jonas sich wieder erinnert. Einmal im Jahr fahren wir in die Klinik, um sein Herz kontrollieren zu lassen, das nicht ganz in Ordnung ist. Er wurde mit einem schweren Herzfehler geboren und mit acht Monaten operiert. Damals konnte man zwei große Löcher und eine undichte Herzklappe flicken. Eine weitere Klappe jedoch, die Mitralklappe, schließt nach wie vor nicht richtig und muss beobachtet werden. Allerdings ist ihr Zustand in all den Jahren so stabil gewesen, dass wir nur alle 12 Monate zur Kontrolle müssen.

Jonas verabschiedet sich sehr herzlich von seinen Freunden und der Lehrerin, die im Stuhlkreis zusammensitzen und gerade ein Buch besprechen.

»Na, Jonas, wie war's in der Schule?«, frage ich im Auto.

»Schön!«

»Und was habt ihr gemacht?«

»Nix!«, brummt mein Sohn und grinst mich zufrieden an, schließlich gehört das zu unserem täglichen Frage- und Nichtantwort-Ritual. Den Rest der Fahrt verbringen wir mit lautem Singen und rhythmischem Schnipsen zur Musik im Radio, das Jonas von Ampel zu Ampel lauter dreht. Wenn ich ein anderes Fahrzeug überhole, winkt Jonas dem Fahrer freudig zu. Heute bestehe ich darauf, dass die Scheibe geschlossen bleibt.

Juni 2005

Jonas (12) liebt Autofahrten – und besonders dann, wenn er vorne auf dem Beifahrersitz am Verkehrsgeschehen ganz nah dran ist. Heute beobachtet er aufmerksam, wie ich einem entgegenkommenden Fahrer per Handzeichen und Kopfnicken danke, weil er mir die Vorfahrt überlassen hat. Sofort übernimmt Jonas diese Geste für jedes entgegenkommende Fahrzeug (Vorfahrt hin oder her), steigert dies dann in freudiges Winken, und als ihm das immer noch zu wenig freundlich erscheint, kurbelt er das Fenster herunter, streckt den Oberkörper so weit raus, wie der Gurt es zulässt, und rudert heftigst mit beiden Armen. Jedem Fußgänger, Radfahrer und allen, die ihn sonst noch hören können, ruft er abwechselnd laut »Halloho« und »Dankesöön« zu. Kaum zu glauben, wie viele ernst dreinblickende und angespannte Gesichter mein Kind mit seinem Fuchteln im Fahrtwind zu verzaubern vermag! Überall plötzlich fröhliches Lächeln, amüsierte Blicke, zurückwinkende Menschen. Ich bin so stolz auf meinen Sohn und denke mir: Ja, recht hat er! Es ist doch oftmals ein Leichtes, anderen Menschen ein Lächeln zu entlocken – mit ein bisschen mehr Aufmerksamkeit, ein bisschen mehr Freundlichkeit, ein bisschen mehr Farbe im grauen Alltag.

Vor der Klinik angekommen zwänge ich unseren Kombi in eine äußerst knappe Parklücke und stelle am Parkscheinautomaten fest, dass ich kein Kleingeld bei mir habe. Drei Passanten frage ich erfolglos, ob sie mir vielleicht den 50-Euro-Schein wechseln können.

»Ach egal, Mama. Komm, lass! Dokto waatet mich!« Jonas wird zappelig.

Ich jedoch habe schon beim Aussteigen die Politesse auf der anderen Straßenseite erspäht, die immer näher kommt. Also gehe ich direkt auf sie zu, erkläre meine missliche Lage mit dem großen Schein. Die Frau reagiert sehr freundlich und entlässt mich mit einem »An der Rezeption der Klinik kann man Ihnen bestimmt weiterhelfen!«.

Dort jedoch gibt es keine Kasse, die Cafeteria befindet sich im Nebengebäude, und wechseln kann mir leider auch niemand. Während ich es noch bei drei Patienten und Besuchern im Foyer versuche, hat Jonas bereits Dr. Piever erspäht und wiedererkannt. Laut ruft er durch die Halle: »Dokto, halt! Komme dir! Waate mich!«, und rennt auf den Arzt zu, der ihm freundlich zuwinkt. Ich seufze, zucke mit den Schultern und hake mein Parkplatzproblem ab, um in Richtung Kardiologie den beiden Männern hinterherzulaufen. Sie stecken bereits mitten in einer netten Unterhaltung, schließlich kennen sie sich seit Jahren.

»Na, Jonas, wie geht's dir?«

»Gut!«

»Mann, du bist ja wieder ordentlich gewachsen im vergangenen Jahr!«

»Ja, bin ich! Hab Baat, guck hier!« Jonas streckt sein Kinn vor, aus dem tatsächlich ein paar einzelne kleine Härchen sprießen.

»Bist ja fast schon ein Mann. Wie alt bist du denn jetzt?«

»Bin fizzen alt!«, wirft sich Jonas stolz in die Brust.

»Und was macht die Schule?«

»Schön!«

»Was macht ihr denn da so?«

»Nix!«, grinst Jonas breit.

»Nix? Das ist aber nicht viel!«, lacht Dr. Piever. »Na, da wollen wir uns heute mal wieder dein Herz anschauen und gucken, ob alles okay ist!«

»Nau!«, nickt Jonas zustimmend und lüpft sein T-Shirt hoch.

»Nein, nicht sofort. Gleich höre ich dich ab. Zuerst musst du noch zur Schwester Ingeborg zum EKG.«

Dr. Piever begleitet uns noch zur Anmeldung und biegt dann mit einem schmunzelnden »Bis gleich!« in sein Behandlungszimmer ab.

Nachdem alle Formalitäten erledigt sind, nehmen wir im Wartebereich Platz und blättern zusammen in einem Comic.

Als die Schwester Jonas aufruft, springt er freudig auf, dreht sich rasch zu mir um und gebietet mir streng: »Mama, du hier. Ich leine! Bin große Kerl!«

Überrascht, aber auch erfreut über diesen neuen Schritt in Richtung

Selbstständigkeit bleibe ich sitzen und schaue meinem Sohn hinterher, wie er mit der Schwester in einem Zimmer verschwindet, nicht ohne mir vorher noch einmal lachend zuzuwinken.

Ich bin in einen Zeitschriftenartikel vertieft, als Jonas wieder zu mir kommt.

»Muss waaten!«

»Und, wie war's?«

»Hat kitzel. Muss lachen!«

Wir kennen die Prozedur schon. Nachdem Jonas nun gewogen und gemessen und ein EKG geschrieben wurde, warten wir jetzt auf Dr. Piever, der einen Ultraschall und eine gründliche Untersuchung durchführen wird.

Als der Arzt Jonas abholt, »darf« ich wieder nicht mitgehen. Also versinke ich erneut in der Zeitschrift. Zweieinhalb Artikel später steht Jonas wieder vor mir und sagt: »Mama, solls Dokto komm! Jetz du daaf auch!«

Ich folge meinem Sohn in das Besprechungszimmer, in dem Dr. Piever am Schreibtisch sitzt und in Jonas' Akten vertieft ist. Als er aufschaut, um mir einen Platz anzubieten, sehe ich sofort in seinem Gesicht, dass etwas nicht stimmt, und ahne, dass mir die folgenden Sätze nicht schmecken werden.

Plötzlich ist es, als ob die Zeit zunächst stehen bliebe, um dann binnen Bruchteilen von Sekunden rückwärtszulaufen. Ich sehe mich um 14 Jahre zurückversetzt, als ich demselben Arzt gegenüberstand, mein zweiwöchiges Baby auf dem Arm, der Tränen nicht mehr Herr wurde und versuchte zu fassen, was mir soeben mitgeteilt worden war.

Diagnose Herzfehler

Obwohl meine Arme
dich tragen,
bist es du,
der mich hält
und davor bewahrt,
entweder
aus lähmender Angst zu fallen
oder aus magischer Anziehung

der Verzweiflung zu springen
in den bodenlosen Abgrund,
der sich soeben vor mir auftut.

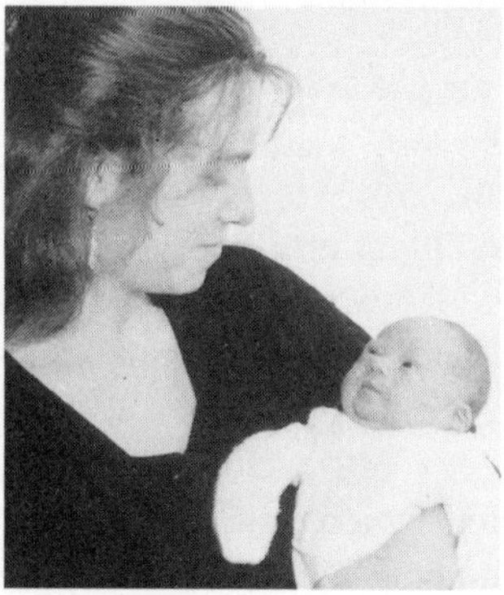

Ich hole tief Luft und wappne mich innerlich für das, was jetzt kommen wird.

Dr. Piever redet Klartext: »Die Undichtigkeit der Herzklappe hat seit der letzten Untersuchung erheblich zugenommen und ich fürchte, Ihr Sohn muss erneut operiert werden.«

Schock! Noch eine Operation? Damit hatte ich nicht gerechnet. All diese Jahre nach der Herzoperation damals sind wir regelmäßig hierher zur Untersuchung gekommen und immer bekam ich dasselbe zu hören: Auf einer Werteskala von 1 bis 4 war die Klappe jedes Mal konstant bei 2, also in einem recht stabilen Zustand, der Jonas auch alle Belastungen und Aktivitäten erlaubte. Obwohl mir Dr. Piever all die Jahre über immer wieder auch sagte, dass sich der Zustand jederzeit verschlechtern könne, konnte ich dennoch ruhig schlafen und hatte nicht ständig Angst. Im Gegenteil: Ich ging zu den Herz-Kontrollen inzwischen genauso »routiniert« und unbefangen wie zu den häufigen Untersuchungen beim Kieferorthopäden, HNO-, Zahn- oder Kinderarzt. Ich weiß nicht, was mich so ruhig sein ließ. Irgendetwas in mir weigerte sich einfach, dem Thema Herzfehler mehr Raum zu geben. Vielleicht war es ein gut funktionierender Verdrängungsmechanismus, vielleicht aber auch mein Glaube daran, dass mein Kind in Gottes Händen gut aufgehoben ist. Und es gab ja auch keinen triftigen Grund für Sorgen oder Ängste, schließlich bestätigte sich ja von Jahr zu Jahr, dass der Zustand der Klappe konstant blieb. Warum also hätte ich mich verrückt machen sollen?

Nun aber ist plötzlich alles anders. Von einem Moment auf den anderen kippt mein Sicherheitsgefühl, wird mir der Boden unter den Füßen weggerissen. Schreckliche Bilder von der ersten Operation tauchen aus meiner Erinnerung auf, und ich muss sie mit aller Macht wegdrängen, damit sie mich nicht überfluten und wegschwemmen.

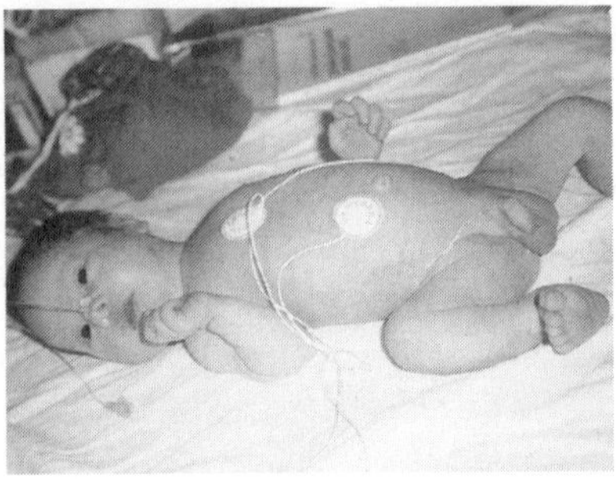

Dr. Piever sieht mein Ringen und Kämpfen, lässt mir einen Moment Zeit, den Schock abzufedern, indem er sich mit Jonas unterhält, der zwar emotional, aber vom Verstand her nicht begreift, was hier gerade geschieht. Als ich mich so weit wieder gefangen habe, zwinge ich mich, ruhig zu bleiben und mich auf die Erklärungen zu konzentrieren, die jetzt folgen.

Anhand eines Herz-Modells zeigt mir der Arzt, was die Verschlechterung des Messwertes von 2 auf 3 bedeutet: Es fließt jetzt deutlich mehr Blut als zuvor zurück in den linken Vorhof und die linke Herzkammer. Beide Gefäßteile haben sich deshalb seit der letzten Untersuchung bereits erheblich vergrößert, ja verdoppelt. Und das wiederum bedeutet, dass auch die vier großen Arterien betroffen sind und, wenn es noch schlimmer würde, auch die Lunge angegriffen würde. Ich spüre, wie sehr sich Dr. Piever bemüht, seine Erklärungen völlig sachlich und ohne jede Spur von Besorgnis abzugeben. Immer wieder wirft er Jonas ein künstliches Lachen zu, damit dieser sich nicht ängstigt. Jonas sitzt einfach nur neben mir, ist vollkommen still, beobachtet uns beide. Als er mir seine Hand rüberstreckt, weiß ich nicht, ob es eine Geste des Tröstens oder des Hilfesuchens ist. Aber es fühlt sich gut an, eine Hand halten zu können, zu streicheln und gestreichelt zu werden, zu drücken und gedrückt zu werden. Eine Erinnerung streift mich:

Mein Sohn, der große Tröster in allen Lebenslagen ... Als er mich unlängst auf dem Spielplatz gedankenverloren auf einer Schaukel sitzen sah, gab er mir einen heftigen Schubs, lachte sein brummbärtiefes Lachen und sagte: »Mama, schucke dir de Himme hoh, dann nich me tauhich sein!«

Dr. Piever ergänzt: »Ich werde nun in der Klinik in Freiburg anrufen, die die Operation durchführen soll, und mich mit dem Professor beraten, ob er die Situation ebenso einschätzt wie ich. Bitte nehmen Sie so lange noch einmal draußen Platz, ich rufe Sie dann wieder herein, sobald ich Ihnen mehr sagen kann.«

Auf dem Gang frage ich Jonas, was er verstanden hat. Er hebt die Schultern und schaut mich mit seinen großen mandelförmigen Augen fragend an. Ich erkläre ihm, dass er vielleicht noch einmal operiert werden muss.

»Wie Opa?« — »Ja, genau, wie Opa.«

Mein Vater bekam vor ein paar Jahren zwei Bypässe gelegt und Jonas war öfter mit im Krankenhaus zu Besuch. »Opa au groẞa Naabe hia, gell, Mama?« Jonas hebt wieder sein T-Shirt hoch und streicht über die 20 cm lange, weiße, knubbelige Narbe, die seine Brust längs ziert. »Papa au Opazon?« – »Nein, Papa hatte noch keine Herzoperation.« – »Du?« – »Ich hatte auch noch nie eine.« – »Oma?« – »Nein.«

Auch bei seinen drei Schwestern Maren, Eliane und Katharina verneine ich.

»Oh Manno – imma ich!«, beschwert sich Jonas und schaut betrübt zu Boden. Da kommt mir die zündende Idee und ich sage: »Joni, heute Morgen hattest du doch Schwimmen in der Schule. Überleg doch mal, welches Kind noch so eine große Narbe auf der Brust hat wie du.« (Da ich die meisten Kinder der Sonderschule kenne, weiß ich von einigen Herzkrankheiten.) Auf kurzes Stirnrunzeln und angestrengtes Nachdenken folgt das Aha und große Erleichterung. Jonas zählt fünf Kinder aus seiner Schule auf. Puh! Jetzt strahlt mein Sohn wieder, weil er nicht allein mit dem Problem auf der Welt ist. Damit ist das Thema für ihn erst mal gegessen und er greift zu dem angefangenen Comic-Heft. Ich bin wieder einmal verblüfft, erleichtert und voller Bewunderung, wie sorglos und unverkrampft Jonas den größten Herausforderungen seines Lebens entgegenschauen kann.

August 2003

Jonas (10) verreist das erste Mal allein. Bisher waren seine Schwestern dabei, wenn er auf eine Freizeit fuhr. Eigentlich war er für die Freizeit mit seiner Jungschargruppe angemeldet, die jedoch vorgestern kurzfristig abgesagt wurde. Nun mussten wir ganz schnell »Ersatz« finden, denn auch wir Eltern und die Großeltern waren verplant und wollten unsere Vorhaben ungern aufgeben. Es klappte: Übers Internet fand ich ein integratives Freizeitangebot, das noch ein paar Plätze frei hatte. Der Nachteil jedoch: Jonas würde überhaupt niemanden kennen. Da standen wir dann heute Nachmittag als ganze Familie am Busbahnhof einer fremden Stadt, um Jonas zu verabschieden. Zusammen mit 30 anderen Kindern und 6 Mitarbeitern sollte es für eine Woche ins Allgäu gehen. Ich war schrecklich aufgeregt und auch beunruhigt. Machte mir Vorwürfe, eine elende Rabenmutter zu sein, die ihr Kind allein wegschickt. Hatte ein schlechtes Gewissen, weil mir mein eigener Erholungsurlaub wichtiger war als das Wohl meines Kindes. Ich steigerte mich immer mehr in Angstfantasien hinein: dass die Mitarbeiter mit Jonas' Besonderheiten nicht klarkommen würden, dass Jonas Heimweh haben könnte, dass er sich allein und ausgeschlossen, gar von uns als Familie abgeschoben fühlen könnte ... Es zerriss mir fast das Herz, und ich kämpfte mit dem Gedanken, die ganze Sache abzublasen. Wolfgang, der mich nicht nur sehr gut kennt, sondern auch von meiner Unruhe wusste, legte einfach nur den Arm um mich und sagte in gelassenem Ton: »Warum machst du dir mehr Sorgen als unser Sohn?!« Und tatsächlich: Als ich meinen Blick weg von den inneren Bildern wieder auf Jonas richtete, sah ich, dass er zwar auch aufgeregt, aber voller Vorfreude und ohne jede Angst zu sein schien. Seinen Stoffhund zwischen die Knie geklemmt, klatschte er laut aufjuchzend begeistert in die Hände, als der große Doppeldeckerbus vorfuhr, in den er gleich einsteigen durfte. Als die Koffer und Kisten verstaut waren, ging es ans Abschiednehmen. Ich war überzeugt davon, dass Jonas spätestens jetzt, wenn er registrierte, dass keiner von uns mit einsteigen würde, weinen müsste und eventuell nicht einsteigen wollte. Pustekuchen! Unser Sohn drückte uns allen einen dicken Feuchtkuss ins Gesicht, umarmte alle herzlichst mit einem »Schühüs« und ging dann lachend und strahlend »an Bord«. Er setzte sich weit hinten allein in eine Bank, drückte von innen sein Gesicht an die Scheibe und winkte uns so lange lachend zu, bis der Bus nicht mehr zu sehen war. Von wegen Tränen! Außer mir heulte überhaupt keiner.

Während ich mit meinen widersprüchlichen Gefühlen kämpfe und meinen Gedanken nachhänge, biegt plötzlich ein Mann in gelber Latzhose, buntem Hemd und roter Pappnase um die Ecke und kommt direkt auf uns zu. Jonas legt sein Heft zur Seite und ruft »Hallo Klaun!«, als sei es das Natürlichste der Welt, dass inmitten eines weiten Krankenhausflures plötzlich ein Clown vor einem steht. Der Clown macht mit Jonas Scherze und verblüfft ihn mit Zaubertricks.

Kurz darauf stehen weitere Kinder und Mütter um die lustige Person herum und es gibt viel zu lachen. Ich bin so dankbar für diesen Clown, der aus dem Nichts aufgetaucht ist und mein Kind nun ablenkt, ja fröhlich macht, und der ganzen Situation das Schwere nimmt.

Da geht die Tür des Behandlungszimmers auf und Dr. Piever winkt uns zu sich. Jonas' Kommentar ist eindeutig: »Mama, geh nur. Ich lieba hia. Bei Klaun bessa fü mich!«

Wie wahr. Ich würde auch lieber dem Clown bei seinen Späßen zusehen, als mich der brutalen Wirklichkeit zu stellen, die im Moment einen weißen Arztkittel trägt und mir unschöne Sachen sagt. Als ich mit Dr. Piever allein im Zimmer bin, ist seine Miene nicht mehr so aufgesetzt fröhlich wie vorhin noch in Jonas' Beisein. Nun kann er ohne Beschönigung reden und meine vielen Fragen klar und deutlich beantworten. Der Professor der Freiburger Klinik teile seine Einschätzung, dass Jonas' Herzzustand sich sehr verschlechtert habe und eine Operation unumgänglich sei. Er möchte ihn aber selbst noch einmal untersuchen und hat dafür einen Termin in fünf Wochen vorgeschlagen. Dann soll die Entscheidung getroffen werden, ob und wann Jonas operiert wird.

»Das ist jetzt keine hochakute Sache, Sie brauchen also nicht zu befürchten, dass Ihnen Ihr Sohn von einem Moment zum anderen tot umfällt. Aber es ist eben eine deutliche Verschlechterung nachzuweisen, und die kommt auch nicht von allein zum Stillstand, sondern wird sich weiter ausdehnen. Deshalb muss man in den nächsten Monaten handeln.«

Déjà vu! Ich habe das doch schon einmal erlebt …

Acht Monate sind vergangen
seit der Diagnose deines Herzfehlers.
Eine Zeit voll
geklammerter Hoffnungen,
kaum zu glaubender Verheißungen,
enttäuschender Rückschläge,
bedrohlicher Unsicherheit,

bis hin zur bitteren Wahrheit,
ungeschminkt und schonungslos,
unaufschiebbar akut.
Nun steht fest:
Eine Operation
ist die einzige Chance,
dich am Leben zu halten.

Ich frage auch nach den Erfolgsaussichten dieser zweiten Operation, und Dr. Piever macht mir verständlich, dass ich kein Wunder erwarten dürfe, da Jonas' Herz von Geburt an ziemlich missgebildet sei. »Sie werden es in Freiburg auch nicht ganz dicht bekommen, aber bestimmt dichter, als es jetzt ist – und das ist doch schon mal was. Mit viel Glück bekommen Sie noch mal zehn ruhige Jahre geschenkt, bevor man dann erneut eingreifen oder gar eine künstliche Klappe einsetzen muss. Das ist wirklich die letzte Möglichkeit, nämlich dann, wenn die eigene Klappe so vernarbt und verunstaltet ist, dass mit Flicken nichts mehr zu retten ist. Eine künstliche Klappe bedeutet auch lebenslange Einnahme von blutverdünnenden Mitteln und ein viel größeres Risiko während und nach der OP.« Mir ist ganz schwindlig, als ich den Raum verlasse.

Mein Sohn, der, wie ich gerade erfahren habe, schwer krank ist, klatscht sich im Moment vor Begeisterung auf die Schenkel und lacht laut über einen Witz des Clowns, der inzwischen eine große Kinderschar angezogen hat. Als Jonas mich kommen sieht, fragt er besorgt: »Fätich, Mama? Oh nöö! Will bleim!«

Also bleiben wir noch und ich stelle mich nach hinten zu den Müttern. Und wieder überkommt mich große Dankbarkeit für diesen Clown, der im richtigen Moment am richtigen Ort aufgetaucht ist und beiden von uns das gibt, was er gerade braucht: Unterhaltung und Ablenkung für Jonas und Sicherheit für mich, dass Gott uns im Blick und die Situation im Griff hat.

Eine Viertelstunde später verabschiedet sich der Clown, und als die Gruppe sich auflöst und in verschiedene Richtungen auseinandergeht, bietet sich der Moment, ihn anzusprechen. Ich frage, ob er jeden Tag hier sei. »Nein, ganz selten, ab und zu mal mittwochs, aber eigentlich nie auf dieser Station.«

Zufall? Nein, für mich steht fest, dass wir einem Engel mit Pappnase begegnet sind!

Am Auto angelangt ruft Jonas: »Mama, Bief fü dich!«, und zerrt ein Stück Papier unterm Scheibenwischer hervor. Völlig entgeistert starre ich auf den Strafzettel in meiner Hand und kann es nicht fassen. Natürlich weiß ich, worin mein Vergehen besteht, schließlich habe ich mich nicht mehr um das Geldwechseln und einen Parkschein bemüht. Das habe ich vollkommen vergessen, als die Wogen über mir zusammenschlugen. Irgendetwas in mir fühlt sich sehr ungerecht behandelt und fragt, wie ein blöder Parkschein so wichtig sein kann? Warum man mir das antut, wo ich doch gerade mit viel größeren Problemen zu kämpfen habe?

Beim Einsteigen schüttele ich diese naiven Gedanken ab und versuche mir klarzumachen, dass die Welt sich einfach weiterdreht, als sei nichts geschehen, auch, wenn ich gerade eine so schreckliche Diagnose erfahren habe.

Jonas
Schina

Reaktionen

Wir fahren in die Stadt zu dem Treffpunkt, den ich mit Jan ausgemacht habe. Jan ist Jonas' Zivi, der einmal in der Woche für zwei Stunden unseren Sohn »übernimmt« und mir dadurch Freiraum schenkt. Jonas ist nicht minder begeistert von diesem Mittwochnachmittag, der immer eine schöne Abwechslung bietet, und außerdem mag er Jan sehr. Heute wollen die beiden ins Kino gehen und sich »Die wilden Kerle 4« ansehen. Jonas ist schon ganz aufgeregt und ich bin so froh, dass der Besuch im Krankenhaus für ihn schon wieder abgehakt zu sein scheint. Auch bin ich dankbar, Jonas jetzt an Jan »abgeben« zu dürfen und Zeit für mich zu haben, in der ich mich meinen Sorgen, Gedanken, Ängsten stellen kann.

Ich erzähle Jan kurz von der Diagnose. Auch er ist erschrocken. Aber Jonas tut das Ganze mit einer wegwerfenden Handbewegung und den Worten ab: »Ach, nich schlimm, Jan! Komm jetz, geh Kino, wilde Kerle guckn!«

Ja, man muss im Leben einfach Prioritäten setzen können. Fußball zum Beispiel! Und wer ein echter wilder Kerl sein will, muss hart trainieren.

Juli 2002

Jonas (9) findet keinen, der mit ihm unten im Hof kickt. So zieht er mürrisch ab und macht das Beste aus seiner Situation, indem er wie folgt allein Fußball spielt: Er stellt sich zwei Meter vor das Garagentor und kickt den Ball dagegen. Dann schreit er laut »TOOOR!«, wirft die Arme in die Luft, juchzt vor Freude, streckt dem imaginären Torwart schadenfroh die Zunge raus und zählt: »Eins un Null!« Dann tritt er das nächste Tor, brüllt wieder laut, führt sein Freudentänzchen auf etc. und zählt: »Swei un Null!« Als er (bei nicht ganz korrekter Zählweise) »Achsen un Null« ruft, nickt er zufrieden, kickt den Ball – überzeugt von sich und seinem fußballerischen Können – in die Ecke und kommt wieder nach oben.

Auf der Fahrt nach Hause kann ich endlich weinen. Und sofort sind sie wieder da: Bilder der Erinnerung an die erste Operation mit so viel Angst, Schmerz, Blut und Tränen.

Ausgeliefert

Die sechs Stunden deiner Operation
dauerten wie eine Ewigkeit.
So verlor der Begriff Zeit
für mich jede Bedeutung,
das Warten
war ein Zustand der Grausamkeit,
und das Wort Ohnmacht
wurde zur lebendigen Erfahrung.

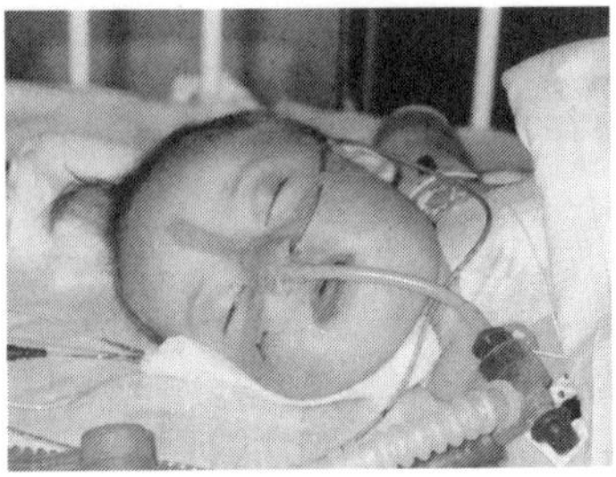

Mein Schluchzen wird schließlich Gebet: »O Gott, was kommt da auf uns zu? Steht es wirklich so schlimm um Jonas' Herz, dass wir da noch einmal durchmüssen? Du weißt, was es uns alle damals gekostet hat und wie schwer die Zeit für uns war. Ich habe Angst davor. Aber noch mehr Angst habe ich, mein Kind zu verlieren! So eine Herz-OP ist doch kein Pappenstiel. Oh, ich bin so ohnmächtig. Mir bleibt nichts, als das alles in deine Hände zu legen und zu vertrauen, dass du das Beste daraus machen wirst. Aber ich danke dir auch, dass du uns nun so eine lange Zeit der Ruhe damit geschenkt hast. Mir war letztlich doch gar nicht bewusst, dass Jonas' Herz immer noch so krank ist. Bitte nimm mir nicht mein Kind! Ich weiß nicht, wie ich das überstehen könnte.«

Es tut so gut, alles aussprechen zu können und einfach nur zu weinen. Es macht mich innerlich ruhig.

Zu Hause angekommen möchte ich am liebsten gleich alles erzählen. Aber da ist niemand. Wolfgang ist noch bis spätabends in der Seelsorge (und dort auch telefonisch nur schwer erreichbar), unsere Zwillingstöchter Maren und Eliane (15) sind bei Freundinnen, Katharina (21, Wolfgangs Tochter aus erster Ehe) noch in der Vorlesung.

Also schnappe ich mir das Telefon und rufe meine Eltern an. Mutti ist tief betroffen, reagiert aber gefasst. Sie tröstet mich: »Jetzt wartet erst mal die Untersuchung in Freiburg ab, vielleicht ist es ja doch nicht so schlimm.«

Ich schreibe eine Rundmail an viele Freunde und erzähle die Situation. Kaum zu glauben, wie viele liebevolle, mitfühlende, Trost spendende, Mut machende und fürbittende Mails daraufhin in den nächsten Tagen zurückkommen. Ich drucke und schneide sie alle aus und klebe sie in mein Tagebuch – so kann ich die schönen Zeilen ständig nachlesen und mit nach Freiburg nehmen, wenn es so weit ist.

Der Hund bellt. Eliane und Maren kommen laut kichernd heim.

Sie sehen mir sofort an, dass etwas nicht stimmt. »Was ist los, Mami?«, werde ich besorgt gefragt. Mit Tränen in den Augen erzähle ich von der Untersuchung, und dass Jonas wahrscheinlich wieder am Herzen operiert werden muss.

»Oh nein! Der Ärmste!« Maren ist tief betroffen.

»Doch nicht mein süßer Knuddelbruder!« Der Schreck steht in Elianes Gesicht.

»Meine arme kleine Mama!« Maren nimmt mich tröstend in die Arme. Elli stellt sich dazu und umarmt uns beide. So stehen wir eine Weile zu dritt mitten in der Küche, schweigend, weinend, betroffen.

»Ach was! Das packt der schon! Ihr werdet sehen!« Maren hat ihre Zuversicht wiedergewonnen. Erleichtert atmen wir auf, lösen uns voneinander, wischen uns Tränen aus dem Gesicht, grinsen uns an, lachen dann laut über die verschmierten Kajalaugen.

Ich bin so froh über meine Mädchen, so dankbar für diesen kostbaren Moment des Einsseins. Als Jonas von Jan eine Stunde später gebracht wird, wundert er sich seltsamerweise gar nicht, warum ihm seine Schwestern den ganzen Abend kaum von der Seite weichen und sich so liebevoll um ihn kümmern. Das war schon immer so:

Die besten Therapeutinnen

Die Logopädin
lehrt dich das Sprechen.

Die Krankengymnastin
bringt dir Bewegungsabläufe bei.

Der Ergotherapeut
zeigt dir, was Feinmotorik ist.

Die Heilpädagogin
sorgt für deine integrative Eingliederung.

Und deinen Schwestern
machst du alles nach.

Später huscht Katharina ins Haus. (Liebevoll heißt sie bei uns oft »Aganina Zamzam«, denn das war jahrelang Jonas' offizielle Bezeichnung für seine älteste Schwester.) Sie will sich noch etwas zu essen organisieren, bevor sie den Abend mit Lernen verbringt, denn ihre Semesterabschlussprüfungen stehen bald an. Als ich ihr die unangenehme Neuigkeit erzähle, schiebt sie den Teller von sich weg. Der Appetit ist ihr vergangen. »Oh je! Unser Joni!« Pause. »Dann bleibe ich lieber hier!«

»Nein! Nein, das musst du nicht. Du musst deswegen jetzt nicht deine ganzen Zukunftspläne über den Haufen werfen. Außerdem wissen wir ja noch gar nicht, ob und wann er operiert wird.« Es erscheint mir nicht richtig, dass Katharinas lang ersehnter Wunsch vom Auslandspraktikum, für den sie sich so eingesetzt hat, nun scheitern soll. Ein halbes Jahr Ecuador, alles ist geplant und organisiert, der Flug gebucht. »Nein!«, sage ich noch einmal mit Bestimmtheit. »Du kannst trotzdem fliegen!«

In ihr erleichtertes Aufatmen mischt sich dennoch ein Hauch schlechtes Gewissen. Bevor sie in ihr separates Domizil nach nebenan verschwindet, schlüpft sie noch einmal zu ihrem Bruder ins Zimmer …

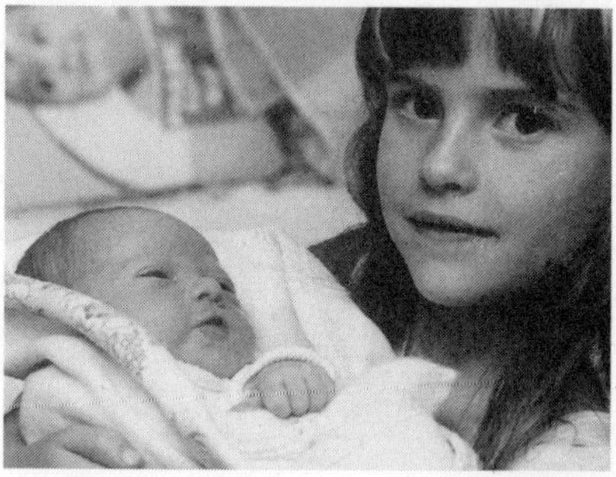

Die Kinder sind alle im Bett, als Wolfgang endlich um 23 Uhr nach Hause kommt. Er hatte einen anstrengenden Tag und ist sehr müde. Für einen Moment überlege ich noch, ob ich ihn schonen und erst morgen alles erzählen soll, aber als er mich in seinen Arm zieht und mich fragt, wie mein Tag war, da platzt es aus mir heraus.

Wolfgang ist geschockt. Ich spüre, wie es ihm den Boden unter den Füßen wegzieht. Er setzt sich, will alle Einzelheiten hören. Und so gehe ich die ganze Untersuchung und jede Bemerkung des Arztes noch einmal mit ihm durch. Schweigend hängen wir dann eine Weile unseren Gedanken nach, spüren tröstend die Nähe des anderen. Dann steht Wolfgang auf, nimmt mich in den Arm und sagt: »Okay, wenn es so sein soll, dann soll es so sein und dann werden wir das Beste daraus machen! Ich werde für die Zeit, wenn du mit Jonas im Krankenhaus bist, alle Aktivitäten zurückfahren und hier zu Hause den Laden schmeißen. Wir werden alle Kraft brauchen, aber Gott wird uns auch nicht im Stich lassen. Das weißt du!« Ja, das weiß ich und es ist auch meine einzige Hoffnung und das, worauf ich mich stütze. Ich liebe Wolfgang für seine Zuversicht, seine Stärke und seinen Willen, sich niemals unterkriegen zu lassen.

In der Nacht auf den 25. September 1992

Wolfgang liegt neben mir auf dem Bett, streichelt mich und sein viertes Kind. Jonas ist vor drei Stunden geboren worden. Dieses kleine Bündel Mensch schläft friedlich zwischen uns und ahnt überhaupt nicht, wie sehr es von einem Moment auf den anderen unser Leben aus der Bahn geworfen hat. Gemeinsam ringen wir mit dem ausgesprochenen Verdacht, gerade ein geistig behindertes Kind bekommen zu haben, flüstern miteinander, schweigen miteinander, weinen miteinander. Und während sein Vaterblick auf unserem kleinen Sohn und seine große warme Hand auf dem winzigen Köpfchen ruht, spricht Wolfgang den Satz aus, den ich noch heute deutlich höre: »Ob Jonas behindert ist oder nicht: Lieben tu ich ihn schon jetzt.«

Die Nacht ist wunderbar friedlich. Wir flüstern uns gegenseitig in den Schlaf und wundern uns am nächsten Morgen, dass wir so gut geschlafen haben. Obwohl wir doch allen Grund hätten, unruhig zu sein, dürfen wir in den nächsten Tagen und Wochen erleben, wie sich zunehmend Frieden in unseren Elternherzen ausbreitet und uns durch unsere Sorgen trägt.

Für Jonas scheint die OP kein Thema mehr zu sein. Er spricht sie weder uns gegenüber an, noch enthalten seine lauten Selbstgespräche, die er ständig führt, wenn er sich unbeobachtet fühlt, irgendeinen Hinweis darauf, dass er sich mit der OP beschäftigt oder gar Angst davor hat. Was ja absolut verständlich wäre … Es ist aber auch nicht so, dass er das Thema »vergessen« hat oder aufgrund gewisser geistiger Einschränkungen nicht in der Lage wäre, sich damit zu beschäftigen. Er hört uns auch immer wieder davon sprechen, spürt sicherlich auch eine gewisse Unruhe, aber sie überträgt sich nicht auf ihn. Jonas ist und bleibt einfach unbesorgt. Wie immer. Er ruht in sich. Fühlt sich sicher und geborgen, geliebt und angenommen, nichts kann ihm Angst und Schrecken einjagen. Das war schon immer so. Und das bewundere ich an ihm. Das heißt nicht, dass Jonas stets ausgeglichen und friedlich wäre, nein, er kann ordentlich bocken und wütend sein. Er ist einfach immer ganz und gar: entweder total fröhlich, ausgelassen und supercharmant, oder eben tobend, laut schimpfend und überhaupt nicht einverstanden. Da gibt es kaum Zwischentöne. Das macht es oft sehr anstrengend mit ihm, aber diese Leidenschaftlichkeit mag ich auch ganz besonders an meinem besonderen Kind. Ich weiß immer, woran ich bei ihm bin.

Aneinander vorbei

Seltsam,
dass manche Menschen
einen weiten Bogen
um dich machen,
wo du selbst
doch so gradlinig bist.

Jonas ist mir außerdem ein echtes Vorbild darin, mich nicht wegen Dingen zu sorgen, die ich nicht beeinflussen kann. Wie jetzt zum Beispiel. Solange wir nicht einmal die Gewissheit haben, dass die OP ansteht, so lange will ich meine Zeit nicht damit verbringen, mich in ängstliche Gedanken hineinzusteigern, will ich meine Kraft nicht unnötig selbst lähmen.

Und dennoch mache ich mir natürlich Gedanken um die Zukunft. Um dieses Jahr, das noch so frisch vor uns liegt. Im Sommer werde ich vierzig. Das wollte ich eigentlich groß feiern. Und endlich, nach drei Jahren Pause, wollten wir dieses Jahr mal wieder alle zusammen in Urlaub fahren. Ob aus diesen schönen Plänen nichts wird? Jedenfalls kann ich nun nur mit angezogener Handbremse planen …

Meine Freundin Anke ist Ärztin und rät uns, vor dem Termin in Freiburg noch eine zweite Meinung eines anderen Kinderkardiologen einzuholen. Das tun wir. Dr. Schuster ist auch der Meinung, dass wir um eine zweite Operation nicht herumkommen werden. Es stelle sich nur die Frage des richtigen Zeitpunkts. Er empfiehlt uns, diesbezüglich der Erfahrung der Freiburger Ärzte zu vertrauen. Weil zwei Ärzte der Freiburger Klinik so sehr vertrauen, beschließen Wolfgang und ich, uns danach zu richten, was man uns dort raten wird.

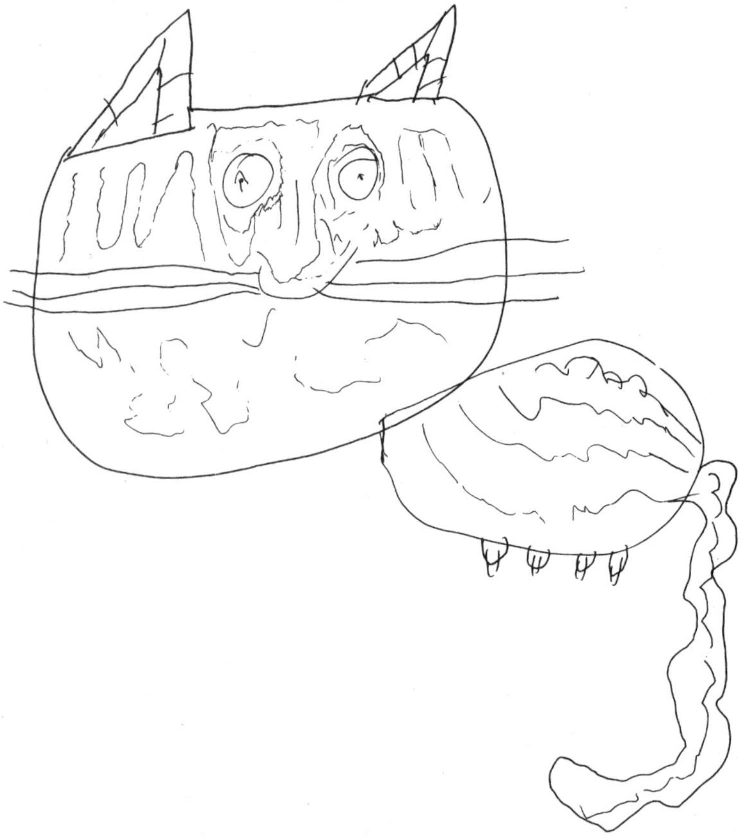

Entscheidung

Die Fahrt nach Freiburg ist lustig. Katharina sitzt mit Jonas auf der Rückbank. Es war sein Wunsch, dass sie mitfährt, und da ihre – gut bestandenen – Prüfungen nun vorbei sind, kann sie sich auch die Zeit dafür nehmen. Jonas liegt mehr, als er sitzt, streckt Katharina seine Beine rüber und fordert sie zu Streicheleinheiten auf: »Kitzel mei Füße bitte, kraule mei Kinn, fühl ma mei Baat!« – »Was denn für einen Bart?«, zieht der beste aller Väter seinen Sohn auf. »Hia, guck!«, betont Jonas und streckt das Kinn weit vor. »Ach des da? Des isch doch koin Bart. Des isch höchschtens a Eisabahnerbärtle!«, neckt Wolfgang ihn auf gut Badisch. »Ein was?«, fragen nun Katharina und ich höchst amüsiert. Prompt kommt die Erklärung: »A Eisabahnerbärtle: all Station a Härle!« Wir lachen uns krumm.

Die Stimmung im Auto ist richtig gut, wir unterhalten uns über alles Mögliche, es fühlt sich an, als würden wir einen netten kleinen Familienausflug machen.

In der Freiburger Klinik verbringen wir zunächst einige Zeit mit Warten. Als es endlich losgeht, will Jonas, dass wir alle mitkommen, und so quetschen wir uns in das kleine Behandlungszimmer. Nach Wiegen, Messen und anderen Routineangelegenheiten wird das EKG geschrieben und Jonas bleibt ruhig liegen wie ein Profi, er kennt das alles schon. Die Schwester lobt ihn kräftig: »So gefügige Patienten wie dich haben wir gerne, da macht die Arbeit richtig Spaß!« – »Ja, Spaß mach!«, lacht Jonas und meint das auch ernst. Doktorspiele haben ihm schon immer viel Freude gemacht.

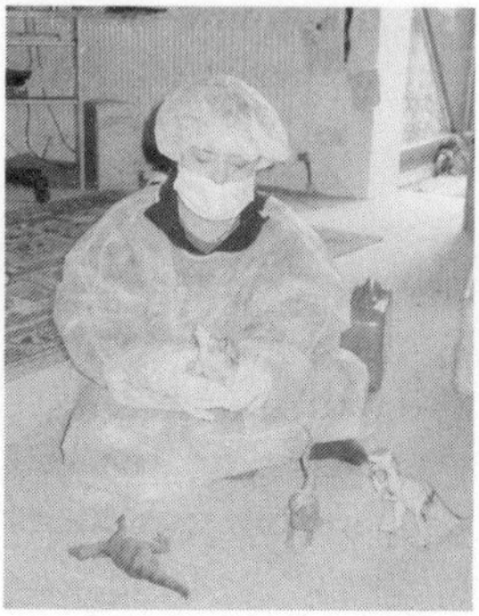

Nach einer weiteren Runde Wartezeit werden wir dann von Dr. Ludwig, einem sehr jungen Arzt, begrüßt und aufgefordert, zum Ultraschall mitzukommen. Jonas grinst die ganze Zeit. Wie sehr er solche Momente genießt, wo sich alles nur um ihn dreht! Darf ich vorstellen: Jonas Z., der Nabel der Welt!

In die Wiege gelegt

Manchen Menschen
gelingt sie ihr Leben lang nicht.

Andere versuchen sie sich
in langen Jahren harten Ringens anzueignen.

Dir ist sie als Geschenk gegeben:
die Kunst, sich selbst zu lieben.

Dr. Ludwig zeigt und erklärt uns beim Ultraschall alles noch einmal ganz genau. Dann holt er Dr. Ammer dazu, der sich nun ebenfalls ausgiebig selbst ein Bild von der Lage macht.

Schließlich zieht Dr. Ammer die gespeicherten Bilder auf einen USB-Stick, um sie am Abend bei einer Besprechung dem Chirurgen zeigen zu können, der letztlich operieren wird. Dr. Ammer sagt uns: »Also, die OP ist wirklich notwendig. Ich befürworte einen baldigen Eingriff, da es risikoärmer ist, zu operieren, wenn der Patient in einem guten Allgemeinzustand ist, als zu warten, bis der Zustand kritisch wird. Außerdem halte ich den Eingriff nicht nur für nötig, sondern auch für gut machbar. Allerdings dürfen Sie sich nicht allzu viel Hoffnung machen, was einen Einser anbelangt, aber ein sauberer Zweier ist ja auch schon was! Ich werde mich also heute Abend mit dem Chirurgen besprechen und Sie dann morgen zu Hause anrufen.«

Das war’s. Nun gut, immerhin ist uns jetzt unmissverständlich klar geworden, dass wir um die Operation nicht herumkommen werden.

»Kommt, lasst uns was essen gehen!«, schlägt Wolfgang vor und hört keine Gegenstimme. Arm in Arm verlassen wir die Klinik, Jonas und Katharina hinter uns, ebenfalls umarmt wie ein Pärchen, kichernd.

Im nahe gelegenen Restaurant bestellt sich jeder sein Lieblingsessen, und als die ersten Bissen unsere hungrigen Mägen zu füllen beginnen, frage ich Jonas, wie es ihm nun geht nach all den Untersuchungen und vielen Informationen. »Schön, danke! Lecka Essn. Gut fü mich!«, ist seine Antwort.

»Hast du verstanden, dass du noch einmal operiert werden wirst?«

»Ja, hab standen! Du mit, gell? Wi beide Ulaub Kanknhaus!« (Er denkt wahrscheinlich an die schöne Kur zurück, die ich vor vier Jahren mit ihm an der Ostsee verbracht habe.)

»Ja, Jonas. Ich gehe mit dir ins Krankenhaus. Du bist nicht alleine!«

»Papa auch?«

Wolfgang schüttelt den Kopf. »Ich bleib bei Maren und Elli zu Hause, aber ich komme dich ganz oft besuchen!«

»Du, Katha?«

»Ich kann auch nicht mitkommen ins Krankenhaus. Ich bin dann vielleicht sogar nicht mal in Deutschland. Aber ich werde mit dir telefonieren und dir viele Fotos schicken.«

»Au ja! Un Mama nimm Tiptop (Laptop) mit! Viele Kompluta-Spiele machn! Un bald sund! Basta!«

Und damit ist für Jonas das Thema Herzoperation erst einmal wieder abgehakt. Wie sehr ich meinen Sohn um seine angeborene Sorglosigkeit beneide!

Wir verbringen noch einen gemütlichen Tag in Freiburg mit Eisessen und Bummeln durch die schöne Altstadt und machen uns am Abend wieder auf den Heimweg.

Kaum zu Hause angekommen, klagt mein Sohn über Hunger. Irgendwie scheint das ein Automatismus zu sein, der beim Übertreten der Schwelle ausgelöst wird. Und das gilt nicht nur für Jonas: Auch ich, die Mädchen und Wolfgang treten als Erstes den Gang in die große Küche an (eindeutig das Zentrum unseres Hauses, in dem sich das

Familiendasein meist abspielt) und werfen einen Blick in die Töpfe oder setzen erst mal eine Kanne Wasser für Tee oder Kaffee auf.

Ich richte ein schnelles Abendbrot und Jonas bietet seine Hilfe an: »Mama, daaf Eia machen?« Bitte, nur zu …

Oktober 2005

Abends um 20 Uhr nervt mich Jonas (13) andauernd, ich solle doch noch was kochen, er habe sooo Hunger. »Nein, Jonas, ich habe heute Mittag schon gekocht! Zweimal am Tag habe ich keine Lust zu kochen! Außerdem haben wir doch vor einer Stunde zu Abend gegessen.« — »Hab aba Hunga, Mama!« – »Dann mach dir doch einfach noch ein Brot oder iss einen Apfel.« – »Nein, Brot plöt! Apfel plöt! Will Waames!« Als er nicht aufhört zu quengeln, sage ich so lapidar dahin: »Dann koch doch selber!« Abrupt hört Jonas auf zu nerven und verlässt mit einem »Au ja!« den Raum, geht in sein Zimmer, kramt aus dem Bücherregal sein Kinderkochbuch und läuft damit in die Küche. Ich denke meinerseits »Au weia« und frage mich, ob ich mir mit meinem unbedachten Satz nun mehr Arbeit und Ärger eingehandelt habe, als wenn ich mich auf das Abkochen von ein paar Nudeln eingelassen hätte ...

Als ich eine Weile lang nichts mehr höre, bin ich neugierig geworden und gehe in die Küche. Jonas hat in seinem Kochbuch das Rezept »Rühreier« aufgeschlagen und liest nun laut mit dem Finger auf der jeweiligen Zeile, was er tun muss. Er holt sich die Zutaten aus dem Kühlschrank. Wo er nicht weiterkommt, fragt er mich, allerdings kommt das kaum vor, und ich bin begeistert, wie gut er zurechtkommt, obwohl er nicht allzu viel Kocherfahrung hat. Mir wird wieder bewusst, wie viel Jonas durch bloßes Zuschauen lernt. Und ich bin sicher, dass er den einen oder anderen Kniff auch in der Schule gelernt hat. Hier und da muss ich eingreifen, aber bald hat er es geschafft und freut sich über sein selbst zubereitetes Abendessen. Während er noch isst, kommt Maren rein und fragt, ob es noch was zu essen gäbe, es rieche so gut. Jonas zeigt stolz sein Werk und bietet seiner Schwester an, für sie auch Eier zu braten, was diese gerne annimmt. Und dasselbe Spiel wiederholt sich noch einmal dreißig Minuten später, als Katharina hungrig nach Hause kommt. Jonas ist sichtbar stolz auf sich. Ich auch.

Eine Woche lang brät er sich nun jeden Abend Rühreier, bis ich ihm am achten Tag zeige, wie Spiegeleier gehen ...

Dabei ist es jedoch nicht geblieben: Inzwischen kann Jonas eine Tiefkühlpizza (ohne Folie …) in den Ofen schieben, sich Reste noch einmal in der Pfanne aufwärmen (wir besitzen keine Mikrowelle, weil mein Öko-Gatte den diversen Strahlungen nicht über den Weg traut!) und im Moment sind wir dabei zu üben, wie man Spaghetti mit Tomatensoße als Fertiggericht kocht. Gar nicht so einfach, das Abschütten des kochenden Wassers (»Mama! Häf mi, Angs penne mich!«) und das Abmessen von 250 ml Wasser für die Soße. Aber ich bin sicher, das kriegt Jonas bald ohne Hilfe fertig, weil es ihm selbst wichtig ist und weil er es lernen will. Das sind immer die besten Voraussetzungen, um wieder einen weiteren Schritt in Richtung Selbstständigkeit zu gehen.

Essen ist überhaupt Jonas' größte Leidenschaft. Bei ihm geht nicht nur die Liebe durch den Magen, sondern seine ganze Existenz. Man könnte meinen, der Sinn des Lebens besteht für Jonas in allem, was man zu sich nehmen kann. In diesem Sinne hatten wir auch zwei richtig »dicke Jahre« mit ihm.

Jonas ging auseinander wie ein Hefekloß und war beim Essen so gut wie nicht zu bremsen. Scharfe Regeln und klare Grenzen mussten her, die er bei jeder sich bietenden Gelegenheit zu sprengen versuchte. Zum Glück hat sich das mit dem Eintritt in die Pubertät sehr gelegt, das heißt, Jonas ist ordentlich gewachsen. Noch immer kann er große Portionen verschlingen, aber inzwischen ist sein Energiebedarf wohl auch deutlich höher, sodass er es wirklich braucht.

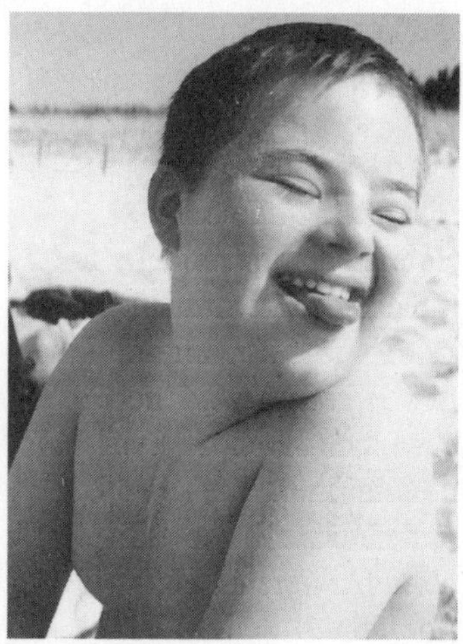

Dezember 2001

Eine Stunde nach dem Mittagessen jammert mein Sohn (8) schon wieder: »Mama, Hunga!« – »Jonas, das kann doch nicht sein, dass du schon wieder Hunger hast. Du hast doch vor Kurzem erst gut gegessen«, entgegne ich. »Doch, Mama, guck!«, beweist mir mein Kind seine Aussage, indem es den Pulli lüpft und mir sein Bäuchlein zeigt.

Februar 2006

Dienstag. Wöchentlicher Großeinkauf. Ich schiebe einen bis über den Rand gefüllten Wagen an die Kasse und frage mich, wie die Meute es zu Hause schafft, diese Mengen innerhalb kürzester Zeit zu vertilgen. Wie fast jedes Mal hat mein Einkaufszettel auch heute wieder zu meiner persönlichen Belustigung beigetragen. Da der Block zu Hause in der Küche mit Stift an der Wand hängt und für jedermann zugänglich ist, gibt es auch immer wieder nette Überraschungen. Abgesehen davon, dass die einzelnen Familienmitglieder ihre Lieblingssüßigkeiten oder vermissten Extrawünsche aufschreiben, stehen meist auch kleine Botschaften an mich oder einfach nur Unfug drauf: »Mach doch bitte mal wieder Spaghetti Carbonara!«, wünscht sich Maren. Katharina hat unter das von mir eingetragene »grünes und rotes Pesto« »Lieber blaues und gelbes« draufgeschrieben. Elli fordert in ihrer schönen Schwungschrift »Mehr Chipsssss!« und Wolfgang teilt mir mit: »Bist mein Süßbär!« Schmunzeln muss ich auch über Jonas' Einträge. In krakeligen Buchstaben lese ich »5X PiZZA — 6X HAGKfeiCH — 7X FIChssäBsEN«.
In der Regel zelebriere ich meinen Einkauf allein, weil die Erfahrung gezeigt hat, dass noch mehr im Wagen ist, als eigentlich reinpasst, wenn die Kinder dabei sind. Aber heute ist mal wieder Programmänderung angesagt und Jonas (13) darf mit. Das Abenteuer Aldi beginnt: Mein Sohn rast durch die Gänge, ist ganz berauscht und beseelt davon, all die Köstlichkeiten wiederzuentdecken, die er von zu Hause kennt. »Oh, Mama, lecka! Feines Essen! Mama, das kochs du! Lecka, lecka! Bitte kauf das, bitte! Smeck so lecka! Hhmm, das da: Liebe-Essen! ...« So geht das eine Dreiviertelstunde am Stück, während sich die Leute teils genervt, teils aber auch amüsiert zu uns umdrehen. Jonas' laute Stimme dröhnt schließlich durch den ganzen Supermarkt, überschlägt sich schier vor Begeisterung und Wohlgefallen.

So anstrengend der Einkauf ist, weil ich mehr damit zu tun habe, Unerwünschtes wieder aus dem Wagen auszuladen, als wirklich Gewolltes einzuladen, so stolz bin ich auf meinen Sohn, der sich mit seinen 13 Jahren noch überschwänglich über eine Packung Nudeln und eine Tube Tomatenmark freuen kann. Das sind für ihn wahrlich keine Selbstverständlichkeiten.

Juni 2006

Jonas verschwindet nach der Schule gleich in seinem Zimmer und lässt sich einige Zeit nicht blicken. Weil das total ungewöhnlich ist, klopfe ich an, öffne die Tür einen Spalt und frage, ob alles okay ist. Jonas kniet auf dem Boden und hat Papier und Stifte vor sich ausgebreitet. »Ja, okay, Mama. Muss abeitn. Mach Plan.«
Bei Jonas in der Schule gibt es für jede Woche einen Speiseplan, aus dem sich die Schüler je ein Gericht aussuchen dürfen. Ich nehme an, das steckt dahinter, als Jonas in die Küche kommt und mir ein großes Plakat präsentiert. »Hab Plan Essen, Mama!«, erklärt er stolz und zeigt mir seinen Speiseplan-Vorschlag für die kommende Woche:

zUm Hause	*DinsTag oda Schule*	*zUm HAuse*	*Im SChuLe*
DönEr	*PiZZa X*	*MiTwoc X*	*DonErsAg Döner*
Motag PiZza	*DiSnag PiZZa*	*MiTwoc PizzA*	*DOnersg X*
Motag X	*DÖna im SChule*	*MiTWoc DöneR*	*DÖner X*
Motag DönEr	*PiZZa X*	*MiTwo X*	*DonEsag PIZZa*
Motag X	*DisTag PIzZa*	*Im Schule PiZZA*	*Donersg X*
Motag DönEr	*DisTag*	*MiTwoc DÖner*	*PiZZA*

März 2007

Wir sitzen schon alle am Mittagstisch, als Jonas (14) in die Küche kommt und mit einer eindrücklichen Leidensmiene stöhnt: »Oh, bin Hunga!«
Als wir alle lachen, schaut er erst irritiert, strahlt dann aber sofort, denn es ist ihm nach wie vor eine große Freude, der Clown der Familie zu sein. »Ach, mein armes Kind! Komm, setz dich schnell und iss, bevor du mir noch aus den Latschen kippst!«, kann ich mir beim Anblick meines »kleinen« Moppelchens nicht verkneifen. »Danke, Mama, danke!« Und dann schaufelt Jonas drei Teller Nudeln mit Soße und Salat in sich hinein. Als ich später frage, wer noch Nachtisch möchte, wehrt Jonas mit ausgestreckter Hand und heftig schüttelndem Kopf ab: »Nee Danke. Satt sind!«
Ich pruste lachend auf, Wolfgangs Kommentar gibt mir den Rest: »Klar seid IHR satt, der Jonas und du – schließlich hast du ja auch für zwei gegessen!«

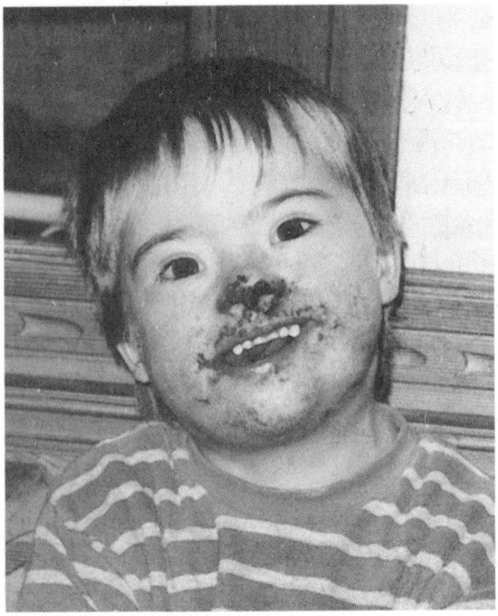

Doch zurück zur Geschichte: Mit dem Anruf von Dr. Ammer am nächsten Tag wird es nichts. Als ich ihn zu erreichen versuche, klappt das auch nicht, weil er die meiste Zeit im OP oder auf der Intensivstation ist. Erst nach drei Tagen kommt der erwartete Rückruf von ihm, den er mit einer Entschuldigung beginnt, dass er uns hat so lange warten lassen, aber es habe sich durch zwei Notfälle, die dazwischenkamen, die Besprechung mit dem Chirurgen und vieles andere verschoben. Nun aber kann er uns definitiv sagen, dass der Chirurg, Dr. Eising, seine Einschätzung teilt und für eine baldige OP bei Jonas plädiert. Er gibt mir auch gleich den Termin dafür: 27. März. Huch, schon so bald!? Das sind ja nicht mal mehr drei Wochen!

Selbstverständlich kann ich als Mutter bei Jonas bleiben und in der krankenhauseigenen Elternunterkunft schlafen. Dr. Ammer schätzt, dass der Klinikaufenthalt bei normalem Verlauf ohne Komplikationen etwa 10 Tage beträgt.

Ich bin einerseits erschrocken, dass alles nun so schnell geht, andererseits erleichtert, dass ich diese große Sache nicht mehr lange vor mir herschieben muss. Nun gilt es, vieles zu organisieren: bestehende Termine abzusagen bzw. zu verschieben, Jonas' Schule, seinen Therapeuten und den Zivi zu informieren, noch eine Impfung nachzuholen, Behördengänge und Telefonate mit der Klinik, unserem Hausarzt und unserer Krankenkasse abzuwickeln, meine eigene Unterbringung zu regeln …

Eine Woche vor dem Klinikaufenthalt fliegt Katharina. Die Praktikumsstelle hat sich inzwischen noch einmal geändert und so heißt ihr neues Ziel jetzt Argentinien.

Wir haben ihr jeder einen Brief geschrieben und in ihr Gepäck geschmuggelt. Jonas' Abschiedsworte lauteten:

Libe Kata – so taurich du weg bis – pass dich auf – dein Jonas

Jonas' OP, Katharinas Aufbruch nach Südamerika – bei uns steht derzeit das Thema Loslassen an. Und wo unser »Eltern-Schutz« nicht mehr hinreicht und unsere Möglichkeiten erschöpft sind, da vertrauen wir darauf, dass Gottes Arme länger sind. Für ihn ist eben nichts unmöglich und so sind wir froh, dass wir ihm unsere Kinder anvertrauen können.

Die Zeit vergeht wie im Flug. Vor der OP erreichen mich jeden Tag wunderbare Mails oder Anrufe von Freunden, die an uns denken und uns für die bevorstehende schwierige Zeit alles Gute wünschen. Das tut so gut! Bianka schickt eine Karte, auf der steht, dass sie sich Jonas' Namen in ihre Handfläche geschrieben hat, um immer an ihn zu denken. Unglaublich!

Meine liebe Freundin Anke überreicht mir eine Papiertüte voller kleiner nummerierter Geschenkpäckchen. Auf der dazugehörigen Karte steht, dass dies ein Krankenhaus-Kalender für mich sei und ich jeden Tag ein Päckchen öffnen dürfe. Ihre abschließenden Worte: »Ich wünsche dir, dass Gott dir die Zeit im Krankenhaus ganz besonders zum Segen werden lässt!« berühren mich sehr. Ich hatte Anke davon erzählt, dass ich selbst gespannt darauf bin, wie es mir im Krankenhaus ergehen würde. Irgendwie empfinde ich es fast wie eine »Prüfung« meines Glaubens: Bisher, als alles glatt und gut lief, habe ich immer davon geredet, mich ganz auf Gott zu verlassen, mich in seine Arme fallen zu lassen, ihm ganz und gar zu vertrauen usw. Aber würden mich diese guten Vorsätze auch begleiten, wenn ich tatsächlich in der Krise wäre? Was trägt mich wirklich, wenn mir der Boden unter den Füßen weggezogen ist? Ist mein Vertrauen da, wenn ich es dringend brauche? Wenn ich selbst nichts mehr tun kann, als zu beten und zu hoffen?

Als ich Jonas frage, ob er im Gottesdienst von seiner bevorstehenden OP erzählen möchte, antwortet er ganz begeistert mit »Ja, will ich!«. Es gibt in unserer Gemeinde fast jeden Sonntag einen »Austauschteil«, also die Möglichkeit, nach vorne ans Mikrofon zu gehen und zu erzählen, was man (mit Gott) erlebt hat. So wird oftmals für besondere Freuden gedankt, aber auch von Leid und Kummer berichtet.

»Mama, du mit! Alleine nich gut. Kann nich gut sagn nich. Du bessa sagn!« Und so stehen wir am Sonntagmorgen beide vorne. Jonas sagt »Hallo! Bin Jonas. Geh Kanknhaus. Mama was sagn euch« und reicht mir das Mikrofon. Ich erzähle in drei Sätzen von Jonas' Herzfehler und der anstehenden OP. Viele der ca. 300 Anwesenden im Saal wissen bereits Bescheid, da wir in gutem Kontakt stehen, aber es sind ja auch einige Gäste dabei. »Morgen ist es also so weit: da fahren wir nach Freiburg und übermorgen soll dann die Operation vorgenommen werden.«

Jetzt nimmt Jonas mir das Mikrofon wieder aus der Hand und sagt abschließend selbst, um was es uns hauptsächlich geht: »Betet mich bitte! Mein Häz sund wird!«

Bereit machen

Am nächsten Morgen kommen Wolfgang, Jonas und ich früh in der Kinderklinik Freiburg an und versuchen uns in dem Labyrinth der Gänge zurechtzufinden. Jonas kommt in ein Dreibettzimmer, in dem schon zwei Jungs liegen: ein 17-Jähriger, ebenfalls frisch am Herzen operiert, und ein kleiner Fünfjähriger, der wegen Herzrhythmusschwierigkeiten zur Beobachtung da ist. Die Schwestern und Pfleger sind ausgesprochen nett und liebevoll und Jonas fühlt sich sofort wohl. Es gibt noch einiges an Bürokratie zu klären und zu unterschreiben. Jonas bekommt Blut abgenommen und eine Kanüle gelegt. Wie immer ist er erstaunlich tapfer. Außerdem stehen noch die Aufklärungsgespräche mit dem Anästhesisten und dem Chirurgen auf dem Plan, allerdings erst am Nachmittag. So nehmen wir uns noch einmal die Zeit, gemeinsam essen zu gehen, und genießen unsere Dreisamkeit und die letzten Stunden »in Freiheit«. Jonas ist sehr anhänglich. Hält die ganze Zeit Händchen mit Mama oder Papa und lehnt sich an. Irgendwie ist ihm nun auch klar, dass Großes bevorsteht, auch wenn er es nicht fassen und einordnen kann. Bei Schnitzel mit Spätzle und Salat versuchen wir ihm so viel wie möglich zu erklären, damit er besser mit der Situation umgehen kann.

»Mama, has du Tiptop bei?«, unterbricht er plötzlich erschrocken Wolfgangs medizinische Erläuterungen. Seine einzige Angst ist nach wie vor, wie er bloß der Langeweile Herr werden soll, und da scheint ihm das Computerspielen das geeignetste Mittel zu sein …

»Ja, ich habe mein Laptop mitgenommen und habe dir auch noch ein paar neue Spiele besorgt!« — »Joooah! Neuer Spiele!? Fü mich?! Oh Mama, Danke, danke, danke!« Jonas reibt sich vor Freude die Hände und drückt mir einen soßenverschmierten Schmatzer auf die Backe. »Sobald es dir nach der OP wieder besser geht, darfst du Computer spielen, ich verspreche es dir!« – »Joooaah, feu mich!!«

Mein Sohn ist sehr bescheiden, was Wünsche angeht. Für einen Vierzehnjährigen jedenfalls. Wenn ich ihn vor seinem Geburtstag oder vor Weihnachten frage, was sein größter Wunsch ist, gibt er mir prompt »Neuer Komplutaspiel!« zur Antwort. Das ist sein abso-

luter Favorit. Am liebsten spielt er animierte Kinofilme, die er schon gesehen hat, Geschicklichkeitsspiele, Kinderkrimis und Autorennen. Kino und Fernsehen kommen an zweiter Stelle, und wenn wir ihn da nicht immer wieder bremsen würden, würde Jonas gucken, bis die Augen so eckig wie das Gerät wären, auf das er starrt...
Jahrelang war es Jonas nicht möglich, sich allein länger zu beschäftigen, und ich bin sehr froh, dass er das nun doch noch gelernt hat. In seinem Zimmer hat er verschiedene Möglichkeiten dazu: Er übt am Tischkicker allein neue Tricks oder zieht einen von uns mal eben ab, denn er ist inzwischen recht geschickt darin. Oft spielt er auch Fußball mit den geliebten Gummitieren, die er schon seit seiner Kindheit besitzt. Als Tore dienen dann eine umgedrehte Holzkiste und ein Metallkorb vom (längst ausrangierten) Kaufladen. Pro Mannschaft gibt es drei oder vier Spieler, und als Ball muss das kleine Tigerbaby herhalten. Was er seit dem Krabbelalter beibehalten hat, sind Fingerspiele. Nein, nicht mehr die Zehn-kleinen-Zappelfinger-Reime, sondern er spielt einfach zwei Figuren – eine je Hand – mit hoher und tiefer Stimme, die dann miteinander streiten, sich verstecken, jagen und wieder vertragen. Das macht er gerne in Situationen, in denen ihm sonst kein Material zur Verfügung steht, z.B. im Auto, auf langweiligen Festen oder im Restaurant. Manchmal spielt Jonas auch noch mit seinen Autos. Hier spielt er wie seit eh und je Stau bzw. verwendet die Stop-and-go-Technik: Er bildet eine Autoschlange, indem er alle Autos dicht hintereinander aufreiht. Nun schiebt er das erste ein Stück nach vorn und zieht die anderen alle einzeln hinterher. Dann wieder das erste...

Diese Methodik, die bewiesenermaßen auch zum Ziel führt, wird von meinem Sohn auch beim Mensch-ärger-dich-nicht-Spielen (alle Männchen dicht hintereinander) durchaus mit Erfolg eingesetzt und ebenso beim Comiclesen: Jonas hortet immer einen dicken hohen Stapel von mindestens zehn »Lustigen Taschenbüchern«, in denen viele kleine Papierschnipsel als Lesezeichen stecken. Er stellt den hohen Stapel entweder direkt neben seinen Lesesessel oder nimmt alles mit aufs Klo

und stapelt die Bücher auf dem Wäschekorb. Dann nimmt er das oberste Buch zur Hand, liest eine Geschichte darin, legt das Lesezeichen rein, schlägt das Buch zu, schiebt es vorsichtig unter das unterste Exemplar und greift zum nun obersten Band, mit dem er genauso verfährt. Hochinteressante Technik! Auf meine Frage, warum er nicht einfach nur das Buch, in dem er gerade lesen will, mit aufs Klo nimmt, anstatt den ganzen Stapel über den Gang zu balancieren, faucht mein Sohn mich an: »Oh Mama, lass mich! Du Poblämä? Meine Sache, kümma mich selba mich!« Aha, wieder eine Mama-Tabuzone, in die ich mich nicht einmischen soll. Recht hat er!
Außerdem hört Jonas gern Musik, sammelt Aufkleber, verschönert sich selbst mit Tattoos, zeichnet (aber ohne Ausmalen!) so wie hier die wunderschönen Katzen und schreibt Texte (am liebsten Kochrezepte) oder Titel ab (z.B. die Büchertitel im Regal, die Namen der Fußballer aus seinem Sammelheft oder einige seiner Computer-Spiele).

Der Anästhesist ist ein sehr lustiger Mann und macht viele Späße mit Jonas, die dieser sichtlich genießt. Das Gespräch dauert nicht lange und die Unbesorgtheit des Arztes überträgt sich auf uns. Ich betone, dass es mir wichtig ist, bei Jonas zu bleiben, bis er in die Narkose gefallen ist. »Wenn Sie sich das antun wollen – kein Problem! Ich hoffe, Sie sind keine von den zarten Müttern, die dabei umfallen!«, sagt der Anästhesist scherzend.

Dr. Eising, der Chirurg, ist recht zuversichtlich, was die OP angeht. Er meint, dass er etwa vier Stunden dafür benötigen wird, und hofft, gutes Gewebe vorzufinden, das von der ersten OP nicht allzusehr vernarbt ist. Er erklärt uns, dass es im Vergleich zu damals viele wunderbare Fortschritte in der Medizin gegeben habe und er unter weitaus günstigeren Umständen operieren kann als sein Kollege vor vierzehn Jahren. Das Beste sei, dass er nicht unter Zeitdruck arbeiten müsse, da das Herz nicht wie früher nur gekühlt werde, sondern in einer speziellen chemischen Lösung liege, die längeres Operieren ermögliche. Als er detaillierter die Vorgänge im OP schildert, reißt Jonas erschrocken die Augen auf. »Du brauchst keine Angst zu haben«, beruhigt ihn Dr. Eising. »Erstens schläfst du ganz friedlich ein und merkst von alldem gar nichts und zweitens stehen zehn Leute um dein Bett herum und alle haben nur im Sinn, darauf aufzupassen, dass es dir gut geht!«

»Zehn Leute?«, wiederholt Jonas ungläubig und sieht sich in dem kleinen Besprechungszimmer um, in dem wir eng an einem Tisch sitzen. »Ja, zehn Leute. Aber wir operieren ja nicht hier, sondern in einem viel größeren Raum, da passen die alle rein. Und sie sind alle ganz nett und passen auf dich auf!«

»Zehn Leute!? Alle kümmern mich!? Alle beten mich!?«

Wolfgang und ich zucken unsichtbar zusammen ob dieser frommen Äußerung unseres Kindes und sind perplex, wie wichtig Jonas die Sache mit dem Beten zu sein scheint, das wussten wir gar nicht. Aber noch mehr verblüfft uns die Antwort des Chirurgen: »Ja, du hast recht: Beten ist wichtig! Ich bete auch vor deiner Operation morgen!«

Meine beiden Männer helfen mir tatkräftig, mein Zimmer im »Elternhaus« neben der Klinik zu beziehen. Ich habe mich vorsichtshalber auf 14 Tage Aufenthalt eingestellt und entsprechend viel Gepäck, Verpflegung, Bücher, Musik, Spiele etc. dabei. Das Zweibettzimmer ist bereits bewohnt, aber von meiner Nachbarin ist nichts zu sehen, also bin ich sehr gespannt, mit wem ich wohl die nächsten Tage bzw. wohl eher Nächte verbringen werde. Als mein Bett bezogen ist, die Vorräte im Kühlschrank und die Klamotten im Kleiderschrank verstaut sind, verabschiedet sich Wolfgang von uns. Jonas und ich begleiten ihn noch bis zum Parkplatz, drücken und küssen ihn abwechselnd und zeitgleich und winken klassisch mit weißem Taschentuch dem abfahrenden Auto hinterher, bis es um die Ecke gebogen ist. »Mama, du lustig!«, kichert Jonas. Mir ist jedoch gar nicht lustig zumute. Denn nun bin ich wieder allein mit meinem Kind vor seiner Operation und kämpfe wie damals, vor vierzehn Jahren, mit einem dicken Kloß im Hals.

Tränen der Einsamkeit

Im Zug mit dir
auf dem Weg in die Spezialklinik
800 km von unseren Liebsten entfernt
fühle ich mich so allein,
hilflos und schwach
und weiß doch,
dass ich nun
für eine lange Zeit
besonders stark sein muss.

Aber das Baby, das ich damals im Arm trug, steht nun auf Augenhöhe neben mir, legt mir seinerseits den Arm um die Schultern und brummt mir sanft mit seiner tiefen Bassstimme ins Ohr: »Mama, nich tauhich sein, ich töste dir! Papa weg. Aba du nich allein. Ich hia!«

Friedenspolitik

Die Welt
hätte ein viel
freundlicheres Gesicht,
gäbe es mehr Menschen
mit deiner Gabe,
dem anderen
ein Lächeln zu entlocken,
das seinen Wohnsitz
in der Seele hat.

Wieder auf der Kinderstation in seinem Zimmer zieht Jonas seinen Schlafanzug an, putzt sich die Zähne und legt sich ins Bett. Er liest sein Comic, während ich mich mit den anderen Eltern unterhalte, die wie ich am Bett ihrer Kinder sitzen. Der fast erwachsene Björn soll bereits übermorgen, nur acht Tage nach der Operation, entlassen werden. Ich staune darüber und beglückwünsche ihn. Die Mutter ist damit aber gar nicht glücklich, sie fürchtet, dass Björn sich zu Hause überanstrengen könnte. Björn wirkt sehr kindlich, sieht auch viel jünger aus, als er ist. Ich hätte ihn auf maximal 13 geschätzt. Neben seiner Herzkrankheit hat er auch Epilepsie. Die Mutter erzählt mir einige Schauergeschichten über ihren Sohn und mir wird die Situation zunehmend unangenehmer, schließlich sitzt Björn direkt daneben und hört mit Sicherheit zu, obwohl es so aussieht, als wäre er in sein Buch vertieft. Ich mag nicht länger in dieser Lage verweilen und ziehe deshalb demonstrativ mein Tagebuch aus der Tasche. »So, jetzt schreibe ich noch ein bisschen, denn es war ein aufregender Tag.«

Jonas tätschelt mir die Hand, ohne von seinem Donald Duck aufzublicken. Eine Viertelstunde später fragt mich mein Sohn, ob ich mit ihm »Räzzl« mache, und so kniffeln wir, rechnen und schreiben in seinem Rätselheft.

Es ist nun 21.30 Uhr. Fast alle Rätsel sind gelöst. Joni gähnt hemmungslos laut und mit weit aufgerissenem Nilpferdrachen. Schlafenszeit. Björn bittet, das Licht im Zimmer anzulassen und »erlaubt« seiner Mutter erst von seinem Bett zu weichen, wenn er eingeschlafen ist. Der kleine Junge schläft schon friedlich. Ich knie mich vor Jonas' Bett und verabschiede mich von ihm, denn ich möchte möglichst noch in mein Zimmer kommen, bevor meine Mitbewohnerin schläft, außerdem bin ich selbst hundemüde und muss morgen ja wieder früh raus.

»Gute Nacht, mein Liebling! Ich gehe jetzt rüber ins Elternhaus zum Schlafen. Aber ich komme morgen früh und wecke dich dann, ok?«

»Weckst mich? Dann Opazon?« Ich nicke.

»Okay, Mama! Schlaf au gut. Bist mein Liebsling-Fau!«, sagt er und drückt mir einen superfeuchten Kuss auf die Stirn. Jonas ist die Ruhe selbst. Von Aufregung oder gar Angst ist nichts zu spüren. Ich bewundere und beneide ihn!

Der kurze Fußmarsch durch die Nacht zu meinem Quartier tut mir gut und ich atme die klare, kühle Luft ein. Ich betrachte den hellen Mond und bitte Gott, er möge mein Kind beschützen und mir die Kraft schenken, durchzustehen, was auch immer jetzt kommen mag.

Vor meiner Zimmertür angekommen, höre ich eine nette Frauenstimme neben einem immer wiederkehrenden, undefinierbar saugenden Geräusch. Ich klopfe an, warte auf das »Ja!?«, schließe auf und trete ein. Was ich sehe, lässt mich fast laut loslachen: eine junge blonde Frau sitzt oben ohne auf ihrem Bett und telefoniert. Ihre großen Brüste stecken in je einem Trichter. Jeder Trichter endet wiederum in einem Schlauch, durch den in rhythmischen Abständen und vom entsprechenden Geräusch begleitet Muttermilch in eine Flasche fließt. Zum letzten Mal habe ich eine elektrische Milchpumpe vor 16 Jahren gesehen, als ich selbst für meine Zwillingstöchter an so einer Maschine hing, die jedoch etwa dreimal so groß war, an einer Wand in der Frauenklinik montiert hing und nur einen Trichter hatte, sodass ich nicht beidseitig gleichzeitig abpumpen konnte. Außerdem gab es nur diese eine Maschine auf der Station und so mussten sich alle »Pumpfrauen« in eine Liste eintragen und pünktlich und unter Zeitdruck dort auf dem Gang bei normalem Durchgangsverkehr mit offenem Nachthemd ihrer Mutterpflicht nachkommen. Wie entwürdigend! Es schüttelt mich noch heute bei der Erinnerung an diese unangenehme Situation, und ich freue mich, dass sich diesbezüglich in den Jahren so viel getan hat, dass Mütter heutzutage eine tragbare Pumpe mit auf ihr Zimmer nehmen können.

Die Frau zuckt mit hochgezogenen Brauen entschuldigend mit den Schultern, flüstert mir ein freundliches »Hallo« entgegen und wendet sich dann wieder ihrem Gesprächspartner am Telefon zu. Sie ist mir auf Anhieb sympathisch. Um die groteske Situation etwas zu entschärfen, husche ich ins angrenzende gemeinsame Bad und lasse mir viel Zeit für meine »Abendtoilette«.

Als ich erfrischt, bettfertig und im Schlafanzug wieder ins Zimmer trete, ist das Telefonat beendet, nicht aber die Prozedur der Nahrungsbeschaffung für Säuglinge. »Tut mir leid, dass ich Sie so empfange«, entschuldigt sich die Frau noch einmal. Ich winke erheitert ab, reiche ihr die Hand, stelle mich mit Vornamen vor. Sie heißt Claudia und ist mit ihren 27 Jahren vor ein paar Tagen Mutter von Drillingen geworden. Natürlich ist nun die Aufregung und Freude bei uns beiden groß und als ich ihr erzähle, dass ich – unter anderem – Zwillinge habe, hört sie gar nicht mehr auf, Fragen zu stellen.

Es ist, als ob wir uns schon lange kennen würden, und so wundert es mich nicht, dass wir uns bis spät in die Nacht hinein unterhalten und aus unser beider Leben erzählen. Nach Mitternacht wünschen wir uns gegenseitig noch einen guten, tiefen, wenn auch kurzen Schlaf (der noch zwei Mal vom Pumpen der Milch unterbrochen wird in dieser Nacht und allen darauf folgenden). Von der neuen Bekanntschaft und unserem angeregten Gespräch noch ganz bewegt, habe ich meine eigene derzeitige Situation fast ganz aus dem Blick verloren. Bevor mich die Müdigkeit überfällt, mache ich mir noch einmal bewusst, dass morgen mein Sohn am Herzen operiert wird, und wundere mich noch, dass mich dieser Gedanke nicht wieder hellwach macht …

Loslassen

Um 6.10 Uhr bin ich wieder bei Jonas auf der Kinderstation. Alles ist noch ruhig, die Kinder und hier untergebrachten Eltern schlafen noch. Ich setze mich auf die Bank im Gang vor seinem Zimmer und schreibe in mein Tagebuch, was mir durch Kopf und Herz geht. Ich bin so voller Dank an diesem Morgen und muss das einfach loswerden: Obwohl die Nacht kurz war und unterbrochen, fühle ich mich ausgeruht und frisch. Ich freue mich über die nette Claudia in meinem Zimmer, darüber, dass hier überhaupt alle so freundlich sind. Ich wundere mich über mich selbst. Dank durchflutet mich. Nicht Angst oder Sorge, wie ich es erwartet habe, nein: wirklich tiefe Dankbarkeit. Und Frieden. Eine seltsame innere Ruhe, die ich von mir selbst nicht kenne.

Dann muss ich an Jonas' Freundin Michelle aus der Schule denken, deren linkes Bein seit ihrer Herz-OP gelähmt ist. Mir fallen auch Anna und Ruben ein, die während bzw. nach ihrem Eingriff am Herzen gestorben sind. Und Annas Mutter, die ich schluchzend im Arm hielt, während sie auf den Priester wartete, der den kleinen Leichnam segnen sollte.

Ja, ich denke an den Tod. Jonas' eventuellen Tod. Aber es ist nur ein schwacher Gedanke, ohne Gewicht, der zwar nach mir greift, mich aber nicht zu fassen bekommt. Nein, ich vertraue darauf, dass alles gut verläuft und Jonas bald wieder fit und gesund ist. Nichts wünsche ich mir mehr. Die Gewissheit, dass unsere Familie, Freunde und Menschen aus unserer Gemeinde an uns denken und für Jonas beten, stärkt mich.

Ich muss an einen Text denken, den ich vor langer Zeit geschrieben habe. Damals hätte ich nicht gedacht, dass ich ihn jemals wieder durchleben muss.

Herzoperation

Ich hatte dir zuvor
all meine Kraft
in Liebe gegeben,
um dich stark zu machen
für diesen entscheidenden Moment.
Mir selbst blieb nur
die bedingungslose Hingabe
in grenzenlosem Vertrauen
an Kräfte,
die weitaus stärker sind als ich,
um nicht
an meiner mich würgenden Angst
zu ersticken.

Schwester Patricia tippt mich sanft an. Ich darf Jonas jetzt wecken. Es geht los.

Ich habe mit dem Anästhesisten abgesprochen, dass Jonas keinen Beruhigungssaft bekommt, sondern wachen Geistes und in meiner Begleitung im Krankentaxi zum OP-Bereich gebracht wird, der in einem nahe gelegenen Krankenhaus liegt. Jonas kann mit einer Vorab-Sedierung ganz schlecht umgehen. Er wird panisch, wenn er die Orientierung verliert und ihm schwindlig wird. Da er aber so tapfer und angstfrei ist, verweigere ich seit Jahren vor größeren Eingriffen dieses Beruhigungszeug, das bei ihm alles andere als Ruhe erzeugt.

Ich wecke Jonas, der im Schlaf leise schnorchelt, und sofort ist er hellwach. »Mama, du hiiier? Gut so! Heute Opazon, gell?« Ich muss lachen. »Ja, Joni, gleich geht es los. Das Taxi kommt uns abholen. Deshalb musst du dich jetzt im Bad fertig machen.« Mit einem Schwung ist Jonas aus dem Bett. Seinen Batman-Schlafanzug tau-

schen wir gegen ein schickes türkisfarbenes OP-Hemdchen mit neckischen Knöpfen an der Schulter. Zähne geputzt, den Waschlappen von oben bis unten geschwungen – und fertig ist mein kleiner großer Kerl. Da noch Zeit ist, geht Jonas ins Spielzimmer, holt sich ein TKKG-Buch aus dem Regal und liest darin in aller Seelenruhe.

Später sitzen wir zusammen auf dem Bänkchen im Gang und warten auf das Taxi. Jonas lehnt seinen Kopf an meine Schulter, ich kraule durch seine Haare. Endlich kommen zwei Sanitäter und wollen Jonas auf eine Bahre legen. Irgendwie gab es also doch eine Lücke in der Kommunikationskette, denn die beiden Uniformierten wundern sich über Jonas' wachen Zustand. Als ich sie aufkläre, dass das alles so seine Ordnung habe und wir aufrecht gehen können, staunen die beiden sehr, loben Jonas aber für seine tapfere Haltung, was diesen gleich wieder vor Stolz zwei Zentimeter aufrichtet.

Also stehen wir neben der Bahre im Aufzug und Jonas beobachtet ganz genau, wie sie im Krankenwagen, der vor der Tür steht, arretiert wird. Dann dürfen wir beide nach vorne ins Führerhaus und neben dem Fahrer Platz nehmen. Es gibt eine kurze und ruhige Fahrt, jeder hängt seinen Gedanken und seiner Müdigkeit nach an diesem kühlen Morgen, der bereits zu dämmern beginnt.

Die Bahre bleibt nun im Wagen und wir laufen zu viert zur Pforte der Herzchirurgie, wo Jonas' vorbereitete Papiere eingereicht werden. Dann gehen wir lange Gänge entlang und fahren noch einmal Aufzug (wovon Jonas immer begeistert ist), bevor uns das Schild »Operations-Bereich« ankündigt, dass wir am Ziel angelangt sind. In einem kleinen Glashäuschen sitzt eine Frau in grüner steriler Kleidung mit Haube. Wieder wird Jonas von unseren Begleitern angemeldet und sie scherzen miteinander über die knallrote Linie, die sich vor uns quer über den ganzen Boden zieht. Das hier ist die Grenze, die nicht überschritten werden darf aus steril-hygienischen Gründen.

Nun tauchen aus dem Hintergrund zwei weitere Menschen in Grün mit einer Bahre auf, und eine tiefe Männerstimme bittet Jonas freundlich, sich daraufzulegen. Aufgrund des befremdlichen Aussehens dieser »medizinischen Aliens« wirft Jonas mir ängstlich fragende Blicke zu. Ich erkläre ihm, dass das alles seine Richtigkeit hat und hier alle so lustig angezogen sind. Auch Jonas bekommt nun eine solche Haube aufgesetzt und alles bis auf das OP-Hemd und die Schlafanzughose ausgezogen. Als sie ihn mit den Worten »Nun sag deiner Mama ade!« wegfahren wollen, hake ich nach. »Moment mal, ich möchte gerne bei meinem Sohn bleiben!« – »Das geht aber nicht. Wir sind hier im OP-Bereich, Sie können hier nicht rein! Tut mir leid!« — »Aber ich habe das doch extra gestern mit dem Anästhesisten besprochen und er hat mir zugesagt, dass ich dabei sein kann, bis mein Sohn eingeschlafen ist!« Ich versuche, meiner Stimme die plötzlich aufsteigende Panik zu nehmen.

»Wollen Sie sich das wirklich antun? Normalerweise verabschieden sich die Eltern hier von ihren Kindern!« – »Nein, ich möchte mitgehen. Ich habe es fest versprochen!« Jonas greift nach meiner Hand. Ich ärgere mich, dass er nun kurz vor dem Eingriff doch noch Aufregung und Ängstlichkeit verspüren muss.

»Also gut, aber dann müssen Sie sich umziehen. Dort drüben ist eine Kabine, da finden Sie alles, was Sie brauchen.«

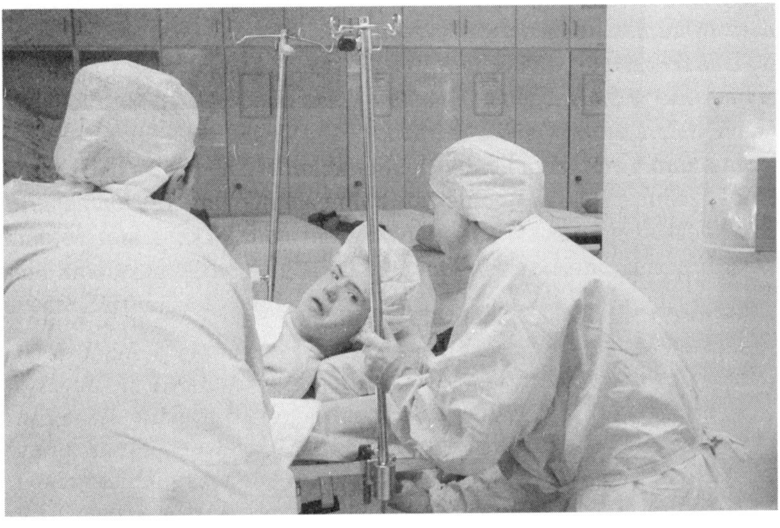

Ich renne los, denn mir ist jede dieser letzten Minuten mit meinem Kind kostbar. In der Kabine streife ich hastig meine Kleider ab, zwänge mich in ein zu kleines Hemd und schlüpfe in eine übergroße Hose zum Schnüren. Auch die Schuhe sind mir einige Nummern zu groß. Egal. Keine Zeit jetzt für ästhetische Gedanken. Die Haube setze ich beim Weiterhasten auf. Die Bahre ist weg. Sie haben Jonas schon fortgeschoben, aber jemand winkt nach mir, hat auf mich gewartet, zeigt mir den Weg.

Und dann bin ich wieder bei meinem Kind, das bereits wieder für das EKG (zur Kontrolle nach der Operation) verkabelt wird. Der Anästhesist ist da und begrüßt uns sehr freundlich. Sein herzliches Lachen, ein netter Scherz und das Zuzwinkern machen mir Mut, geben mir Halt. Ich merke, wie ich wieder ruhiger werde nach der kurzen Aufregung gerade und schicke ein kleines »Danke« gen Himmel. Eine Schwester misst Jonas' Blutdruck, der Arzt stellt irgendeine medizinische Apparatur ein, korrigiert mir nichts sagende Werte auf einer Skala. Jonas liegt ganz friedlich auf seiner Bahre, beobachtet äußerst neugierig, was mit ihm geschieht, und drückt immer wieder meine Hand, um mir (und sicher auch sich selbst) zu bestätigen, dass alles okay ist. Ich flüstere ihm Nettigkeiten zu, während ich seinen Kopf streichle. Beide sind wir unglaublich tapfer. Ich kann lächeln bis zum Schluss, keine Träne glitzert in meinen Augenwinkeln. Nun zeigt der Arzt Jonas die Sauerstoffmaske, die er ihm vors Gesicht halten wird, und die Spritze mit den Schlaftropfen und erklärt ihm, dass er sie in die bereits gelegte Kanüle injizieren und Jonas dann gleich darauf einschlafen wird. Jonas nickt und grinst, dreht den Kopf zu mir und sagt: »Gut Nacht, Mama!« Wenige Sekunden später schließen sich seine Augen. Mein Herz tut einen Ruck. Aber noch mehr, als Jonas' Körper plötzlich von einem wüsten Hustenreiz geschüttelt wird, er sich regelrecht aufbäumt und sein Kopf vom Arzt festgehalten wird. Sieht grauenhaft aus und erinnert mich an Elektroschock-Szenen aus diversen Filmen. Der Arzt jedoch beruhigt mich, das sei ganz normal, das Mittel löse diesen Hustenreiz aus, bei manchen mehr, bei anderen weniger. Kurz darauf entspannt sich Jonas' Körper und er liegt friedlich schlafend da. Der Arzt nickt mir mit den Worten »Sehen Sie, es ist alles okay!« freundlich zu und bittet mich, nun zu gehen.

Ein letzter Blick, ein letztes Drücken von Jonas' Bein, ein sanftes Streicheln seiner Schulter und ein geflüstertes »Ich liebe dich!«, dann bin ich draußen und es ist um meine Fassung geschehen. Jetzt laufen die Tränen und ich gebe mir keine Mühe, sie zurückzuhalten. Ich ziehe in der Kabine wieder meine Kleider an und sammle anschließend Jonas' Sachen ein, die hier noch an dem Platz liegen, wo die Bahre stand. Jacke, Hausschuhe und Socken sind alles, was mir jetzt von meinem Kind geblieben ist. Eine Erinnerung streift mich.

Fahrstuhl zum OP

Die beiden sich schließenden Eisenteile
durchtrennten unseren Blick
und schnitten dein qualvolles Weinen ab.
Nun endlich
brauche ich keine Kraft mehr
für dich zu haben.
Und während ich erleichtert spüre,
wie das lang zurückgehaltene Schluchzen
meinen Körper in die Knie zwingt,
formt mein Hirn
die nun einzig wichtige Frage:
Werde ich dich lebend wiedersehen?

»Alles Gute für Sie und Ihren Sohn!«, höre ich aus dem Glashäuschen neben mir und sehe die Dame in Grün mitfühlend lächeln. Ich danke ihr von Herzen für diese lieben Worte und staune mal wieder über Gott, der mir erneut einen Engel vorbeischickt.

Ich suche mir den Weg aus dem OP-Bereich, aus der Klinik, aus dem Gelände und wundere mich darüber, dass es inzwischen so unbemerkt heller Tag geworden ist. Die frische Luft tut mir gut. Noch unsicher, was ich jetzt tun soll, bleibe ich vor einem sprudelnden Brunnen im Park stehen. Über ihm wippt der Ast eines Magnolienbaumes sanft im Wind, der mit rosafarbenen Blüten bedeckt ist. Ich atme tief durch und freue mich an dieser wunderschönen Blütenpracht. Hier kann ich ungestört weinen, hier ist ein guter Platz, um meine wunde Seele ein wenig auszuruhen.

Ohnmächtiges Erinnern

Ich schließe die Augen, halte mein Gesicht in die zaghafte Morgensonne und lasse den inneren Bildern ihren Lauf. Es ist, als ob ein Film vor meinem geistigen Auge abliefe, der mir einige Szenen aus den letzten vierzehneinhalb Jahren mit meinem Sohn zeigt.

September 1992

Im Kreißsaal. Ich habe komischerweise plötzlich keine Angst mehr. Obwohl die Wehen inzwischen wirklich schon heftig und ziemlich schmerzhaft sind, überwiegt die Freude, eine normale Geburt erleben zu dürfen. Bloß nicht noch mal einen Kaiserschnitt wie bei den Zwillingen vor eineinhalb Jahren! Monatelang haben mich hinterher Versagensgefühle gepeinigt, weil ich das Zurweltkommen meiner Töchter regelrecht verschlafen hatte. Als ich aus der Narkose aufwachte, sagte man mir, dass die Babys in die Kinderklinik verlegt worden waren. So konnte ich sie erst am sechsten Tag sehen und berühren. Ich werde nie vergessen, wie mich mein Mann den langen Krankenhausflur entlangführte, eine Zimmertür zu einem Raum öffnete, in dem sechs Kinderbettchen standen: dreimal Zwillinge. Ich stand in der Mitte des Raumes, schloß die Augen und dachte: »Doro, du bist jetzt Mutter! Deine Kinder sind hier in diesem Raum. Konzentriere dich! Du musst doch spüren, welche dieser Kinder die deinen sind. Eine Mutter fühlt das!« Aber ich fühlte ein-

fach gar nichts. Das war so schrecklich! Also öffnete ich die Augen, sah mir die Babys nacheinander an (ich fand sie alle süß) und ließ mir dann von Wolfgang zeigen, welches unsere waren. »Zachmann 1« und »Zachmann 2« stand auf den Armbändchen. Wenigstens auf den Karten an ihren Bettchen standen ihre Vornamen Maren und Eliane. Das waren sie also nun, meine Töchter! Plötzlich war ich eine richtige Mutter!

Schlafende, viel zu früh entschlüpfte Winzlinge, nicht einmal 2000 g schwer, bis auf eine Miniwindel nackt im Wärmebettchen mit aufgeklebten Überwachungssonden, die die über ihnen hängenden Monitore zum Piepsen brachten. Beide hatten dieselbe Körperhaltung eingenommen: Die Beinchen wie Frösche breit angewinkelt, die kleinen Ärmchen nach oben gestreckt, den Kopf jeweils zur Seite der Schwester gedreht. Rührend. Ich blickte sie fasziniert an und wartete darauf, dass mein Herz den nötigen Ruck tat. Aber anstelle der erwarteten Mutterliebe, die mich nun doch überfluten sollte, schoss mir ordentlich Milch in den Busen ein beim Anblick dieser zwei kleinen Bündel Mensch. Auch Monate später noch, als wir längst wieder zu Hause waren, sah ich die beiden vor mir auf dem Wickeltisch liegen und fragte mich, ob das denn wirklich MEINE Kinder seien. Und ist Eliane auch Eliane oder doch eher Maren? Wer sagt mir, dass sie nicht vielleicht vertauscht wurden? Ist Maren, also Zachmann 1, auch wirklich die Erstgeborene? Und was bedeutet das eigentlich noch beim Kaiserschnitt, wo nicht mal eine Minute zwischen den beiden holenden Handbewegungen liegt? Solche Fragen quälten mich monatelang.
Ich fand die Babys süß und knuffig und es machte mir auch große Freude, sie zu versorgen und mich um sie zu kümmern, aber nur sehr zaghaft und schleichend stellte sich das Mutterglück ein, von dem ich immer geträumt hatte. Mir fehlte einfach die Verbindung zu diesen Kindern. Durch den Kaiserschnitt, das Narkotisiertwerden und tagelange Getrenntsein gab es einen großen Bruch in meinem Empfinden und in der Verbindung zu den Kindern. Die war inniger, als sie noch in meinem Bauch waren.

Diesmal, so war ich mir sicher, sollte alles anders werden! Schließlich hatte ich mit diesem »Einling« keine Risikoschwangerschaft hinter mir und alle Ampeln standen nun auf Grün für eine normale Geburt, auf die ich mich so sehr freute. Nach 19 Stunden,

viel Schweiß und Schmerzen hatte ich es endlich geschafft!
Auf meinem Bauch lag nun dieses kleine, nackte und noch blutige Menschlein. Tatsächlich der erwünschte Junge nach den drei Mädchen. Alles war perfekt! Wolfgang, der die ganze Zeit über bei mir gewesen war, strich mir zärtlich eine Haarsträhne aus der verschwitzten Stirn, sah mich voller Liebe und Stolz an, sein Gesicht strahlte nur so vor Glück. Er durchtrennte die Nabelschnur und fotografierte uns.
Ganze sechs Minuten hielt dieser Zustand an. Bis zu dem Augenblick, in dem ich meinen Jonas zum ersten Mal hochhob, um ihn mir anzusehen.

<u>Deine Geburt</u>

Angst
Vorfreude
Wehenschmerz
Kraftakt
Wunder
Entspannung
Stolz
Glück
Liebe
Dank
Blickkontakt
SCHOCK

Da lag diese kleine Handvoll Mensch in meinen Händen, völlig zerknautscht und verschmiert und hatte die Augen weit geöffnet. Als sich unsere Blicke das erste Mal trafen, war es, als träfe mich ein Hammerschlag.
»Was ist denn mit dem Kind los? Es ist ja mongoloid!«, waren meine ersten entsetzten Sätze. Kaum ausgesprochen, wirbelte die Hebamme herum, entriss mir förmlich mein Kind, um der Sache auf den Grund zu gehen. Zusammen mit dem rasch herbeigerufenen Arzt flüsterte sie am anderen Ende des Raums, während sie unseren Sohn drehte und wendete, um ihn genauer zu untersuchen.
Wolfgang, völlig überrumpelt, legte mir beruhigend die Hand auf die Schulter und schüttelte irritiert den Kopf. (Er hatte das Baby

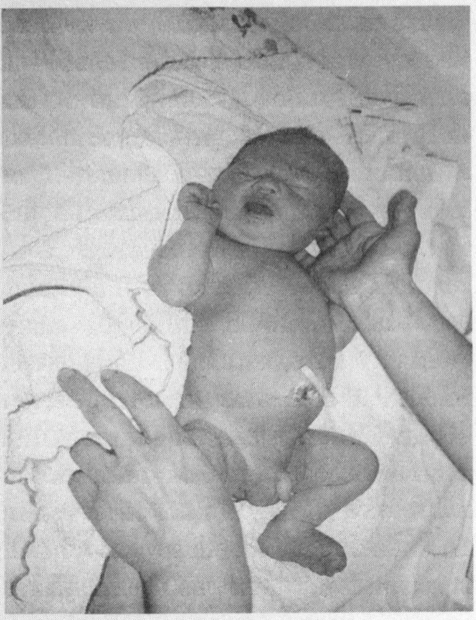

bisher nur von hinten gesehen.) Auch ich versuchte mich zu besänftigen, indem ich mir Sätze sagte wie: »Ach was, das kann doch gar nicht sein! Nur ältere Frauen kriegen behinderte Kinder! Du doch nicht, bist ja gerade mal 25. Und überhaupt – warum solltest ausgerechnet du so ein Kind bekommen?«

Aber das nagende Gefühl in mir, das mit jeder Sekunde schärfer wurde, ließ sich nicht so einfach wegreden, und noch bevor der Arzt sich umdrehte, um mit ernstem Gesichtsausdruck auf uns Eltern zuzukommen, wusste ich, dass ich recht hatte und mein Leben von diesem Moment an nie mehr das sein würde, das es einst war.

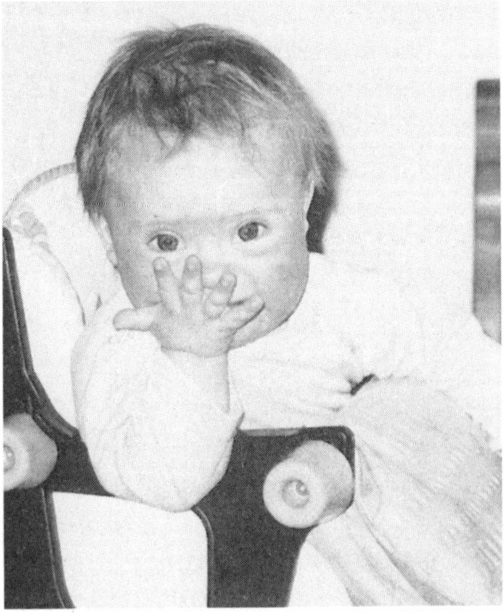

Stimmt. Mein Leben hat sich durch Jonas sehr verändert – wie es das mit jedem Menschen tat, der neu hinzukam und seinen Platz forderte: Wolfgang, Katharina, Maren und Eliane. Aber was ich damals nicht ahnen konnte und erst im Laufe der Zeit erkennen durfte, ist die wunderbare Gewissheit, dass dieses besondere Kind nicht nur Schweres und zusätzliche Aufgaben mit sich brachte, sondern auch tiefe innige

Freude, bedingungslose Liebe und viele neue Erkenntnisse, die mein Leben sehr bereichert haben. Es ist mir ein großer Genuss und ein echtes Vorrecht, diesen »geheimen Schatz«, den ich mit vielen anderen Eltern besonderer Kinder teilen kann, gerade jenen zu »prophezeien«, die erst vor Kurzem ein behindertes Kind bekommen haben und sich wie ich damals einfach nicht vorstellen können, dass das Leben lebenswert weitergeht. Und Jonas selbst leidet kein bisschen am Down-Syndrom. Er kann sich selbst sogar sehr gut leiden.

Am Zebrastreifen

Weit und breit
ist kein Fahrzeug in Sicht,
aber du
wartest geduldig
mit dem Überqueren der Straße,
bis ein Auto naht,
dem du dann
freudig Zeichen gibst,
damit es extra
für dich stehen bleibt.

Ich lächle vor mich hin. Wer mich jetzt hier sieht, kommt sicherlich nicht auf die Idee, dass ich gerade mein Kind zur Herz-OP abgegeben habe. Ein breites Grinsen liegt auf meinem von der Sonne beschienenen Gesicht. Ja, es ist wirklich ein wunderschönes Wissen, das ich gerne mit anderen teile: Jonas ist ein großes Geschenk! Nicht auszudenken, was wäre, wenn es ihn plötzlich nicht mehr gäbe. Aber diesem Gedanken will ich keinen Platz einräumen und so erinnere ich mich noch einmal an die erste Zeit mit ihm, als ich selbst noch so voller Fragen und Zukunftsängste war, und bin dankbar, dass mein Leben an diesem Punkt nicht stehen geblieben ist.

In der Nacht nach deiner Geburt

Dunkelheit
ist um mich,
dringt in meine Poren,
füllt mein Innerstes.

Meine Augen
halte ich fest verschlossen
aus Angst,
ich könnte beim Öffnen feststellen,
dass es tatsächlich
keinen Lichtblick gibt.

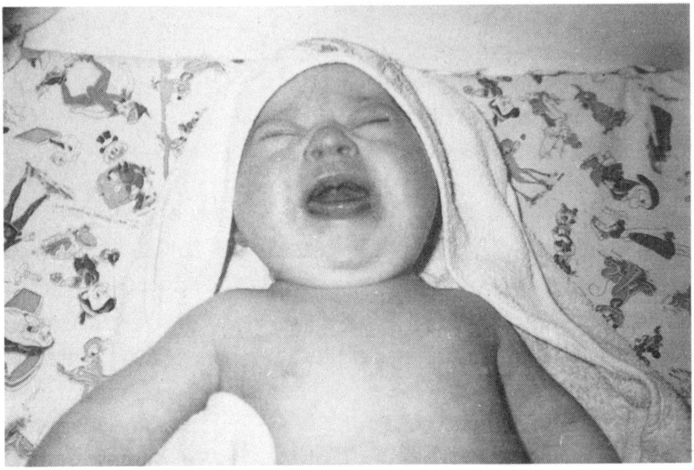

Schicksalsschlag

Erst der Schrei,
dann das Entsetzen,
gefolgt von der Leugnung
und gleichzeitig die Gewissheit.
Dann das Fragen nach dem Warum,
die Suche nach Erklärungen
im Kosmos dessen, was Sinn macht.
Bis hin zur Frage
Warum nicht?
und dem Eingeständnis,
dass es wohl keine
satt machende Antwort
geben wird auf Erden.

September 1992

Doch bereits in den ersten Stunden nach Jonas' Geburt gab es den ersten Lichtstrahl der Hoffnung und Zuversicht mitten in dem Chaos meiner Gefühle und dieser schrecklichen Untergangsstimmung. Als mich die Hebamme in einen kleinen Raum neben dem Kreißsaal schob, damit Wolfgang und ich erst einmal ungestört mit unserem Baby zusammensein konnten, verabschiedete sie sich an der Tür mit den Worten: »Ach so, übrigens haben »solche« Kinder (sie meinte damit Kinder mit Down-Syndrom) keinen angeborenen Saug-Reflex. Stillen ist also nicht möglich. Wenn Ihr Kleiner Hunger bekommt, dann klingeln Sie und wir bringen Ihnen ein Fläschchen.« Abgesehen davon, dass diese ersten beiden Sätze absoluter Schwachsinn sind, finde ich es auch eine enorme Frechheit bzw. Unbedachtheit und Taktlosigkeit, mir sie so zwischen Tür und Angel vor die Füße zu werfen, als sei diese Information gleichbedeutend mit dem Hinweis, in welchem Schrank ich die Windeln finden könne.

Einige Stunden und viele Tränen später, als Wolfgang schon wieder nach Hause zu unseren Mädchen gefahren war (und endlich die Babysitterin nach einem Mammut-Tag ablöste), fing Jonas, der die ganze Zeit auf meinem Bauch geschlafen hatte, an zu schmatzen. Damit riss er mich aus meinen trüben Gedanken und mir fiel der Satz der Hebamme wieder ein, dass er ja gar nicht gestillt werden könne. Das wollten wir jedoch erst mal sehen. Zum Glück wusste ich ja noch von den Zwillingen, »wie es geht«, und so lüpfte ich mein T-Shirt und brachte Brust und Kind zusammen. Kaum berührte Jonas' Mund die Brustwarze, umschloss er sie mit seinen kleinen Lippen und mümmelte darauf rum. Ganz intuitiv begann er die sofort fließende Milch zu trinken – ja, er sog, saugte und schluckte, und nach anfänglich mehrfachem Verschlucken hatte er bald den Bogen raus und nuckelte mit immer noch geschlossenen Augen friedlich vor sich hin. Als er diesen ersten Schluck nahm, entgegen den Voraussagen der Hebamme, war das für mich wie ein Zeichen der Hoffnung, ein Schimmer, eine Ahnung, ein Strohhalm, an dem ich mich festhalten konnte, wo doch alles gerade so ins Wanken gekommen war: Gemeinsam werden wir es schaffen, allen Widrigkeiten zum Trotz!

Von wegen »Stillen ist nicht möglich«: Ich habe Jonas neun Monate voll gestillt und hätte mein Sohn nicht mit 14 Monaten angefangen, mich mit seinen ersten kleinen Zähnchen zu malträtieren, wer weiß, wie lange ich ihm noch die Brust gegeben hätte?

Genau dieser Satz kommt mir auch jetzt wieder in den Sinn. Ja, so viele Hürden haben wir schon gemeinsam genommen, viele Steine erfolgreich aus dem Weg geräumt und Hindernisse überwunden. Mein Herz mag nicht glauben, dass diese Operation nun vielleicht das Ende sein soll, so wie es auch nicht glauben wollte, was mir viele Bücher über mein Kind damals hatten weismachen wollen:

Down-Syndrom

Mondgesicht,
Schlitzaugen,
Stiernacken,
Affenfurche,
Patschhände,
Stummelfinger,
Schwachsinn,
Idiotie.

Von welch monströsem Wesen
ist in der Literatur nur die Rede?
Frage ich mich,
dich liebliches Menschenkind
zärtlich betrachtend,
mit demselben Etikett versehen.

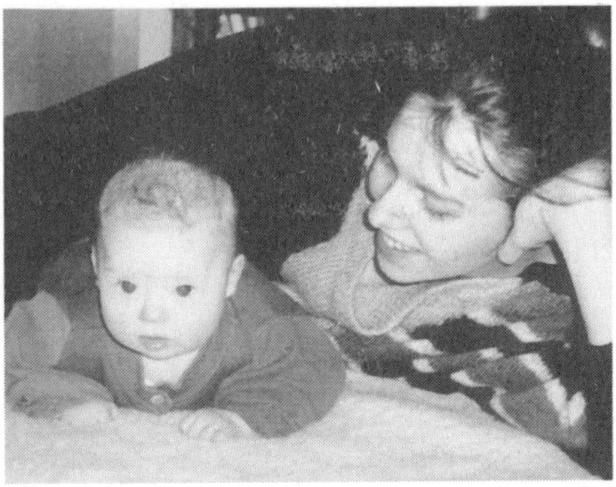

Ich mache mich auf den Weg in mein Zimmer im Elternhaus. Komme an einer Telefonzelle vorbei und rufe zu Hause an. Maren ist am Apparat, hat heute später Schule. Wolfgang ist gerade mit dem Hund draußen. Ich vermittle Zuversicht, Vertrauen, keinerlei Besorgnis. Erzähle von Jonas' Tapferkeit. Maren ist stolz auf ihren kleinen Bruder. »Mama, er schafft das schon, du wirst sehen! Wir haben gestern Abend kräftig gebetet!« Sie merkt gar nicht, wie viel Kraft sie mir damit gibt.

Als ich weitergehe, komme ich an einem Café vorbei und weiß plötzlich, was mir jetzt guttut. Ich gehe hinein, setze mich an einen sonnigen Platz am Fenster, bestelle einen Latte macchiato und ein Stück Schokoladenkuchen. Ich beobachte die Menschen, die draußen vorübereilen, und ertappe mich erneut bei dem Gedanken, dass es doch verwunderlich ist, dass alle so weiterleben, als sei nichts geschehen. Dabei liegt doch mein Kind gerade auf dem Operationstisch und nichts ist wie immer. Aber die Welt dreht sich dennoch weiter …

Und wieder schweifen meine Gedanken ab. Mir fallen kunterbunte Szenen mit Jonas ein, die sich in mein Herz eingebrannt haben. Er war vielleicht sechs oder sieben Jahre alt. Ich sehe meinen kleinen Schelm und die jeweilige Szene noch ganz genau vor mir und grinse vor mich hin.

April 1999

Wir sitzen im Biergarten einer Pizzeria und genießen einen schönen Ferientag. Am Nebentisch beginnt ein kleines Baby zu weinen. Ganz aufmerksam, die Stirn in Sorgenfalten gelegt, kommt Jonas zu der Erkenntnis: »Baby weint!« Als sich das Wimmern immer mehr steigert, ruft Jonas mitfühlend: »Arma Baby!« Doch als der Säugling sich überhaupt nicht beruhigen will und zu lautem Schreien übergeht, fühlt sich mein kleiner tomatenverschmierter Gourmet doch erheblich gestört und schreit nun ohne jegliches Mitgefühl empört zurück: »Lappe (Klappe) Baby!« Wir fallen vor Lachen fast vom Stuhl. Zum Glück können auch die Eltern des Babys mitlachen.

Mai 1999

Jonas begutachtet abends im Bett seine Wehwehchen – je eine verschorfte Wunde am Knie und am Ellenbogen: »Arm – aua, falle! Aua, falle Knie au!« Dann schaut er mich ganz erschrocken an: »Mama! Aua – zwei Gück (Stück)!«

Juli 2000

Jonas spielt in der Küche mit seinen Kasperlfiguren auf dem Boden. Beim Ausräumen der Spülmaschine trete ich rückwärts versehentlich auf den Seppl. Prompt kriege ich von meinem Sohn was zu hören: »Hey, Mama Doro, Addun! Suns Seppe Aua. Gulgung Seppe. Tittä!« (Achtung, sonst kriegt Seppel Aua. Entschuldige dich bei Seppl. Bitte!)

Wie alt bist du?

»Sechs Monate«, meint die Einsichtsfähigkeit.
»Etwa ein Jahr«, schätzt der Schließmuskel.
»So um eindreiviertel«, sagt die Sprache.
»Gerade mal zwei«, entscheidet die Vernunft.
»Ach was, schon drei«, ist sich die Geschicklichkeit sicher.
»Ja genau, find ich auch«,
stimmt das soziale Verhalten zu.
»Nein, auf jeden Fall vier«,
lässt die Grobmotorik verlauten.
»Exakt fünf Jahre und sieben Monate«,
rechnet der Kalender vor.
»Alles Quatsch, mindestens acht«,
behauptet die Selbsteinschätzung.

»Ja, was stimmt denn nun?«, fragt das Gegenüber.
»Jedes für sich«, stellt die Beobachtung fest.
»Von allem etwas und noch viel mehr«,
verrät deine Ausstrahlung.

September 2000

Jonas fährt mit dem Kettcar, das er zum Geburtstag bekommen hat, im Hof. Als es leicht, wirklich kaum merklich bergauf geht, ruft er flehend um Hilfe: »Mama, tittä häf. Geht niss, swer mir. Kann niss mähr. Tittä häf, Mama, tittäääää!«

Oktober 2000

Jonas sitzt am Tisch und verlangt ungeduldig: »Hap-pel-saff!«
Ich: »Hey, kleiner Mann, geht das bitte auch etwas freundlicher?!«
Jonas noch lauter: »HAP-PEL-SAFF!«
Wolfgang mischt sich ein: »Jonas, wie heißt denn das Zauberwort?«
Jonas: »Hokus-Pokus-Happelsaff!«, und lacht sich krumm.

Nun möchte ich endlich mit Wolfgang sprechen und hoffe, dass er seine Joggingrunde mit dem Hund abgeschlossen hat. Ich gehe ins Elternhaus in mein Zimmer und rufe ihn an. Es gibt keine Stimme, die ich lieber höre (schon gar nicht jetzt). »Doro, wie geht es dir?«, fragt mich mein Mann. Es rührt mich, dass er sich zuerst nach mir und dann nach unserem Sohn erkundigt. Ich erzähle ihm alles haarklein und Wolfgang lacht schallend über Jonas' letzte Bemerkung: »Gut Nacht, Mama!« – »Unser kleiner Großer! Er wird es schaffen! Wie gerne wäre ich jetzt bei dir! Halte durch, heute Mittag bin ich da. Ruf mich wieder an, sobald du Neues hörst. Ich liebe dich!« Es ist, als ob ich meine Seele aufgetankt hätte, als ich den Hörer auf die Gabel lege. Ich bin so schrecklich müde, versuche zu schlafen, aber das funktioniert nicht. Zu viele Gedanken und Erinnerungen umschweben mich, hüllen mich ein, nehmen mich mit auf eine Reise in die Vergangenheit. Wie bei einem Dokumentarfilm, bei dem das Öffnen einer Blütenknospe im Zeitraffer dargestellt wird, sehe ich im Geiste meinen Sohn noch einmal heranwachsen und wundere mich auch überhaupt nicht, dass mir so viele lustige Szenen mit Jonas einfallen.

Mai 2001

Jonas (8) kommt mit einer Einladung im Schulranzen heim. Ich lese sie ihm vor und erkläre noch mal den Inhalt. Sein Freund Marco hat ihn zum Geburtstag eingeladen. Jonas strahlt über das ganze Gesicht und stürzt in meine Arme: »Ganke, Mama! Ganke! Iss libb dir! Ganke!«

Juli 2001

Jonas (8) sieht den Schornsteinfeger in unsere Hofeinfahrt einbiegen. »Mama!«, schreit er ganz aufgeregt, »waze Peta gommt!« (In unserem »Schwarzer-Peter-Spiel« ist der Titelheld als Kaminfeger abgebildet ...)

November 2001

Jonas (8) will mit unserer Katze Stierkampf spielen und wedelt entsprechend mit einem Halstuch vor ihr herum. Als Luna überhaupt nicht darauf reagiert, fällt Jonas ein, dass er vergessen hat, ihr die Regeln zu erklären: »Ach so, weiß nich geht? Is fange, du Ochse!«

Februar 2002

Jonas (9) tätschelt meinen Bauch und kommt zu der Einsicht: »Is Baby Bauch dir!«(Als Baby war ich in deinem Bauch.) »Jetz wächsen sooo goß!« (Jetzt bin ich schon so groß gewachsen.) Er legt sich die Hand auf den Kopf. Als ich ihn frage, wo denn seiner Meinung nach Maren und Eliane als Babys waren, kommt die Antwort prompt voller Überzeugung: »Papa Bauch!«

Mai 2003

Jonas (10) muss sein Zimmer aufräumen, das Geschrei ist groß. Er will es nicht allein machen und fordert die Mithilfe seiner Schwester Maren: »Manen, häf!« Dummerweise hat er sie aber gerade vor fünf Minuten noch ziemlich geärgert, und so stehen seine Chancen nicht sonderlich gut. Maren: »Weißt du, Jonas, wenn du mich wenigstens freundlich bitten würdest, dann vielleicht ...!« Ich bin gespannt auf Jonas' Reaktion. Er überlegt einen Moment, gibt sich sichtlich Mühe, einen ganzen Satz zu formulieren, und fragt dann mit zuckersüßer Stimme und hundetreuem Blick: »Okay, Manen. Titte häf mi mei Zimma!«, und als er seine Schwester dahinschmelzen sieht, kann er sich nicht verkneifen, ein »Hopphopp!« anzufügen. (Maren hat ihm dennoch geholfen!)

Februar 2005

Beim Mittagessen. Ich verschlucke mich fürchterlich und höre gar nicht mehr auf zu husten. Jonas (12), voller Mitleid mit seiner geplagten Mutter, gibt Wolfgang, der mir am nächsten sitzt, einen praktischen Tipp zur Hilfe: »Hau drauf, Papa!«, und wundert sich, warum alle laut loslachen, wo er doch so besorgt um seine Mama ist.

Dezember 2006

Jonas (13) geht mit seinem Papa fort. Da auch die Mädchen nicht da sind, bleibe ich allein mit Hund Gina und Katze Luna zurück. An der Tür dreht sich Jonas noch einmal um und ruft mir einen mütterlichen Rat zu: »Mama, lieb sein! Hör, was Schina sag!«

Überhaupt verging kaum ein Tag, an dem Jonas nicht wieder irgendein toller Quatsch einfiel …

Geistig behindert?

Wahrlich,
deine kognitiven Fähigkeiten
entsprechen längst nicht denen
eines gleichaltrigen Kindes,
aber wie soll ich mir dann
deine sensationellen Ideen
und genialen Einfälle erklären,
wenn es dir darum geht,
neuen Unfug auszudenken?

Ich rufe meine Eltern und ein paar Freunde an, die mir alle mit lieben Worten Kraft und Zuversicht geben, und beschließe dann, hinaus in die Sonne zu gehen. Ich nehme meinen Fotoapparat mit in der Hoffnung, ein paar schöne Motive zu finden. Beim Fotografieren in der Natur kann ich wunderbar entspannen und entdecke immer noch neue Schönheiten, die meinem beschäftigten und abgelenkten Blick bisher entgangen sind. Das Handy habe ich natürlich die ganze Zeit angeschaltet bei mir.

Ich wundere mich selbst über den Frieden, den ich in mir spüre, bin dankbar dafür, denn ich weiß, dass er nicht aus mir selbst heraus kommt … Ich liebe es, in der Sonne zu sein, und sauge jeden Strahl ganz intensiv auf, wissend, dass ich die nächsten Stunden und Tage wohl kaum noch Gelegenheit dazu haben werde. Vor meinem inneren Auge wiederholt sich der Spaziergang, den ich mit Jonas und unserem Hund noch vor ein paar Tagen zu Hause gemacht habe. Wir hatten beide unsere Kameras dabei. Jonas bestand auf dem Rückweg darauf,

hinter mir herzugehen. Kicherte dabei leise vor sich hin, prustete dann wieder laut auf. Wenn ich mich umdrehte, bekam ich nur ein »Nixe dich, Heimnis!« zu hören. Zu Hause, als wir dann die Bilder auf den PC luden, wurde mir klar, worüber sich mein Sohn so herrlich amüsiert hatte: Auf über 80% seiner Bilder waren entweder mein oder Ginas Hinterteil festgehalten.

12 Uhr. Es ist Zeit, zu Mittag zu essen, und Hunger habe ich auch. Kaum jongliere ich mein volles Tablett durch den Essraum, klingelt es in meiner Tasche. Vor Schreck und Aufregung lasse ich mein Glas vom Tablett fallen. Es zerspringt in tausend Teile. Ich ignoriere die Scherben und die vielen sich mir zuwendenden Köpfe, stelle das Tablett ab und krame hastig mein Handy aus der Tasche.

Freudendank

»Frau Zachmann? Hier spricht Dr. Ammer. Ich bin noch im OP, es ist alles super gelaufen, ihr Sohn wird gerade wieder zugenäht.« Wie das klingt! Ich muss an den Wolf mit den sieben Geißlein denken, dem man Wackersteine in den Bauch gefüllt hat. »Ich habe bereits einen Ultraschall von seinem reparierten Herzen gemacht«, fährt der Arzt fort. »Ich kann Ihnen sagen, dass das Operationsergebnis nicht nur gut, sondern sogar hervorragend ist. Jonas geht es den Umständen entsprechend gut, er wird dann gleich auf die Intensivstation hier in der Herzchirurgie verlegt und dort von meinem Kollegen Dr. Ludwig übernommen. Ich denke, in etwa zwei Stunden können Sie wieder zu Ihrem Sohn.«

Es gibt Momente im Leben, die fühlen sich an wie Weihnachten, Geburtstag und Ostern zusammen. Dies ist so einer. Während ich fröhlich vor mich hinpfeifend die Scherben aufsammle und die Sauerei auf dem Boden aufwische, danke ich Gott dafür, dass er mir mein Kind zum dritten Mal geschenkt hat. Plötzlich ist alle Schwere aus meinem Herzen wie weggefegt, ich fühle mich so viel leichter und befreiter, alles ist gut, das Leben ist schön, die Sonne scheint plötzlich noch heller und wärmer.

Ich nehme mein Essenstablett, trage es nach draußen, suche mir einen ruhigen Platz und rufe Wolfgang an. Zusammen feiern wir ein Fest am Telefon.

Als Wolfgang aufgelegt hat, sind meine Kartoffeln ziemlich abgekühlt, aber was macht das schon …? Ich feiere mit mir selbst, der Sonne und dem Pudding weiter. Auf meinem Zimmer telefoniere ich noch mal mit meinen Eltern und zwei Freundinnen und suche dann die existenziell wichtigen Dinge zusammen für einen langen Tag am Krankenbett: Tagebuch, Lieblingsstift, Roman, Schokoriegel und Wasserflasche. Auf dem Weg zurück zur Herzchirurgie bin ich einerseits freudig erregt, Jonas wiederzusehen, fürchte mich aber zugleich auch vor dem Anblick, der mir bevorsteht. Bilder aus alten Krankenhaustagen tauchen wieder auf und lassen sich auch nicht verdrängen. Mein kleines Baby inmitten vieler Schläuche und Maschinen, die sein Leben retten helfen.

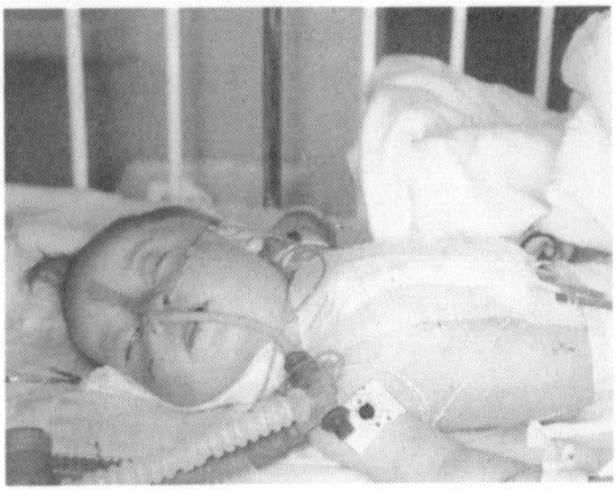

Ich bin zu früh. Muss vor der Intensivstation warten, bis ich eingelassen werde, setze mich in einen Sessel im Wartebereich und greife zu meinem Buch. Ich kann mich aber nicht wirklich darauf einlassen, blicke immer wieder zur großen Schwingtür, die hartnäckig verschlossen bleibt. Eine halbe Stunde später ruft mich eine Schwester herein. Ich atme tief durch und folge ihr. Sie führt mich in einen großen lichtdurchfluteten Raum, in dem vier Patienten liegen. Jonas liegt ganz hinten links am Fenster. Der schreckliche Anblick verschlägt mir fast den Atem, obwohl ich mich innerlich auf dieses Bild vorbereitet hatte: Überall Maschinen um ihn herum, Piepsen, Blinken, viele Schläuche, die aus Nase, Mund, Hals und Brust ragen, überall rotes Jod, große weiße Pflaster, die Hände am Bett festgebunden, damit sich Jonas nicht selbst den Beatmungsschlauch oder eine Drainage zieht. Die Augen sind geschlossen, Jonas ist noch narkotisiert. Sein Mund steht offen, die große Zunge hat er vorgeschoben, sie liegt auf der Unterlippe auf.

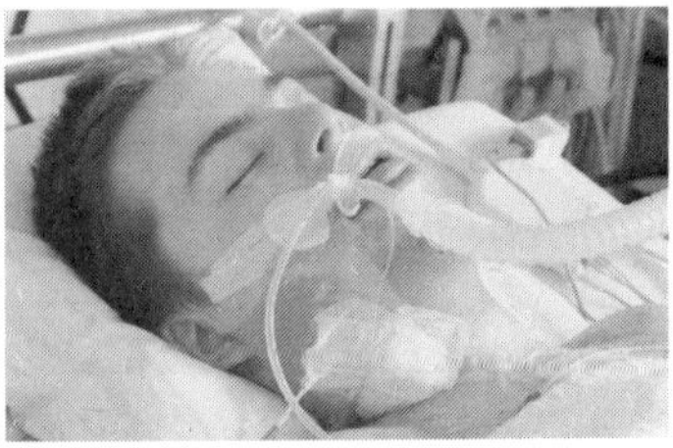

Oh, mein großes Baby! Ich streichle Jonas, lege meine Hand auf seinen Kopf, flüstere ihm Liebesworte ins Ohr. Was fühlt eine Mutter in solch einem Moment? Wie lässt sich der Wirrwarr an Gefühlen beschreiben, das mich ausfüllt? Da ist ganz viel Mitgefühl und Mitleid, ja, ich würde meinem Kind gerne all die Schmerzen und Unannehmlichkeiten ersparen oder abnehmen, wenn ich könnte. Da ist Stolz, dass Jonas alles so tapfer erträgt und mitmacht. Und natürlich Erleichterung: Tonnenweise Last, die von mir abfällt. Aber vor allem spüre ich Dankbarkeit. Wochenlange Anspannung bricht sich nun Bahn und sucht sich einen tränenreichen Weg. Die Schwestern und Pfleger halten taktvoll etwas Abstand, gewähren mir Zeit allein mit meinem Sohn, ich darf einfach hier stehen und weinen. Dafür bin ich auch dankbar. Ich muss mich nicht zusammenreißen, darf schwach sein und mich gehen lassen. Nur einen kurzen Moment. Aber es tut so gut. Gleich werde ich mich wieder im Griff haben und für mein Kind stark sein. Aber dieser Moment der schwachen Knie macht mir besonders deutlich, wie nah ich mal wieder am Abgrund stand. Doch ich bin nicht gefallen. Jemand hat mich gehalten. Ich bin so dankbar, dass Jonas lebt!

Daniel, der Pfleger, der jetzt für Jonas zuständig ist, kümmert sich rührend um seinen Patienten. Mit präziser Sorgfalt und sicherer Handführung bringt er jedes Schläuchlein in die richtige Position, beobachtet aufmerksam Atmung, Temperatur, Verlauf der Narkose und trägt alles in eine Mappe ein. Dabei spricht er die ganze Zeit über freundlich mit Jonas, als wäre dieser bei vollem Bewusstsein. Daniel erklärt jeden seiner Handgriffe, streicht Jonas immer mal wieder zärtlich über den Arm und nennt ihn »Mein Großer« oder »Meister«. Gerade legt er ihm weiche, zusammengerollte Handtücher unter, damit Jonas keine Druckstellen bekommt, und cremt ihm die rauhen Lippen mit Vaseline ein. Schon wieder kämpfe ich mit einem Kloß im Hals. Ach, warum bin ich nur immer so schrecklich rührselig? Vielleicht ist das ja alles ganz normal und gehört zum Job eines Pflegers auf der Intensivstation, aber mich rührt es zu Tränen. Ich frage mich, wie das denn damals war auf der Intensivstation, und ich sehe eine Schwester vor mir, die Klein-Jonas-Baby eine Magensonde legt und diese anschließend mit einem Pflaster auf der Wange festklebt. Doch sie hatte sich die Mühe gemacht, das Pflaster vorher extra zuzuschneiden, und so klebte nun ein Herz auf seiner Backe. Natürlich tat sie das mehr für mich als für mein Kind. Ich habe mich jedenfalls sehr darüber gefreut. Irgendwie sind wir Mütter wohl Mitpatienten …

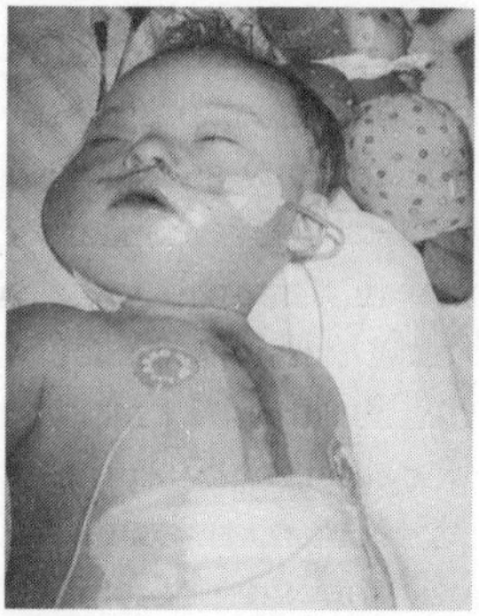

Daniel unterhält sich nett mit mir, beantwortet sehr geduldig all meine vielen Fragen und bietet mir sogar ein Kännchen Tee an, das er mir kurz darauf eigenhändig serviert. Ich bin sprachlos.

Obwohl Daniel alle Hände voll zu tun hat, bleibt er bestens gelaunt, lässt sich nicht stressen, hat für uns Angehörige jederzeit ein nettes

Wort und kümmert sich liebevoll um seine Patienten. So viel Menschlichkeit, Mitgefühl, Verständnis und Besorgtsein im positiven Sinne habe ich noch in keinem Krankenhaus erlebt! Was ich hier seit gestern erfahre, widerspricht all meinen bisherigen Erfahrungen mit Kliniken. Jonas und ich sind bestens aufgehoben, versorgt und beraten. Auch hier auf der Intensivstation herrschen Humor und Herzlichkeit. Abgesehen von dem Grund für mein Hiersein und dem harten Holzstuhl, auf dem ich sitze, fühle ich mich richtig wohl.

Jonas öffnet die Augen ein bisschen. Sieht mich, versucht zu lächeln, schafft es aber nicht ganz und ist schon wieder eingeschlafen. Mein Süßer! Ja, ich bin bei dir!

Stundenlang stehe und sitze ich an diesem Bett, staune über das große Wunder, lache und weine abwechselnd, schreibe Tagebuch und kann nicht aufhören, mein Kind zu streicheln …

Abends um 19.10 Uhr wird Jonas wieder wach, reißt panisch die Augen auf, blickt wirr um sich, will sich aufrichten, an den Schläuchen ziehen. Wie gut, dass Daniel ihm in weiser Voraussicht die Hände fixiert hat. Jonas will reden, will schreien, aber aufgrund des Beatmungsschlauches, der in seinem Hals steckt, kann er nur röcheln und winseln. Ich sehe die Angst in seinen Augen, die vielen Fragen, die er mir wortlos stellt, weil er das alles nicht einordnen kann. Ich höre den unausgesprochenen Vorwurf: »Mama, wie kannst du tatenlos danebensitzen, wenn mir so Grauenvolles angetan wird!«, und fühle mich hundeelend. Ich rede meinem Sohn gut zu, erkläre ihm die Situation, versuche, ihn zu beruhigen. Auch Daniel bemüht sich, Jonas ruhig zu halten, der am liebsten aus dem Bett springen würde. Als sich Jonas immer mehr in seine Panik hineinsteigert, braucht es vier Personen, um ihn festzuhalten, und eine starke Dosis Schmerz- und Beruhigungsmittel, um ihn wieder in den rettenden Schlaf abtauchen zu lassen. Ich bin schweißgebadet und beunruhigt. Daniel erklärt mir, viele seiner Patienten würden so reagieren, wenn sie aus der Narkose erwachen. Außerdem sei Jonas noch nicht richtig wach und bei sich gewesen, die Narkosemittel wirkten immer noch und würden manchmal seltsame Reaktionen hervorrufen. Wenn er das nächste Mal zu sich käme, wäre er bestimmt mehr »der Alte«. Und wie recht er hat. Eine Stunde später regt sich Jonas wieder. Als er nun die Augen öffnet, ist sein Blick viel klarer und die Panik ist verschwunden. Ich beuge mich über ihn, spreche ihn an, streichle seinen Kopf. Seine Hände versuchen, mich ebenfalls zu berühren, sind aber »gefesselt«, und so formt er mit den Lippen das alles in sich vereinende Wort »Mama!«. Dr. Ludwig, der nun auch da ist, redet mit Jonas und lobt ihn für seine Tapferkeit. Daniel erklärt ihm, dass nun gleich der Beatmungsschlauch gezogen wird. Als Jonas heftig nickend sein Okay dazu gibt, lachen die beiden Männer in Weiß und machen sich an ihre unangenehme Aufgabe. Ich halte mein Kind fest und kann nicht mehr tun, als einfach nur bei ihm zu sein. Jonas würgt und verzieht das Gesicht voller Schmerz, Tränen laufen ihm über die Wange, er presst die Augen zusammen. Ich leide mit. Dann ist es geschafft, und der beachtlich lange Schlauch ist draußen. Jonas atmet sofort von allein weiter. Dann tätschelt er Daniels Arm, so gut ihm das mit den angebundenen Händen gelingt, und röchelt ein erleichtertes »Danke, Danel!« in seine Richtung. Daniel meint daraufhin ganz gerührt: »Ja, Meister! Du bist wirklich der Größte hier unter uns!« Woraufhin Jonas stolz lachen will, aber das tut noch zu weh. Deshalb erstickt er den Versuch im Keim, aber seine Augen strahlen.

Nun, da Jonas wach ist, schaut er sich interessiert um, will verstehen, wo er ist und was mit ihm passiert. Daniel fängt seinen fragenden Blick auf und erklärt ihm die Geräte und Maschinen, die vielen Schläuche und angebundenen Hände. »Blut ich?«, fragt Jonas mehr erstaunt als ängstlich, als er das viele Jod sieht, mit dem sein Oberkörper reichlich eingepinselt ist. »Nein, das ist nur Jod, damit sich die Wunde nicht entzündet. »Mama, tut weh!«, klagt mein Sohn und ich nicke mitfühlend. Daniel erklärt Jonas, dass er in einer Stunde wieder ein Medikament gegen die Schmerzen haben kann. Jonas wird von einem Hustenreiz geschüttelt, der ihn die Augen aufreißen lässt. Aber der Druck auf der frisch operierten Brust ist nicht auszuhalten und so versucht Jonas, den Reiz zu unterdrücken. Er ist richtig geschüttelt, kann aber nicht husten. Er muss schreckliche Schmerzen haben und drückt meine Hand ziemlich fest. Als er wieder ruhiger wird, winselt Jonas: »Mama, will Hause!« – »Nein, mein Süßer, wir können noch nicht nach Hause fahren, dazu musst du erst wieder gesund sein. Aber hier wirst du gut versorgt, Daniel passt gut auf dich auf!« Und Daniel ergänzt: »Klar! Ich will doch, dass du bald wieder fit bist! Aber du wirst sehen, das geht ratzfatz. So wie ich dich einschätze, machst du das mit links und tanzt bald schon wieder über die Gänge!« Jonas versucht erneut ein Lachen. »Papa?« – »Papa kommt morgen und be-

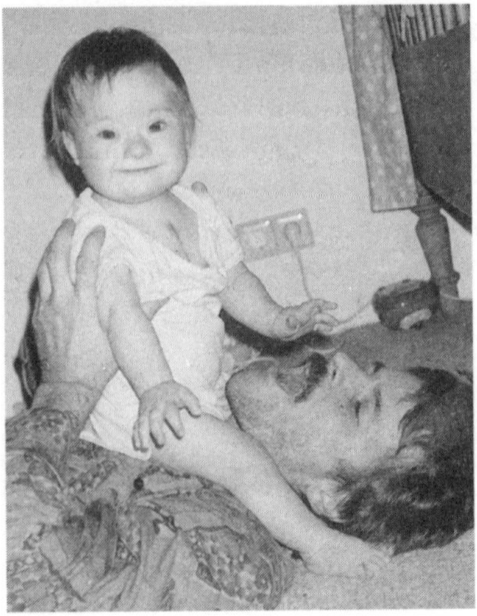

sucht dich!« – »Gut!«, haucht Jonas und döst schon wieder vor sich hin.

Wieder eine Stunde später ist Schichtwechsel. Nina übernimmt nun die Pflege von Jonas und Maria, der Patientin im Nachbarbett. Daniel erklärt ihr alles, übergibt ihr die Nachtschicht und kommt extra noch mal zurück, um sich zu verabschieden. Er bringt unaufgefordert eine neue Kanne Tee für mich mit, drückt mir die Hand und sagt mit einem Blick auf Jonas: »Er wird es schaffen, da bin ich ganz sicher! Wahrscheinlich kommt er morgen schon wieder auf die Kinderstation. Ich wünsche Ihnen eine ruhige Nacht.« Dann geht er um das Bett herum, streichelt Jonas' Stirn und flüstert ihm zu: »Bist mein Großer! Schlaf gut und träum was Schönes! Morgen früh bin ich wieder bei dir!«

Nina ist nicht minder nett und aufmerksam. Sie überprüft alle Schläuche und Monitore, misst Temperatur, erneuert Infusionen. Als sie sich Jonas' Verbände unter der Decke etwas genauer ansieht, beschließt sie, einen zu wechseln, weil er sich gelockert hat. Auch sie redet mit Jonas (obwohl er gerade schläft), erklärt ihm in beruhigendem Ton jeden Handgriff, den sie an ihm vornimmt. So hat er nie das Gefühl, »überfallen« zu werden.

Und wieder einmal verblüfft Jonas mit seiner Reaktion. Immer wieder aufs Neue bin ich völlig fasziniert von meinem Sohn: Selbst wenn er ganz bedürftig ist und es ihm schlecht geht, hört er nicht auf, zu geben. Hat den anderen im Blick, verschenkt sich ganz. Unglaublich. Mein Kind ist mir ein echtes Vorbild! Ich bin auch schon mehrfach aus Vollnarkosen aufgewacht, habe es aber noch nie fertiggebracht, noch mit halb geschlossenen Augen nach der Hand zu tasten, die mich versorgt, »Du heißt du?« zu fragen und mich dann dafür zu bedanken, dass ich gerade einen schmerzhaften Verbandswechsel bekomme.

Verkehrte Welt

Du, der du
als eingeschränkt giltst,
besitzt die Gabe,
ganz und gar
zu lieben.
Ohne jede
Einschränkung.

Plötzlich füllt sich der Raum. Die Ärzte haben nun Feierabend im OP und kommen auf die Intensivstation, um nach ihren frisch operierten Patienten zu sehen. Der Chirurg Dr. Eising kommt zusammen mit Dr. Ammer und Professor Gerling an Jonas' Bett. Erst schütteln sie mir die Hand, dann erkundigen sie sich bei Nina nach Jonas' Zustand. Nina jongliert mit einigen medizinischen Daten und Namen, die Herren in Weiß nicken zustimmend. Alles in bester Ordnung! Dr. Eising wendet sich nun noch einmal mir zu und fasst zusammen, was im OP geschehen ist: »Frau Zachmann, die Operation ist außergewöhnlich gut verlaufen. Ich habe ein hervorragendes Gewebe bei Ihrem Sohn vorgefunden und konnte von daher einige knifflige Sachen vornehmen, wie z.B. eingeknotete Goretexfäden, und die Raffung um den Ring verlief auch komplikationslos. Es ist mir geglückt, ein besseres Ergebnis zu erzielen, als wir erwarten konnten: Die Klappe ist nun nahezu dicht: Stadium 1 von 4, und das bedeutet, dass wir eine lebenslängliche Lösung erreicht haben. Soweit mir das als Arzt und Mensch überhaupt möglich ist, garantiere ich Ihnen, dass Jonas nicht noch einmal am Herz operiert werden muss!«

Meine Knie sind plötzlich aus Schaumstoff. Wie soll ich beschreiben, was in mir vorgeht bei diesen Worten? Jahrelang und gerade in den letzten Wochen vor dieser OP haben uns vier verschiedene Kardiologen unabhängig voneinander erklärt, dass und warum Jonas' Herz nie ganz in Ordnung sein wird und wir kein besseres OP-Ergebnis als das Stadium 2 erwarten dürfen, was bedeutet, dass wir uns alle paar Jahre auf eine erneute OP einstellen müssen und evtl. sogar auf einen Klappenersatz.

Und nun dieses Wunder – nichts anderes ist es für mich! Ich bin rundum glücklich und reich beschenkt!

Als die Ärzte wieder gegangen sind, bleibe ich noch drei weitere Stunden an Jonas' Bett sitzen. Inzwischen hat er noch einmal Schmerzmittel erhalten und schläft seit dreißig Minuten tief und fest. Jetzt, um 23 Uhr, traue ich mich, sein Bett zu verlassen und in mein eigenes im Elternhaus zu kriechen. Auf dem Fußweg dorthin telefoniere ich mit Wolfgang und erzähle ihm alles. Es war ein harter, langer Tag und mein Rücken schmerzt vom vielen Gebeugtstehen und -sitzen. Mein Herz ist noch ganz aufgewühlt von der durchrüttelnden Achterbahnfahrt der Gefühle. Als ich Wolfgang die Worte des Chirurgen wiederhole, kann auch er das Wunder kaum fassen und ist voller Freude am anderen Ende der Leitung. Es tut so gut, ihn zu hören.

Claudia ist noch wach und liest, als ich ins Zimmer schlüpfe. Sie hat ihre Pumpaktion schon hinter sich und fragt, wie alles gelaufen ist. Ich fasse zum zweiten Mal den Tag in Kürze zusammen. Und wieder freut sich jemand mit mir. Ich kann nicht einschlafen, schwebe vor Glück! Könnte Gott knutschen!

Gemeinsam

Morgens um 7 Uhr bin ich wieder bei Jonas.

»Hallo Mama! Feu du da bis!«, empfängt mich ein noch sehr geschwächtes, aber glückliches Kerlchen, das bereits etwas erhöht im Bett liegt. Auch Daniel ist schon wieder an seinem Arbeitsplatz. Es ist schön zu sehen, wie vertraut Jonas und er bereits miteinander sind. Sie scherzen um die Wette und ich kann nicht glauben, dass mein Sohn gestern erst eine schwere Herzoperation hatte. Inzwischen sind einige Schläuche gezogen. Es liegen nur noch die Kanüle für die Infusion, die drei Drainagen unterhalb der Wunde und das Sauerstoffschläuchlein zur Unterstützung in der Nase. Außerdem sind Jonas' Hände auch nicht mehr fixiert. Er darf sogar selbst trinken und bekommt von Daniel seinen Lieblingssaft mit Strohhalm serviert. Jonas schlürft den Orangensaft mit hörbarem Genuss, schmatzt, leckt sich die Lippen, verhilft der langweilig weißen Decke zu einigen erfrischenden gelben Punkten, lässt mehrmals ein lautes Feinschmecker-»Aaahh« vernehmen und schmiert anschließend mit dem Handrücken über den Mund – macht wie immer ein Fest daraus.

Der ganz normale Wahnsinn

Erbsen kullern auf den Boden,
Fleisch steckt in der Eckbankritze,
braune Soße sickert ins Polster,
Apfelsaft tropft von der Wand,
Kartoffelbrei klebt unterm Tisch ...

Wie könnte es mir jemals etwas ausmachen,
nach jeder Mahlzeit
deine Spuren zu beseitigen,
zeugen sie doch schließlich
von der überschwänglichen Begeisterung,
mit der du,
ganz in deinem Element,
die lebensnotwendige Nahrungsaufnahme
zu einem ausladenden
Fest der Sinne
werden lässt!?

Der Vormittag verläuft recht ruhig. Das heißt, Jonas schläft recht viel und wenn er wach ist, braucht er mich ganz an seiner Seite: Ich soll ihn durchgängig kraulen, mit ihm reden, ihn ansehen. Er muss ständig wissen, dass ich da bin, dann ist seine Welt in Ordnung. Immer noch bekommt er regelmäßig Schmerzmittel und ich bin wirklich froh darüber, dass sie so gut und schnell wirken. Der diensthabende Arzt spricht mich auf Jonas' auffällige Schlafapnoen an, die in der Nacht von Nina

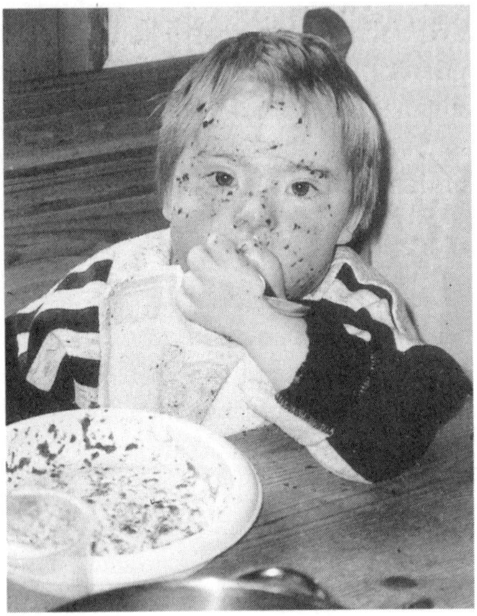

beobachtet und aufgeschrieben wurden. Ja, sie sind mir wohlbekannt und vertraut, diese schrecklichen Atemaussetzer mit anschließendem röchelnden Luftholen, die kein Ende nehmen wollen und uns in den ersten Lebensjahren immer wieder in Angst und Schrecken versetzt haben, unser Kind würde uns vor den Augen ersticken. »Ach, das hat er schon immer? Na dann …« Der Arzt gibt sich beruhigt und ich wundere mich erneut, dass diese Sache so harmlos zu sein scheint. »Ansonsten geht es Jonas wirklich gut und wir sind mit dem Verlauf sehr zufrieden. Er wird dann heute Mittag wieder in die Kinderklinik verlegt.«

Bald ist es schon so weit. Diesmal sind es zwei junge Frauen, die in Sanitäteruniform kommen, um Jonas mit dem Krankenwagen abzuholen. »Macht tatü-tata?«, fragt mich Jonas. »Nein, das Martinshorn wird nur in einem Notfall eingeschaltet, wenn der Krankenwagen ganz schnell fahren muss«, antworte ich. »Auja, schnell!«, freut sich Jonas. Ich gehe nicht weiter darauf ein. Eine der beiden Sanitäterinnen hat lange blonde Haare, die sie in einem Pferdeschwanz trägt. »Mama, hübscha Fau!«, grunzt Jonas und zeigt ungeniert auf sie, worüber die Frau belustigt kichert, während sie Jonas auf seinem Bett anschnallt, um ihn fahrtsicher zu machen. Daniel verabschiedet sich ganz herzlich von mir und Jonas, wünscht uns alles Gute, drückt Jonas' Schulter sanft und sagt: »Hey, Meister! Du hast das ganz toll gemacht! Bin megastolz auf dich!« – »Danke, du auch! Bis mei Feund, Danel!«, erwidert Jonas und küsst Daniels Handrücken. »Ihr Sohn ist echt klasse! Glückwunsch!«, ruft er mir noch hinterher, als die Bahre schon durch die große Schwenktür geschoben wird. Balsam für meine Mutterseele.

Nur die halbe Wahrheit

Der medizinische Begriff
Trisomie 21
verheimlicht etwas Wesentliches:
Nicht nur
das eine Chromosom,
du hast
so vieles
mehr!

Dr. Ludwig fährt mit mir und Jonas hinten im Krankenwagen mit und scherzt ununterbrochen mit dem Patienten. Ich freue mich, dass auch hier die Chemie so gut stimmt. Die ganze Fahrt über hält Jonas mit Dr. Ludwig Händchen, streichelt seinen Arm rauf und runter. Der Arzt nimmt's gelassen, scheint auch nicht peinlich berührt zu sein, jedenfalls entzieht er sich nicht und dafür hat er bei mir schon einen Stein im Brett …

Juni 2005

Männer können Jonas' körperliche Liebesbezeugungen oft nur schwer aushalten oder zulassen. Bei Frauen war das bis zur Pubertät meines Sohnes eigentlich nie ein Problem, aber jetzt, wo er auch körperlich reifer ist, versuchen wir dem Zwölfjährigen klarzumachen, dass er Frauen nicht mehr einfach so anfassen kann bzw. darauf achten muss, wo er hinfasst. Er versteht das nicht wirklich. Neulich, als er mir an den Busen fasste und ich seine Hand wegschob mit der Erklärung, dass er weder mich noch sonst eine Frau am Busen anfassen darf, meinte Jonas ganz enttäuscht: »Oh schade. So schööön weich!«

»Wie sieht's aus? Wollen Sie für unseren Kumpel hier nicht mal kurz die Sirene einschalten?«, fragt Dr. Ludwig die Fahrerin, und kurz darauf ertönt das Martinshorn. »Siehse, Mama! Ich rech! Tatü-tata un schnell!«, muss ich mir von meinem überglücklichen Jüngsten triumphierend anhören.

Oktober 2006

Jonas (14) hat irgendwie immer recht! Entgegen aller Wahrscheinlichkeit! Das ist doch echt nicht zu fassen!
Heute Morgen vor der Schule hatte ich einen heftigen Streit mit ihm, weil er im T-Shirt aus dem Haus gehen wollte. Draußen war es noch dunkel und gerade mal 6 ° C warm, oder besser kalt. »Lass mich, Mama! Meine Sache! Ich selba kümmer! Bin große Kerl! Mei Scheidung! Is nich kalt fü mich!« Ich erklärte ihm, dass für heute Regen angekündigt sei und es außerdem zu kalt sei, um nur im T-Shirt rauszugehen, versuchte ihm klarzumachen, dass es nicht allein sein Problem ist, denn wenn er deshalb krank wird, habe ich ebenfalls eines. »Ich nich kank! Bin sund! Kei Poblämä, Mama! Lass mich einfach! Is nich kalt!« – »Nicht kalt? Bitte, dann stell dich doch mal kurz raus auf die Terrasse.« Jonas tat wie geheißen. Stand leicht bekleidet in der Oktoberkälte, atmete mehrfach tief ein und aus und meinte nur: »Ah, guta Luff!« Als er wieder reinkam, war von Einsicht keine Spur, im Gegenteil: »Mama, du lügs! Is nich kalt, nur guta Luff! Bauch kei Jacke nich«, und so weiter…
Die Sache lief darauf hinaus, dass ich ihm ein Ultimatum stellte: entweder Jacke anziehen oder hierbleiben. Jonas tobte! Ich schickte ihn wieder in sein Zimmer mit dem Satz: »Und wenn du jetzt noch fünf Minuten Theater machst, hast du deinen Bus sowieso verpasst und musst aus dem Grund hierbleiben.« Als ich die Tür zuzog, fing Jonas heftig an zu weinen. Schimpfte und fluchte vor sich hin. »Blöda Mama! Wills nich anziehn! Blöda Jacke!« Sackgasse. Wenn Jonas einmal etwas beschlossen hat, ist er eigentlich nicht mehr davon abzubringen. Ich stand ratlos im Gang und war dabei, mich damit abzufinden, dass Jonas dann heute wohl zu Hause bleiben würde und ich gleich beim Busfahrer und in der Schule anrufen müsste. (Mit dem Auto fahre ich ihn jedenfalls nicht hin, es sind immerhin 40 km hin und zurück.) Oder war ich zu hart? Sollte ich ihm seinen Willen lassen und ihn im T-Shirt losschicken? Musste er die

Erfahrung machen, deswegen krank zu werden? Aber es sollte doch regnen, und dann konnte er ja nicht mal raus auf den Pausenhof. Während ich noch überlegte, was richtig sein könnte, kam Eliane die Treppe herunter, hörte Jonas' Schluchzen, sah meinen Hilfe suchenden Blick und erbarmte sich. Engelsgleich glitt sie in Jonas' Zimmer, sprach mit sanfter, heller Stimme auf ihn ein, zog ihm die Jacke an, und Jonas ließ es widerstandslos mit sich geschehen. »Danke, Elli, Danke! Lieb dir so!« Nun hatte er sein Gesicht gewahrt und die Jacke nicht selbst angezogen. Außerdem hatte ihm jemand die schwere Entscheidung abgenommen, und in Patt-Situationen wie dieser haben wir schon oft erlebt, dass es hilfreich ist, wenn es »einen bösen und einen guten Polizisten« gibt. Jonas schnappte nach seiner Schultasche, streckte mir im Vorbeigehen die Zunge raus und knallte die Haustür hinter sich zu. Zwei Stunden später, als ich in den Keller musste, sah ich Jonas' Jacke überm Treppengeländer hängen. Der Schluri! Hatte er mich doch so richtig ausgetrickst. Meine Freude darüber war bemerkenswert größer als mein Ärger. Auch Jonas macht also seinen Weg als Teenager! Alles ganz normal ...
Als er am Nachmittag klingelte und ich ihm die Tür aufmachte, stand mein Sohn im T-Shirt vor mir und begrüßte mich mit den Worten: »Siehse Mama, kei Regn, kei kalt! Ich rech!« Es stimmte! Es hatte tatsächlich nicht geregnet und auch die Temperaturen waren erheblich gestiegen seit dem Morgen. Es ist doch auf nichts mehr Verlass, nicht mal mehr auf die Wettervorhersage.
Am Abend hatten wir noch einmal so eine Situation. Jonas und ich hatten zusammen Tierfutter eingekauft und mussten auf dem Rückweg eine Umleitung fahren. Als wir an einen Bahnsteig kamen, begann gerade das rote Licht zu blinken und die Schranke senkte sich. Ich schaltete den Motor aus. Jonas fragte: »Mama, Sug rechs oda links?« – »Mhh, ich weiß nicht, von wo der Zug kommt.« — »Rate mal!«, lud Jonas mich zum Spiel ein. »Okay, dann sage ich, er kommt von rechts!« – »Nö, stimms nich!« — »Aha, du glaubst also, er kommt von links?« — »Nö! Kommses rechs UN links!« Ich musste lachen über diese abstruse Vorstellung! Kurz darauf ratterte ein Schnellzug über die Schienen – von rechts kommend! »Ich hab gewonnen!«, rief ich freudig, und als ich den Motor wieder starten wollte, kam eine S-Bahn von links. »Un, sags du jetz?«, fragte mich mein Sohn, den Siegestriumph im Blick! »Siehse, ich rech, Mama!«

Auf der Kinderstation angekommen, werden wir herzlich von Patricia begrüßt. »Hey, da ist ja unser Star wieder! Und was höre ich: Du hast alles mit Bravour gemeistert! Toll gemacht, Jonas!«, lobt sie ihn. Jonas strahlt und erwidert: »Ja, bin gut!« Alle lachen.

Zu meiner besonderen Freude bekommen wir ein Einzelzimmer. Es ist zwar winzig, sodass gerade mal sein Bett und mit viel Mühe zwei Stühle reinpassen, aber es ist unser kleines Reich, in dem wir ungestört sein können. Hier ist es verblüffenderweise viel ruhiger als auf der Intensivstation, was ich sehr genieße und was Jonas gut gebrauchen kann. Immer wieder jammert er vor Schmerzen. Er tut mir so leid! Am schlimmsten ist dieser Hustenreiz, der ihn regelmäßig überfällt und noch von dem Beatmungsschlauch herrührt. Weil ihn aber der Druck auf der großen Wunde zu sehr schmerzt, kann er den Schleim nicht abhusten. So versucht er, ihn wegzudrücken, wegzuräuspern, was nicht gut gelingt. Es hilft Jonas, wenn ich beim Husten meine Hand flach und vorsichtig auf seine Brust drücke und so die Spannung von der frischen Narbe nehme. Darin sind wir bald sehr geübt und eingespielt: Wenn Jonas einen Hustenreiz nahen spürt, klopft er sich sanft mehrfach auf die Brust. Das ist dann das Zeichen für mich, die Hand aufzulegen und dagegenzudrücken.

Darüber hinaus geht es ihm aber schon wieder recht gut und ich staune, wie schnell sich ein Mensch von solch einem großen Eingriff erholen kann. Die Schmerzen setzen Jonas dennoch immer wieder heftig zu und dann jammert er: »Mama, aua, Mama hier!«, und streicht über seinen ganzen Oberkörper, den Bauch inbegriffen. Hier liegen ja auch die drei Drainagen, über die die Wundflüssigkeit abläuft. Regelmäßig kommt Patricia (oder später Benedikt, sein Lieblingspfleger) zum »Melken«, wie sie es nennen: Mithilfe zweier Rollen, durch die der jeweilige Schlauch abwärtsgezogen wird, soll die Flüssigkeit besser ablaufen und nicht ins Stocken geraten. »Bin Kuh?«, fragt Jonas ganz verwirrt, als Patricia zum ersten Mal vom Melken spricht. Wir lachen uns halb schlapp und Jonas stimmt mit ein, soweit es seine Schmerzen zulassen.

Als es Mittagessen gibt, darf ich Jonas mit einem Teller voll Nudeln, Soße und Fleisch füttern. Jonas isst wie immer mit großer Begeisterung. Es tut ihm gut, wieder etwas zwischen die »Kiemen« zu bekommen und kauen zu können. »Hmm, lecker, hmm, smecks gut!«, höre ich von Gabel zu Gabel. Auch Pipi machen kann Jonas jetzt schon wieder ohne den lästigen Katheter. Mein Sohn pinkelt wie ein Weltmeister in die dafür vorgesehene Flasche und amüsiert sich königlich, wenn ich mich dumm anstelle und beim Festhalten ein paar Tropfen abbekomme. Seine Schadenfreude ist sogar richtig ansteckend.

Januar 2003

Wir sitzen alle am Frühstückstisch. Ich bin noch ziemlich müde, weil ich gestern mal wieder zu spät ins Bett gegangen bin. Recht wortkarg kaue ich mein Brot, schlürfe meinen Tee. Als die Tasse fast leer ist und ich sie steiler ansetzen muss, schwappt irgendetwas Gegenständliches an meine Lippen. Ich blicke in die Tasse: Tatsächlich, da ist was drin. Ich sehe Draht. Greife danach, schreie laut auf und halte angewidert eine Zahnspange in der Hand. Wolfgang lacht zuerst, dann die Mädchen, und Jonas (10) fällt als Letzter mit ein, dafür aber am lautesten. Inzwischen grölen alle und halten sich vor Lachen die Bäuche. Erst jetzt begreife auch ich die Situation so richtig: Normalerweise geht Jonas nach dem Aufstehen erst ins Bad und kommt dann in die Küche. Heute habe ich ihn aber gebeten, zuerst frühstücken zu kommen, weil sonst die Rühreier kalt geworden wären, die Katharina sich gewünscht hat. Und seine erste Handlung am Morgen ist nun mal das Herausnehmen der Zahnspange. Und da sein Spangendöschen nicht in Reichweite war, hat er eben meine Tasse gewählt ...

Endlich kommt Wolfgang. Und sowie er da ist, merke ich, wie eine Riesenlast von mir abfällt und was ich die ganze Zeit über allein getragen habe. Zu zweit ist eben doch alles nur halb so schlimm. Wir umarmen uns, als hätten wir uns ein halbes Jahr nicht gesehen, dabei sind es gerade mal zwei Tage gewesen, aber es kommt mir wie eine Ewigkeit vor … Jonas freut sich sehr, seinen Papa bei sich zu haben. Wolfgang bekommt nun den Ehrenplatz direkt neben Jonas' Kopfende, ich werde zu den Füßen abkommandiert. Aber damit kann ich gut leben, weiß ja, dass ich spätestens heute Abend, wenn Wolfgang fort ist, wieder gefragt bin.

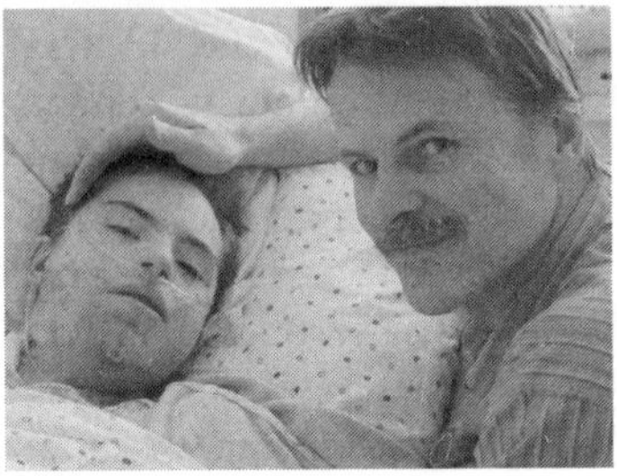

Jonas ist noch recht schwach und schläft viel. Das tut ihm sehr gut. Der Lärm und die Unruhe von der Intensivstation wollen noch verarbeitet werden, die Schmerzmittel tun ein Übriges. Und uns tut es auch gut. Wir Eltern sitzen Händchen haltend nebeneinander und streicheln mit der jeweils freien Hand unser Kind an seinen Lieblingsstellen: Wolfgang ist fürs Kinnkraulen, Bruststreicheln und Ohrenzupfen zuständig, ich darf Jonas' Füße kraulen und seine Zehen massieren. Jonas schnurrt genüsslich vor sich hin, schließt die Augen und genießt unsere Nähe, unsere Liebe, unsere Zärtlichkeit.

Was zählt

Ich bräuchte
stärkere Arme, dich zu halten;
drei paar Augen,
dich nie aus dem Blick zu verlieren;
schnellere Beine,
dich vor der Gefahr zu retten;
mehr Entspannung,
die Anstrengung besser zu verkraften;
ruhige Tage,
die unruhigen Nächte durchzustehen;
mehr Geduld,

dir deine Zeit zu lassen;
noch vieles mehr,
um dir gerecht zu werden.
All dies habe ich nicht genug.
Doch was ich dir
reichlich geben kann,
ist meine Liebe,
die mich dich tragen lässt.

Wenn unser Sohn eine Wachphase hat, lesen wir ihm abwechselnd aus dem TKKG-Buch vor, das er sich aus dem Spielzimmer geholt hat. Wenn Jonas dann wieder einschläft und wie üblich zu schnorcheln und schnarchen anfängt, flüstern wir miteinander. Ich bin so froh um meinen Mann! Verrückte Auszeit: Hier in diesem kleinen Krankenhauszimmer, fern vom gewohnten Alltag, haben wir viel mehr voneinander und wissen beide um diesen Schatz. Umso behutsamer gehen wir damit um und genießen die geschenkte besondere Zeit miteinander. Und für einen kurzen Moment erinnert mich diese Situation an die kostbaren Minuten nach Jonas' Geburt damals, bevor ich das Baby hochhielt und der erste Blick meine perfekte Welt zunächst zum Einsturz brachte.

Der Geburt zweiter Teil

Du bist da,
der Sohn,
den ich mir wünschte.
Und er war bei mir,
dein Papa, der Mann,
dem meine Liebe gilt.
Jetzt, da du
noch blutig und erschöpft
zwischen meinen Brüsten liegst,
zugedeckt
von der Wärme unserer Hände,
schauen wir uns liebend an,
schweigend,
denn so viel Glück
verträgt keinen Jubel.

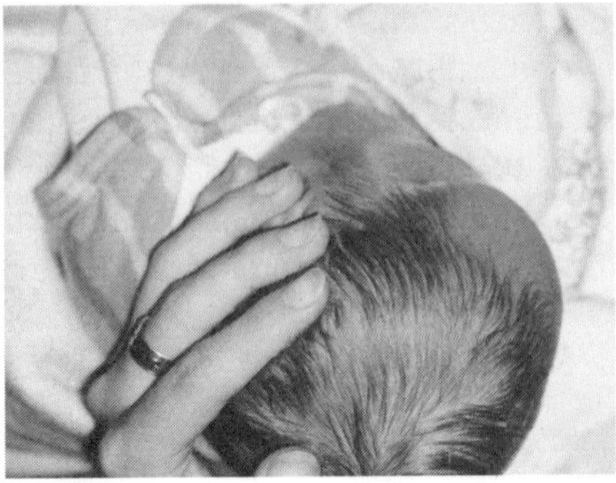

Immer wieder kommt Patricia ins Zimmer, um nach Jonas zu schauen und diverse Werte von den Überwachungsmonitoren abzulesen, an denen er noch hängt, und sie in seine Kartei einzutragen. Außerdem wird regelmäßig Blutdruck und Temperatur gemessen. Bisher sind alle seine Werte konstant und im Normalbereich. Jonas freut sich jedes Mal, wenn Patricia reinkommt. Er hat sie schon in sein Herz geschlossen und macht auch keinen Hehl daraus: Vor unseren Elternaugen flirtet er heftig mit seiner Krankenschwester: »Paziza, mag dich! Valiebte dir!«, und wirft ihr Luftküsse zu. Patricia erwidert grinsend: »Oh Jonas, jetzt bringst du mich aber in Verlegenheit! Ich bin doch so schüchtern, weißt du!« Und Jonas antwortet darauf mit einem prustenden Lachen, das er wieder vor Schmerz abbrechen muss, und unterstreicht sein »Egal!« mit einer wegwerfenden Handbewegung.

Die Zeit mit Wolfgang vergeht wie im Flug, schon ist es Abend und er muss wieder aufbrechen. Jonas zieht seinen Papi ganz nah zu sich herunter und küsst ihm laut quietschend aufs Ohr. Kaum ist Wolfgang zur Tür hinaus, kommt Benedikt herein und verkündet, dass es jetzt im Spielzimmer am Ende des Ganges Abendessen gibt und ich Jonas dort einen Teller richten und mit auf sein Zimmer nehmen kann. Jonas ist begeistert!

Allein der Gedanke an Essen macht ihn schon glücklich. Ich stelle mit Benedikts Hilfe ganz vorsichtig das Oberteil vom Bett hoch, sodass Jonas fast aufrecht sitzen kann. Und so füttere ich ihn zehn Minuten später mit kleinen belegten Brotstückchen. »Bin Baby, Mama. Stimmt?« – »Ja, du bist grad mein Riesenbaby!«, erwidere ich, und beide genießen wir grinsend dieses Spielchen. Wieder streckt Benedikt den Kopf zur Tür herein. »Jonas, magst du Eis?« — »Eis?« Jonas strahlt und kann sein Glück kaum fassen. Das ist genug der Antwort. Kurz darauf reicht Benedikt uns zwei Eis ins Zimmer. »Swei?«, fragt Jonas ganz erstaunt und will schon zugreifen. Doch Benedikt hält eines mir hin. »Für Sie auch eines, wenn Sie mögen! Nervennahrung!«, zwinkert er mir zu und ist schon wieder draußen. Jonas und ich schauen uns ganz verblüfft an und rufen gleichzeitig ein lautes »Danke!« in den Flur.

Es ist 21.30 Uhr, als ich wieder auf meinem Zimmer bin. Nachdem ich Jonas noch lange vorgelesen habe, ist er nun endlich eingeschlafen. Obwohl ich den ganzen Tag eigentlich nur am Bett gesessen habe, fühle ich mich wie durch den Fleischwolf gedreht. Mein Rücken schmerzt ziemlich und ich bin hundemüde. Sehne mich nach einer heißen Dusche und meinem Bett. Unterhalte mich noch mit Claudia, schreibe noch einige Seiten Tagebuch und gebe das Lesen im Roman bald auf, weil mir die Augen ständig zufallen.

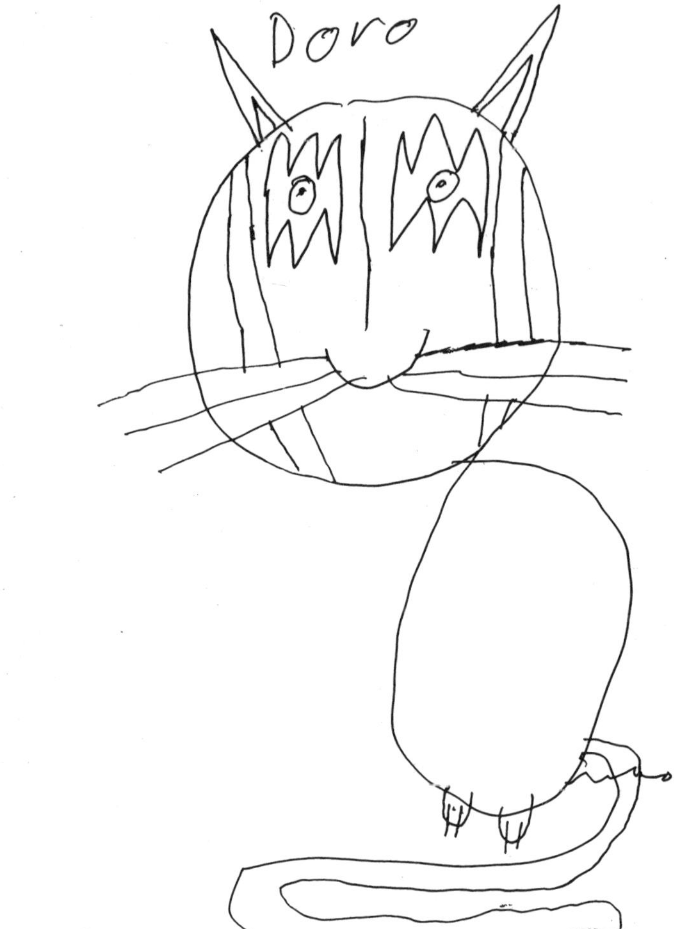
Doro
vanJonas

Erste Schritte

Am nächsten Morgen komme ich erst (wie mit Jonas und Patricia abgesprochen) um 9 Uhr auf die Kinderstation. Das Ausschlafen hat mir gutgetan. Ich sehe sofort, dass es auch Jonas heute deutlich besser geht als gestern. Er sitzt in seinem Bett, hat kein Sauerstoffschläuchlein mehr in der Nase und neben den Jodresten auch wieder etwas natürliche Farbe im Gesicht. Er hat den Kopfhörer vom Walkman auf, hört die extra fürs Krankenhaus gekaufte neue Kassette »Die wilden Kerle« und winkt mir freudig zu. »Hab schon fühstück, Mama. Spielsimma!« – »Was, du warst im Spielzimmer zum Frühstücken?« Ich fasse es nicht! »Paziza mi hol. Halte mi fest. Ich lauf Spielsimma«, erzählt Jonas ganz stolz. Erstaunt drehe ich mich um und betrachte fragend den Infusionsständer hinter Jonas' Bett, dem wir gestern einen sinnvollen Namen gegeben haben. »Fiffi mit!«, klärt Jonas mich auf.

Juli 2006

Jonas hat gestern Abend in meinem Zimmer gemalt, während ich am PC gearbeitet habe. Echte Prachtexemplare von Bildern waren dabei! Am besten haben mir drei Werke gefallen, auf denen er jeweils zwei Familienmitglieder gemalt hat – eins als aufrecht stehenden Zweibeiner, das andere als dubioses vierbeiniges Etwas an der Leine. Welche tiefenpsychologische Deutung wohl mein Mann, der beste Psychotherapeut von allen, dazu hat? Noch mehr gespannt bin ich allerdings darauf zu hören, wie er sich aus der Affäre zieht, was die – wie ich meine – extrem kurze Leine angeht, an der er mich hält!

Nun, da ich da bin, müssen die wilden Kerle warten, bis sie wieder dran sind. »Lieba dir spieln!«, bestimmt Jonas und klopft auf sein Bett. Ich baue ein provisorisches Tischchen über seiner Decke und so können wir Karten spielen. Jonas zockt mich sage und schreibe achtmal hintereinander erbarmungslos beim UNO ab und lacht sich dabei ins Fäustchen. So viel Glück im Spiel ist echt unverschämt. Ich habe absolut keine Chance. »Ich besser du, gell? Ätsche, Mama, du Lierer, ich Winner!«, fasst Jonas unser Match zusammen und reibt sich schadenfroh die Hände. Dann malen wir eine Runde. Auch hier sind wir seit Jahren ein eingespieltes Team: Jonas zeichnet irgendwelche abstrusen Wesen und ich darf sie dann ausmalen. »Ich mal, du bunt!«, heißt das schlicht und einfach.

Es klopft. »Rein!«, ruft der Herr des Zimmers und eine Krankengymnastin stellt sich vor, um mit Jonas Atemtherapie zu machen. Sie massiert ihm den Brustkorb, setzt hier und da gezielt Druck- und Vibrationsgriffe ein, und siehe da, mein Söhnchen schließt genussvoll die Augen, grunzt und schnurrt behaglich, um kurz darauf durch laute Schnarchtöne zu signalisieren, dass er fest eingeschlafen ist. (Die Griffe merke ich mir!) Tief beeindruckt verabschiede ich die sympathische Frau, nachdem sie mir noch ein Spezial-Blasröhrchen für Jonas dagelassen hat, um seine Lungen zu kräftigen.

Ich betrachte mein schlafendes Kind, oder besser diesen schnarchenden Möchtegern-Erwachsenen, und könnte dahinschmelzen vor Mutterliebe.

Während du schläfst

Und wieder
stehe ich an deinem Bett,
betrachte deine
mir so vertrauten Züge
und spüre in jeder Körperzelle,
wie untrennbar miteinander verwoben
Liebe und Schmerz doch sind.

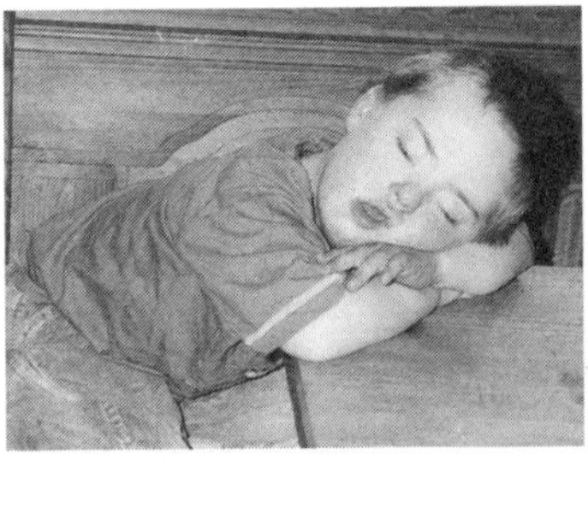

Es ist so schön, wie zufrieden Jonas sein kann, wie ausgeglichen und dankbar für jede Hilfe. Von seiner tyrannischen und bockigen Seite ist bisher hier im Krankenhaus nichts zu sehen und zu hören gewesen. Darüber bin ich froh, denn die würde mich einiges mehr an Geduld und

Nerven kosten. Ich schätze aber mal, dass parallel zum Gesundungsprozess auch wieder die anstrengendere Seite von Jonas' Wesen hervortreten wird. Wenn er nicht mehr so auf mich angewiesen ist, wird er wahrscheinlich auch zunehmend rebellieren. Umso mehr genieße ich dieses zufriedene und glückliche (wenn auch kranke) Kind. Jonas ist derzeit wirklich zuckersüß und ein Sonnenschein. Ständig wirft er mir Kusshände zu, streichelt mir über den Kopf oder zupft mich neckisch am Ohr. Wenn ich ihm die Hände auf die Brust lege und sanften Druck ausübe, weil ein Hustenanfall im Anmarsch ist oder Jonas sich räuspern muss, dann streichelt er meine Arme, tätschelt meine Hände und beschenkt mich mit einem lächelnden »Danke, Mama! Süßer!«. Zum Knuddeln!

Ich freue mich über jede Abwechslung, die den tristen Krankenhaus-Tag unterbricht. Schön, dass wir von Jonas' Zimmer aus telefonieren können. Habe noch nie so gern ein Telefon läuten hören wie hier. Unser Kontakt zur Außenwelt reduziert sich im Moment auf die wirklich wichtigen Menschen in unserem Leben. Wie schön, Familie und Freunde zu haben. Auch Jonas telefoniert leidenschaftlich, vor allem mit seiner geliebten Oma.

Und jeden Tag kommt Post an! Inzwischen stehen schon einige Karten aufgereiht auf dem Regalbrett an der Wand. Sogar ein Päckchen ist angekommen mit Süßigkeiten und einem schönen Spiel (und einem Buch für mich!). Einige Karten, Briefe und Geschenke wurden mir schon von Freunden und Verwandten mitgegeben, und als ich sie Jonas zum Auspacken gebe, strahlt er vor Freude, fragt dann aber verwirrt »Ich Butstag?«, weil er die Extrazuwendung nicht einordnen kann. Ich freue mich ebenso über so viel Zuspruch. Das Highlight des heutigen Tages ist der Besuch von Elisabeth. Da sie in Freiburg wohnt, kann sie »mal eben vorbeischauen«, was in ihrem konkreten Fall bedeutet, dass sie sich eine ganze Stunde Zeit für uns nimmt, selbst gebackenen Kuchen mitbringt, Jonas eine Brust- und mir eine

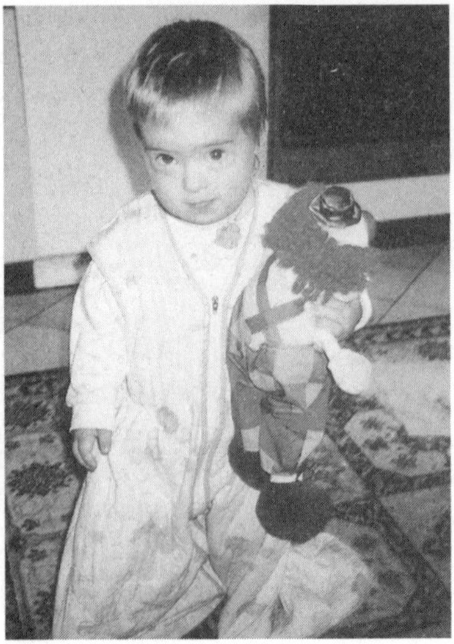

wunderbare Rückenmassage verabreicht und uns mit ihrer lieben Art einfach nur guttut.

Ansonsten werden wir uns in den kommenden Tagen mithilfe von allerlei Spielen, Büchern, Hörspielkassetten, Rätseln, Malen und natürlich Jonas' Lieblingsbeschäftigung Computerspielen amüsieren.

Für heute habe ich noch eine besondere Überraschung auf Lager: Nach dem Mittagessen, zu dem Jonas mit meiner Hilfe wieder aufstehen und den Gang entlanglaufen darf, greife ich in meinen Rucksack und zaubere daraus sein Heft mit den Fußballaufklebern hervor. »Oh, Mama! Mein Heft!? Du mitpinkt?« – »Ja, Jonas. Überraschung!« – »Aba gibses nich Bilda nich mär!« Stimmt. In den Läden sind die Bilder ausverkauft. Enttäuscht und resigniert zieht Jonas beide Schultern bis zu den Ohren und schiebt die Unterlippe weit nach vorn.

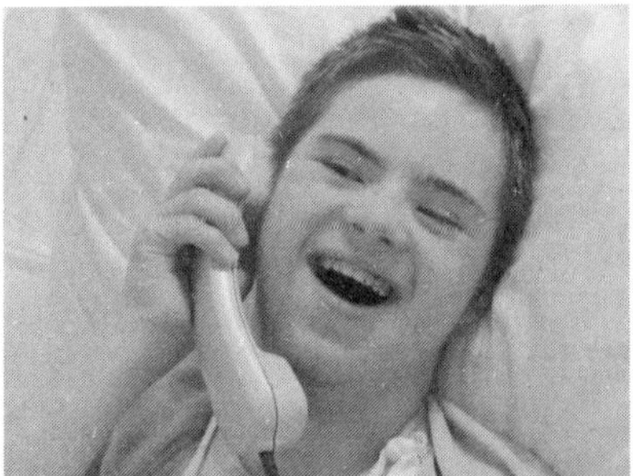

Doch ich habe vorgesorgt und von dem Angebot im Heft Gebrauch gemacht. Ohne Jonas' Wissen habe ich die letzten 50 fehlenden Bilder direkt beim Verlag bestellt, der das Heft herausgibt. »Und was ist dann das hier?«, frage ich und greife erneut in den Rucksack. »Überraschung Nummer zwei!« Jonas' Augen weiten sich vor Neugierde und Anspannung, und als ich ihm eine Handvoll Bilder entgegenstrecke, strahlt Jonas, klatscht vor Freude in die Hände und ruft: »Jooaah, Glück habt! Gibses doch Bilder! Du gut bis, Mama! Hui, Glück hab, viiiel Glück! Mama kann saubern!«, und dann machen wir uns gemeinsam ans Aufreißen der Päckchen.

Dezember 2007

Montag: Taschengeldtag. Kaum ist Jonas (14) von der Schule zu Hause, rennt er in sein Zimmer, holt seinen Geldbeutel und saust zur Bank im Dorf. (Seit drei Monaten ist er stolzer Besitzer einer EC-Karte: »Mama, will au Geld vom Tomat ham!«)
Bargeld muss Jonas sofort in Ware umsetzen, und seit einigen Wochen kauft er sich immer dasselbe: Fußballaufkleber für sein Sammelheft. Das komplette Geld für eine Woche geht in zwei Minuten über den Ladentisch. Kurz darauf steht ein überglückliches Kind vor der Tür und zeigt mir stolz seine fette Beute. Nun folgt unser Ritual: Wir setzen uns mit dem Heft aufs Sofa, stellen den Mülleimer davor, reißen ein Päckchen nach dem anderen auf, vergleichen Nummern und Bilder, hoffen und bangen, dass Passendes dabei ist... Je länger wir das schon machen und je voller das Heftchen wird, desto größer wird der Stapel der »Doppelten« und desto geringer die Chance, ein noch fehlendes Bild zu erwischen. Wenn das jedoch passiert, ist der Jubel groß und Jonas freut sich, als hätte er einen Sechser im Lotto. »Jaaa, hab wonnen! Juchu! Neue Bild! Yäh!« Heute war unsere Ausbeute wirklich kläglich: 4 zu 56. Aber Jonas war keineswegs enttäuscht! Sicher blättert er nun wieder stolz eine Woche lang in seinem Heft, freut sich an den vier neuen Bildchen und noch mehr auf nächsten Montag...

Benedikt kommt ins Zimmer und stolpert über einen Müllberg aus Fußballbilder-Verpackungen. »Hey Jonas!«, ruft er begeistert. »Sammelst du etwa auch die WM-Bilder? Boah toll, zeig mal dein Heft her!«, und ich überlasse den Ehrenplatz einem echten Fußballfan. Die nächsten zehn Minuten wird von Mann zu Mann gefachsimpelt. Ich räume den Müll weg und greife dann zu meinem Strickzeug, setze mich ans Fußende, freue mich an Benedikts offener und unkomplizierter Art. »Hey, wenn du so viele Bilder hast, hast du doch auch bestimmt viele doppelt! Da könnten wir doch tauschen!?«

Jonas macht ein verdutztes Gesicht, runzelt die Stirn, schaut mich an, ich zucke die Schultern und kann mir ein »Tja, siehste!« nicht verkneifen. Dann wendet sich Jonas wieder seinem Fußballkumpel zu: »Äh, geht nich!« – »Warum?«, fragt Benedikt. »Hab keine Doppelle, hab alle schenk Maxi!«

Dezember 2007

Inzwischen sind es über 200 Abziehbilder von Fußballstars, die Jonas doppelt hat. Ich überlege, was er damit Sinnvolles machen könnte. Da kommt mir die zündende Idee: »Jonas, wie wäre es, wenn du mal in der Schule fragst, wer auch die Bilder sammelt?« – »Weiß schon: Maxi un Patrick un Sabrina!« — »Ja super! Dann könntet ihr doch gegenseitig tauschen?«

Jonas schaut mich fragend mit tief gerunzelter Stirn an.

Ich erkläre, wie Tauschen funktioniert: »Du gibst von dir ein Bild ab und bekommst dafür eins, das du noch nicht hast!«

»Wem geben?«

»Na, dem Kind, das auch dir eines gibt. Dann bekommst du immer ein Bild, das du einkleben kannst, für eines, das du doppelt hast und sowieso nicht brauchst.«

»Quatsch, Mama! Blöt!« – »Wieso?«, frage ich ganz erstaunt.

»Schenk alle Bilda Maxi! Maxi arm, keine Geld. Darf nich Bilda nich kaufen. Patrick selber viiiele Bilda. Sabrina imma viele Geld, viiiele Bilda. Geb nich Patrick un Sabrina nich! Nö! Geb alles Maxi! Basta!« Sprach's entschieden und verschränkte die Arme vor der Brust.

Benedikt ist fassungslos: »Alle verschenkt? Nobel, nobel! Vielleicht sollte ich das auch tun!« Dann fällt dem Pfleger wieder der eigentliche Grund seines »Besuchs« ein: »Jonas, du hast jetzt seit zwei Tagen keinen Stinker mehr gemacht. Ich verpasse dir deshalb heute Abend eine Popobombe, okay?« Benedikt zeigt Jonas den Einlauf. Jonas kennt das Ding schon von vor der Operation und wiederholt begeistert den neu gelernten Ausdruck »Po-po-pom-pe«. Und Jonas' Fantasie ist sofort angeregt: »Popopompe platzt. Uuäähhh, alle stink!« Jetzt hält sich Jonas den Bauch vor Lachen. Die fäkale Phase im Kleinkindalter hat unser Sohn leider noch nicht ganz hinter sich gelassen: Bis heute fasziniert ihn alles rund um Popo, Pippi, Pupsen …

September 2006

Wir fahren im voll besetzten Auto in die Gemeinde zu einer Teenieveranstaltung. Jonas (13) sitzt hinten in der Mitte und pupst hörbar laut. »Iiihhh« und »Wähh!« schreien alle Insassen. Zwischen zwei heftigen Lachanfällen presst Jonas ein »Joaaah, bin gut!« hervor.

»Genau«, erklärt Benedikt weiter, »damit die Popobombe nicht platzt, darfst du ausnahmsweise mal auf unserem Großvaterstuhl sitzen.« – »Hää? Was das?«, fragt Jonas. Benedikt bittet mich aufzustehen, stellt meinen Stuhl raus auf den Gang und schiebt stattdessen einen Plastikstuhl mit Bettpfanne herein. »Schau, der hat ein großes Loch in der Mitte, da machst du einfach deinen Stinker rein. Und dann komm ich und hole die Pfanne raus und schütte alles ins Klo. So einfach geht das. Cool, oder?« – »Cool!«, bestätigt Jonas überzeugt und macht schon Anstalten aufzustehen. »Aber vorher darfst du noch mit deiner Mama im Spielzimmer essen gehen. Und wenn du dann satt bist, kommt die Popobombe! Alles klar so weit?« – »Klaaa so weit!«, antwortet Jonas und freut sich, dass auch Benedikt den Lieblingsspruch von Jonas' Lieblingspiraten Jack Sparrow aus »Fluch der Karibik« zu kennen scheint. Die beiden Männer geben sich einen »High-five-Händeklatscher«.

Also auf zum Abendessen! Jonas schlurft langsam über den Gang, gestützt von mir. Fiffi ziehe ich hinter mir her. Im Spielzimmer ist wie immer viel los um die Essenszeit. Kaum habe ich Jonas' Brot nach genauen Anweisungen geschmiert und belegt, fängt Jonas leicht zu zittern an und zupft mich am Ärmel: »Mama, will Zimma gehn!« Mir gefällt sein Gesichtsausdruck überhaupt nicht und so führe ich ihn schnurstracks wieder zurück zu seinem Bett. Jonas zittert nun ziemlich heftig, stöhnt vor Schmerzen, und so decke ich ihn samt Morgenmantel zu und suche nach Benedikt. Ich finde ihn im »Schwesternzimmer«. Er folgt mir sofort und sieht nach Jonas, der winselnd im Bett liegt, kreidebleich und zitternd. »Hey Jonas, was ist los mit dir? Wir hatten doch eine Verabredung für die Bombe! Und jetzt lässt du mich so hängen? Das kannst du aber echt nicht bringen, du! Wem soll ich denn dann die Bombe verpassen?«

Während er so scherzend mit Jonas spricht, untersucht er die Drainagen, die Infusion und misst Temperatur. »Selba Pompe!«, versucht Jonas mitzuscherzen.

»Also, alle Werte sind in Ordnung. Ich denke, das war jetzt einfach zu anstrengend mit dem Aufstehen und Laufen und der Lautstärke im Spielzimmer«, teilt mir Benedikt seine Einschätzung mit. »Ja, insgesamt ist Jonas heute vier Mal aus dem Bett gewesen. Vielleicht war das einfach zu viel, immerhin ist heute erst der zweite Tag nach der OP«, überlege ich laut. Benedikt nickt und wendet sich Jonas zu:

»Okay, ich würde sagen, ich bringe dir jetzt noch mal ein Schmerzmittel und du bleibst im Bett. Wenn es dir etwas besser geht, kann dich deine Mama ja im Bett füttern.« Jonas brummt zustimmend. »Pompe?«, fragt er dann. »Ach, die Bombe kriegst du dann eben morgen von Patricia. Ist heut nicht mehr so wichtig. Besser, du ruhst dich jetzt wieder aus. Alles klar so weit, Captain?« – »Klaa so weit!« Jonas ist einverstanden. Etwa zehn Minuten, nachdem Benedikt die Infusion gegen das Schmerzmittel ausgetauscht hat, beginnt es zu wirken. Jonas wird ruhiger, das Zittern hört auf. »Tut's noch weh?«, frage ich, aber Jonas schüttelt den Kopf. Grinst schon wieder schwach. »Füttern jetzt, Mama!«, verlangt mein Patient.

Nach der Raubtierfütterung putze ich Jonas mit vorgehaltener Nierenschale im Bett die Zähne, löse gemeinsam mit ihm einige Rätsel aus dem Vorschulheft und lese noch aus dem Kinderkrimi vor. Jedoch dauert es nicht lange, bis Jonas' vertraute Schnarchtöne einsetzen. Uff, wieder ein Tag geschafft! Ich bin stolz auf meinen Sohn – er erträgt sein Schicksal wirklich mit beneidenswerter Haltung. Gute Nacht, mein Süßer!

Nicht allein

Gut gelaunt und voller Vorfreude auf diesen Tag, weil Wolfgang mit den Mädchen kommen wird, bin ich wieder pünktlich um 9 Uhr auf der Kinderstation. Jonas lacht und winkt mir entgegen, den Kopfhörer über die Ohren geschnallt. »Guten Morgen, alte Schnarcheule!«, begrüße ich meinen kleinen Großen. »Pst, Mama, leise sein, höre neue Sette.« Und zeigt mir die Hülle von »Peter Pan«. »Eine neue Kassette? Woher hast du die denn?«, frage ich erstaunt. »War Spielsimma. Mit Paziza un Fiffi!« Also scheint sich Jonas von dem gestrigen Schwächeanfall wieder erholt zu haben, sein Gesicht zeigt auch wieder Farbe. Kaum mache ich es mir auf meinem Stuhl gemütlich und packe mein Strickzeug aus, nimmt Jonas den Hörer ab, drückt die Stoptaste am Walkman und beschließt laut: »So, luss jetz hörn! Mama da! Endlich Komplutaspieln!«, und an mich gewandt: »Mama, Tiptop mit? Kann spielen?« Ich nicke und mein Kind ist eine einzige Begeisterung! »Ändlich, ändlich, ändlich!«

Doch bevor wir anfangen zu spielen, bekommt Jonas von Patricia den Einlauf. Gut, dass er nicht aufs Klo gehen muss, den Weg dorthin quer über den Gang hätte er keinesfalls geschafft – es klappt gerade noch so auf den Opastuhl. »Poah, volle Pompe!«, kommentiert Jonas sein Geschäft. Der heftige Duft in dem kleinen Zimmer nimmt mir fast den Atem, ich beneide Patricia um ihre Fluchtmöglichkeit, von der sie auch sofort mit einem ironischen »Hmm, riecht das lecker!« Gebrauch macht. Als ich Jonas den Popo putze, fühlen wir uns beide in alte Zeiten zurückversetzt. Jonas kichert sich halbtot dabei. Scham kennt er überhaupt keine, wieso auch? »Mama, mein Stinka, dein Stinka! Hahaha…«

Nahezu perfekt

Das großzügige Abrollen
des recycelten Papiers,
gefolgt von dem
exakt auf die Perforation
gezielten Karateschlag zwischen zwei Blätter,
die Versenkung der meterlangen Schlange
in den Tiefen der Schüssel,

das energische Stampfen
mithilfe der Bürste
entgegenwirkend der drohenden Verstopfung,
das gelassene Ignorieren
des dabei garantiert Aufspritzenden,
die bis zum glucksenden Ende
mehrfach betätigte Spülung,
das stolze Nachwinken
der in den Fluten sich windend
verschwindenden Graupampe
zeugen von einem
bis ins Detail kognitiv erfassten
Ablauf einer Toilettensitzung.

Schade,
dass dennoch alles
in die Hose geht.

Alte Zeiten, die noch gar nicht so alt sind, weil ich Jonas lange helfen musste beim Toilettengang. Mit sieben Jahren trug er noch Windeln, und erst mit zehn hat er dann alles allein geschafft: vom Knopfaufmachen und Hoserunterziehen bis hin zum abschließenden Händewaschen.

Als der Hintern sauber ist, entschließe ich mich, noch den ganzen daranhängenden Kerl zu waschen, schließlich hat Jonas schon tagelang keine Dusche von innen gesehen. Und entsprechend müffelt er. Ich besorge warmes Wasser, Waschlappen und ein Handtuch und los geht's. Jonas genießt die extra Streicheleinheiten sehr und schnurrt schon wieder.

Hoffentlich ist diesem genießerischen Möchtegernmann einmal eine Freundin beschert, mit der er seine Sinnlichkeit teilen und ausleben kann. Das wünsche ich ihm wirklich sehr. Jedenfalls wird es seiner Zukünftigen nicht an Schmuseeinheiten und Zärtlichkeiten mangeln, da bin ich ganz sicher.

Das Thema Sexualität ist für Jonas natürlich ebenso interessant wie für alle Jungen in seinem Alter. Ich weiß noch, wie ich meinen ersten Schock diesbezüglich bekam:

April 2006

Jonas (13) war wieder einmal einkaufen, hat sein Taschengeld in der Bäckerei verjubelt. Diesmal kommt er jedoch nicht mit dem gewohnten Comic-Heft, irgendwelchen Sammelstickern oder Tattoos nach Hause. Nebst den obligatorischen Süßigkeiten und seiner geliebten Cola hat er sich ausgerechnet eine BILD-Zeitung gekauft. Das Titelbild ist nicht wirklich jugendfrei. »Guck, Mama! Schöna nackta Fau!« Jonas verschwindet damit in seinem Zimmer und ich bin hin- und hergerissen zwischen Entsetzen und Amüsement. Hilfe! Mein Sohn ist in der Pubertät!

Patricia gibt uns wie besprochen den kleinen Tisch, den man übers Bett bauen kann, und ich klappe das Laptop auf und überrasche Jonas mit einem neuen Spiel, das ich noch zu Hause extra für diesen Moment im Krankenhaus gekauft habe: Madagaskar, die Spielversion des Zeichentrickfilms. Volltreffer! Jonas ist völlig hin und weg und die nächsten Tage ist »Makaska« der Sinn seines Lebens. Zugegeben, auch mir macht das neue Spiel viel Spaß. Jonas ist unglaublich geschickt auf der Tastatur, er kann einhändig und blind den Zahlenblock, der als Navigator dient, bedienen. Ich stelle mich da erheblich untalentierter an und wähle lieber die Maus. Die meiste Zeit spielt jedoch Jonas, der total in die Geschichte der vier Tierfreunde eintaucht und mit dem ganzen Körper im Einsatz der 3-D-Darstellung auf dem Bildschirm folgt und jede Situation in gekonnte Comicsprache simultan übersetzt: »Buff! – Peng! – Wosch! – Zack! – Huiii! …« Mein Part ist es, ihm dabei über die Schulter zu schauen und mehr oder weniger kluge Kommentare und Anweisungen zu geben, wenn mein Sohn meint, alleine nicht weiterzukommen, und dies lautstark kundtut: »Mama, häf mich! Häääf!«

»Ist alles in Ordnung?« Patricia steckt besorgt den Kopf zur Tür herein. »Jaja, wir spielen nur Computer!«, beruhige ich sie. »Ach so! Na dann ist ja alles gut!«

März 2002

Jonas (9) sitzt an meinem Computer und spielt sein derzeitiges Lieblingsspiel: Sesamstraße. Als er in einem der virtuellen Zimmer einen Lichtschalter entdeckt und daraufklickt, geht tatsächlich das Licht aus und der Bildschirm ist dunkel. Die Stimme des niedlichen Krümelmonsters, das durch das Spiel führt, fragt nun aus dem Lautsprecher: »Machst du bitte das Licht wieder an, damit wir weiterspielen können?« Jonas gehorcht und klickt wieder auf den Lichtschalter. Das Zimmer auf dem Schirm ist wieder hell erleuchtet. »Danke!«, sagt das Monster. »Jetzt lass uns weiterspielen!« Doch mein Sohn klickt erneut auf den Lichtschalter. Als alles dunkel ist, kommt wieder die Stimme aus dem Off: »Machst du bitte das Licht wieder an, damit wir weiterspielen können?« »Nö!«, erwidert Joni und verschränkt triumphierend die Arme vor der Brust, lehnt sich zurück. Alle paar Sekunden stellt nun das Monster dieselbe Frage: »Machst du bitte das Licht wieder an, damit wir weiterspielen können?« Und jedes »Nööö!«, das nun folgt, klingt noch ein bisschen aufmüpfiger als das vorherige. Dabei lacht sich Jonas schlapp und klatscht vor (Schaden-)Freude in die Hände. Kaum zu glauben, aber mein Sohn zeigt gerade echte Ausdauer: eine ganze Viertelstunde lang »spielt« er diese neue Version des PC-Spiels, sämtliche Beschwerderufe (wir können alle den Satz »Machst du bitte das Licht wieder an, damit wir weiterspielen können?« nicht mehr hören!) aus allen möglichen Zimmern des Hauses ignorierend ... So kann man also auch PC spielen!

Seit heute kann Jonas auch wieder lachen, ohne dass er dabei Schmerzen hat. Darüber freuen wir uns beide sehr, denn ein Jonas, der nicht lachen kann, ist nicht einmal ein halber Jonas. Dafür juckt nun seine Narbe sehr, ein gutes, wenn auch lästiges Zeichen. Er streicht sich immer wieder über das große Pflaster auf der Brust bzw. will, dass ich das für ihn tue, während er am PC oder mit mir Karten spielt, liest oder sich von mir vorlesen lässt … eigentlich pausenlos. Noch ein Grund mehr, mich auf den heutigen Besuch zu freuen: Ich kann als Entertainerin ersetzt werden und auch eine Streichel-Pause machen!

Abgesehen von den normalen Pflegetätigkeiten von Patricia und anderen Schwestern, die hier und da mal ins Zimmer kommen, und der überaus goldigen Fatima, die wie jeden Morgen unser Zimmer und mit ihrer ansteckenden guten Laune auch unsere Seelen vom Staub befreit, wird unser Spielen auch mehrfach von anderen Angestellten des Hauses unterbrochen (sehr zu meiner, weniger zu Jonas' Erbauung).

Zuerst kommt die nette Krankengymnastin wieder, dann eine bildhübsche junge Physiotherapeutin. Beide machen jeweils ein paar Minuten verschiedene Übungen mit Jonas, die er nur widerwillig mitmacht, da er lieber Computer spielen möchte. Und so leiten mich die Fachfrauen an, diese und andere Übungen immer wieder mit ihm durchzuführen, damit seine Atmung und sein Kreislauf wieder besser in Schwung kommen. Natürlich sehe ich das ein, dennoch regt sich in mir Rebellion beim Gedanken an diese »Hausaufgaben«, weil sie in mir Erinnerungen an das lästige und mühsame jahrelange Therapieren meines Sohnes wachrufen.

<u>Empfehlung</u>

Krankengymnastik:
Zusätzlich
zur wöchentlichen Therapiestunde
täglich
nur etwa 20 Minuten Übungen
zu Hause.

Ergotherapie:
Zusätzlich
zur wöchentlichen Therapiestunde
täglich
nur etwa 20 Minuten Übungen
zu Hause.

Logopädie:
Zusätzlich
zur wöchentlichen Therapiestunde
täglich
nur etwa 20 Minuten Übungen
zu Hause.

Schluss
mit der Co-Therapeuten-Rolle!
Ab heute bin ich
nur noch deine Mutter!

Außerdem kommt eine Mutter von der Selbsthilfegruppe für herzkranke Kinder vorbei und erzählt mir einiges Interessante von ihrem Verein und ihrer Tochter, die bereits fünfmal operiert wurde und zuletzt eine Herztransplantation bekam. Innerhalb von wenigen Minuten sind wir in ein sehr herzliches und offenes Gespräch miteinander verwickelt, bei dem ich wieder einmal staune, wie intensiv und schnell man sich auch mit fremden Menschen verbunden fühlen kann.

Nicht so bei der nächsten »Besucherin«, die sich als Lehrerin der Kinderklinik vorstellt. Nach einem raschen Seitenblick auf Jonas, der unbekümmert weiter »Makaska« spielt und seine Comictöne von sich gibt, betont sie schnippisch, dass sie allerdings keine Ahnung habe, was man mit »solchen« Kindern (ihr Kopf nickt in Jonas' Richtung) Sinnvolles üben könnte. Ich gebe ihr frech zur Antwort, dass sie sich ja dann etwas Sinnvolles einfallen lassen könnte, schließlich sei sie ja Pädagogin. Sie dreht sich auf dem Absatz um und meint, dass sie heute Nachmittag wiederkäme, und ich überlege noch, ob das als Drohung oder Angebot zu verstehen ist. Hui, was für ein Auftritt. Es gibt also außer mir auch noch ganz normale Menschen hier auf der Station und nicht nur Engel, wie ich bisher glaubte – hat irgendwie auch was Beruhigendes …

Mein Mittagessen im Elterncasino nehme ich heute im Rekordtempo ein, denn ich will unbedingt dabei sein, wenn Jonas die Drainagen gezogen werden. Das hat Dr. Ammer heute Morgen bei der Visite angekündigt.

»Na, mein Freund, alles okay?«, fragt der Arzt den Patienten, welcher zufrieden nickt. »Na, dann wollen wir dir jetzt mal die lästigen Schläuche aus deinem Bauch rausziehen, okay?« – »Aua, Mama?«, fragt Jonas und blickt mich ängstlich an. »Nein, das tut nicht weh, denn ich gebe dir vorher ein Schlafmittel, sodass du nichts davon spürst. Versprochen!«, antwortet Dr. Ammer. Jonas streckt dennoch Hilfe suchend die Hand nach mir aus. Der Arzt bittet mich, den Raum zu verlassen, er mache das lieber ohne Beisein der Eltern. »Gut, wenn

Sie das wünschen, aber ich bleibe noch, bis Jonas eingeschlafen ist«, sage ich und nehme die Hand meines Kindes. Über die Kanüle, die Jonas noch immer seit der OP im rechten Handrücken hat, verabreicht Dr. Ammer das starke Mittel und binnen Sekunden ist Jonas eingeschlafen. Dann gehe ich widerwillig raus, bleibe jedoch direkt vor der Glastür stehen und blinzle zwischen Vorhang und Holzrahmen durch einen kleinen Spalt, sodass ich alles beobachten kann. Mit geschickten Händen lösen Patricia und Dr. Ammer den Riesenverband und die großen Pflaster über Jonas' Brust, desinfizieren alles gründlich und ziehen dann die dicken Plastikschläuche mit jeweils 1 cm Durchmesser. Die Schläuche sind viel länger, als ich dachte, und ich wundere mich, wie so viel Plastik in dem engen Brustraum Platz hatte. Jeweils am Ende des Schlauches hängt noch mal ein dicker Blutfaden, der schwabbelig hin und her schaukelt und manchen roten Spritzer auf der Bettdecke hinterlässt. Alles in allem wirklich kein leckerer Anblick, und ich vermute, dass der Arzt ihn mir ersparen wollte. Nun wird Jonas kräftig verbunden und ich darf wieder hereinkommen. Dr. Ammer verabschiedet sich freundlich.

Ganz, ganz langsam kommt Jonas wieder zu sich. Mein Junge wirkt wie stockbesoffen: Er öffnet die Augen, starrt regelrecht irre in den Raum, fängt dann an, mit Armen und Beinen zu rudern, als ob er nach einem Halt suchen würde, diesen aber nicht finden kann. Er lallt irgendwelches wirre Zeug, versucht zu sprechen, schafft es nicht und will sich ständig auf den Kopf drehen, als würde er alles wie um 360 Grad gedreht wahrnehmen. Diesen Zustand zwischen Weggetretensein und Wiederzusichkommen erlebe ich nun zum dritten Mal mit ihm und er ist zehnmal schlimmer als irgendwelche blutenden Wunden. Mein Kind erscheint mir plötzlich so fremd und so schrecklich hilflos, verloren, verzweifelt, panisch vor Angst. Eigentlich habe ich jetzt den Impuls wegzulaufen, um das nicht mitansehen zu müssen, aber ich weiß, dass Jonas mich gerade jetzt sehr braucht, und deshalb verdränge ich alle Tränen und schlucke den dicken Kloß im Hals hinunter, sammle Kraft und versuche, meiner Stimme einen ganz normalen Klang zu verleihen, als ich mein Kind fest in den Armen halte und beruhigend auf es einrede. »Ja, Liebling, alles ist gut! Du wachst gerade wieder auf, bleib ganz ruhig, alles ist in Ordnung. Ich bin bei dir, gleich bist du wieder richtig wach und der Albtraum ist vorbei. Glaub mir, alles wird gut!« Wohl seit Jahrtausenden der Lieblingssatz, den Kinder von ihren Müttern hören wollen. Das unruhige Zappeln lässt immer mehr nach und auch sein stoßweises Atmen wird ruhiger und entspannter. Ich bin völlig fertig.

»Schwindlich, Mama!«, gibt Jonas nun schwach von sich und drückt sich noch enger an mich. Auch er ist völlig erschöpft, als hätte er einen 1000-Meter-Sprint hinter sich. Die nun schon oft bewährte Brustmassage hilft auch diesmal und Jonas schläft noch einmal tief ein, diesmal aber ohne künstliche Mittel. Ich atme durch.

Es klopft und die Lehrerin streckt den Kopf zur Tür herein. Ohne Worte, aber mit deutlichen Handzeichen gebe ich ihr zu verstehen, dass der Zeitpunkt jetzt äußerst unpassend ist und Jonas dringend seinen Schlaf braucht. Sie zieht den Kopf wieder zurück – auch nicht unglücklich über die Absage, wie mir scheint. Ich sehe sie danach jedenfalls nie wieder.

Um 14.45 Uhr höre ich lautes und vertrautes Mädchenlachen auf dem Flur und kurz darauf stehen unsere Lieben in der Tür. Maren und Eliane verstummen sofort mit sichtbar schlechtem Gewissen, als sie Jonas schlafend im Bett liegen sehen. Jetzt muss ich lachen und ziehe meine Töchter zu mir. Während die beiden links und rechts auf meinem Schoß Platz nehmen, versucht mein Mann mich zu küssen. Wir flüstern leise, dennoch wacht Jonas auf und ist wieder ganz der Alte. Er kann sich an nichts erinnern, hat von dem ganzen Schlauchziehdrama nichts bewusst mitbekommen und es scheint ihm nun auch nicht mehr schwindlig zu sein. Der kurze Nachschlaf hat Wunder gewirkt!

Jonas freut sich sehr über unseren Besuch. »Mein Papa, mein Maren, mein Elli!«, ruft er begeistert und schmust alle Genannten ordentlich durch. Große Wiedersehensfreude auf allen Seiten! Ich besorge Jonas' verspätetes Mittagessen (er durfte vor der Kurznarkose nichts essen) und Eliane nimmt mir den Teller ab. »Hier kommt die beste Raubtierfütterin seit Ben Hur! Mund auf, kleiner Knuddelbruder!«, sagte sie und schiebt ihm die erste Gabel in den Mund. Maren will sich auch kümmern und schnappt sich das Saftglas mit Strohhalm, um es Jonas zum Nachspülen vor den Mund zu halten. Jonas genießt das Verwöhnprogramm seiner Schwestern. Wir Eltern sind völlig überflüssig – und wittern unsere Chance. »Doro und ich gehen mal auf 'ne halbe Stunde 'nen Kaffee trinken, ist das okay?«, fragt Wolfgang und alle drei winken und nicken. Bevor es sich unsere Nachkommenschaft anders überlegt, sind wir draußen. Arm in Arm schlendern wir zum

Café und gönnen uns neben dem Latte macchiato noch ein hausgemachtes Tiramisu. Herrlich, diese geschenkte Auszeit! Es gibt viel zu erzählen. Katharina hat sich mehrfach per Mail aus Argentinien gemeldet, es geht ihr richtig gut. Die Praktikumsstelle macht ihr Spaß und sie hat schon viel Anschluss gefunden, weil sie in einer »Groß-WG« mit anderen jungen Leuten aus aller Welt wohnt. Gut zu hören und zu wissen.

Das Zusammenleben zu Hause scheint wunderbar zu funktionieren. »Ich sage doch, du bist schon immer die bessere Hausfrau von uns beiden!«, lobe ich meinen Mann. »Meine Kochkünste werden auch immer besser!«, rühmt er sich selbst. »Aber ich vermisse dich sehr – und das nicht nur, weil du besser kochen kannst! Du bist einfach der Mittelpunkt der Familie, ohne dich fehlt sozusagen das Kernstück.« Ich schmelze dahin. »Und überhaupt: Putzen, Waschen, Kochen, das ist überhaupt nichts im Vergleich zu deinem derzeitigen Krankenschwester-Dasein!«, baut er mich weiter auf. »Ich bewundere, dass du das alles so tapfer durchstehst und für unseren Sohn da bist. Meine Heldin!« Bevor ich ganz zerfließe, brechen wir wieder auf.

Zurück auf der Station finden wir unsere Fast-Erwachsenen im Spielzimmer über ein Brettspiel gebeugt. Sie kichern zu dritt und ich freu mich an diesem seltenen Anblick.

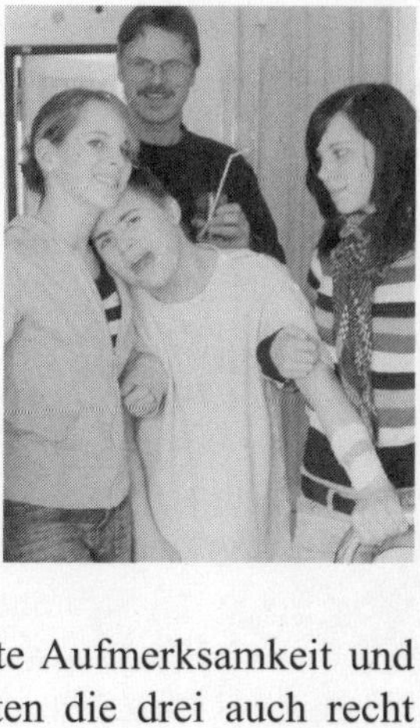

Zu Hause im Alltag spielen wir insgesamt nicht viel miteinander. Dabei spielt Jonas für sein Leben gern Brettspiele und kann auch wirklich alle Regeln. Das hat mich schon früher sehr beeindruckt: Als er noch im Kindergarten war, konnte er alle Spiele, die es dort gab, spielen und verwechselte oder vergaß nie die Regeln. Eine erstaunliche Leistung! Wenn Jonas mich zu Hause zu einem Brettspiel überredet, muss er mir meist auch erst noch einmal die Regeln erklären, weil ich sie längst vergessen habe.

Gerade genießt Jonas sichtlich die geballte Aufmerksamkeit und schwesterliche Zuwendung. Zu Hause streiten die drei auch recht häufig, nerven sich gegenseitig mit unnötigen Kleinigkeiten oder sagen sich unschöne Sachen. (Das geht übrigens meistens von Jonas aus. Schwestern ärgern ist nämlich auch ein beliebtes Spiel!) Ich denke oft, dass die drei einfach zu wenig Abstand zueinander haben, dass es sich hier um eine Art »Drillings-Problematik« handelt.

Apropos Drillinge: Bevor Maren und Eliane wieder gehen, führe ich sie auf die Neugeborenenstation und zeige ihnen die süßen, winzigen Töchter von Claudia. »So war das damals auch bei euch, nur dass ihr eben nur zu zweit wart«, gebe ich unglaublich geistreich von mir, als meine Zwillinge staunend vor den drei Inkubatoren stehen und der vollbeschäftigten Claudia beim Wickeln und Stillen zuschauen.

Der Nachmittag ist viel zu schnell vorbei und der Abschied naht. Wolfgang klagt über heftige Kopfschmerzen, die er schon seit ein paar Tagen hat, und bekommt von Benedikt eine Tablette, damit er die eineinhalbstündige Heimfahrt gut übersteht. Natürlich ist auch für meinen Mann die Belastung und Anspannung rund um Jonas' Herzgeschichte groß und Wolfgang reagiert oft mit Kopfweh, lässt sich dadurch jedoch von nichts abhalten. Ich bin froh darüber, dass er gekommen ist, obwohl ich ihm den heutigen Besuch halbherzig versucht habe auszureden, als er mir am Telefon von seinem Zustand erzählte. Alle verabschieden sich herzlich von Jonas. Maren ermahnt ihren Bruder noch liebevoll mit den Worten: »Und ärgere mir ja nicht die Mami! Das hat sie nicht verdient!« Ich begleite meine Restfamilie bis auf den Parkplatz. Der kurze Weg dorthin muss ausreichen für zu kurz gekommene Mutter-Töchter-Gespräche, und so erzählen mir beide noch querbeet von Liebeskummer, Freundinnenstreit und Schulsorgen. Als wir auf den bevorstehenden Abschlussball vom Tanzkurs zu sprechen kommen, beginnen sie einen Streit darüber, wer Katharinas schwarzes Kleid tragen dürfe. »Hey Mädels, was glaubt ihr eigentlich? Zum ersten Ball schlüpft frau doch nicht in das Kleid der großen Schwester, sondern geht mit Muttern in die Stadt und sucht sich selbst ein wunderschönes Traumkleid aus, ganz für sich allein!« Glänzende, strahlende Prinzessinnenaugen! »Wirklich? Oh Danke, Mama!« Und Wolfgang ergänzt gespielt empört: »Klar, und Vattern darf das Ganze wohl bezahlen, was?!« »Bingo!«, ertönt unser Frauenchor.

Bei der letzten Umarmung vor dem Auto flüstert mir jeder noch Nettigkeiten zu. Maren: »Mama, ich vermiss dich so daheim!«, Elli: »Mami, du machst das hier echt toll! Halt durch! Ich denk jeden Tag an dich und Jonas!«, und Wolfgang: »Ich bin so froh, dass ich dich hab! Ich liebe dich!« Worte voller Sterne, auf denen ich zurück ins Haus schwebe …

Nach dem Abendessen mit Jonas und Fiffi im Spielzimmer spiele ich mit Jonas noch eine Runde »Stadt, Land, Fluss« , aber in der gemütlichen Jonas-Doro-Version, also ohne Zeitdruck und ohne Stadt, Land, Fluss! Das Ganze sieht dann so bei ihm aus:

Name	**Tier**	**Essen/Trinken**	**Film/Buch**	**Lustig**
AtLA *(Frau Adler ist eine ehemalige Lehrerin von Jonas)*	AfE *(Affe)*	ApeLsAF	AnS *(Antz)*	ALxBu *(hier dürfen notfalls auch Wörter erfunden werden)*
KataRina	KoKoDL *(Krokodil)*	KolA	Di WiDe KeRLe	KAkE
PaPa	PaPaGiE *(Papagei)*	PiZZa	PetA PaN	PoPo
DoRo	DoMDa *(Dromedar)*	DÖner	DsuGlbUch *(Dschungelbuch)*	dOfa DoRo

Nach vier Runden ist Jonas k.o., gähnt immer öfter und nach dem Zähneputzen, zu dem ich ihn regelrecht zwingen muss, lese ich noch zehn Minuten aus Harry Potter III vor, dann verabschiede ich mich. Jonas protestiert, will in den Schlaf gestreichelt werden. Na schön, wenn es der gnä' Herr so wünscht …

Ich genieße den kurzen Nachtspaziergang ums (gut beleuchtete) Gelände zum Elternhaus und mache noch einen kleinen Umweg, weil mir die frische Luft einfach guttut nach dem vielen Drinhocken. Claudia ist wohl noch bei ihren drei Süßen, jedenfalls ist das Zimmer leer – auch mal schön, allein zu sein. Nach einer ausgiebigen Dusche mache ich es mir in meinem Bett gemütlich. Da es noch recht früh ist, habe ich noch viel vor: Telefonieren mit meiner Freundin Ingrid, Schreiben, Lesen oder sogar noch einen Film auf dem Laptop schauen. Habe mir von Zu Hause einige meiner Lieblings-DVDs mitgebracht.

Aber zuerst packe ich wie jeden Abend eins der kleinen Päckchen aus, die mir Anke mitgegeben hat. Jedes Mal ist darin eine andere kleine Süßigkeit (Nervennahrung) und ein auf Herzchen geschriebener Bibelspruch (Seelennahrung), der mir Gottes Nähe verspricht.

Und genau das erlebe ich die letzten Tage ganz intensiv hier. Gott ist tatsächlich da, jede Minute. Und nun fällt mir auch wieder der Satz ein, den Anke auf die Karte geschrieben hatte: dass sie mir wünscht, dass mir die Zeit im Krankenhaus ganz besonders zum Segen wird. Nun verstehe ich, was damit gemeint war, und kann es tatsächlich so bejahen. Nicht nur, dass die OP so gut verlaufen und ein supertolles Ergebnis gebracht hat, dass es Jonas schon wieder so gut geht und er sich so komplikationslos und rasch erholt. Nicht nur, dass ich die Tage hier als Auszeit vom normalen Alltag mit Wäsche, Kochen, Einkauf etc. sehr genießen kann. Sondern auch, dass es uns hier so rundum gut geht und wir so umsorgt sind. Immer noch staune ich über all die vielen netten Menschen um mich herum, über den täglich frischen Blumenstrauß im Elternhaus, die Süßigkeiten an der Eingangstür zum Mitnehmen und so viele andere liebevolle Kleinigkeiten, in denen ich Gottes Liebe und Nähe erkenne. Ja, und dann dieser innere Frieden! Meine Güte, ich hatte fest damit gerechnet, dass mich die ganze Sache ziemlich mitnimmt oder gar umhaut – hat sie aber nicht. Selbst in den Stunden vor und während der OP, als ich noch nicht wusste, was werden wird, habe ich diese innere Ruhe und Sicherheit gespürt. Nun weiß ich es also nicht nur vom Kopf her, was mich trägt, wenn der Boden wackelt.

Leidenschaftlichkeit

Heute, Samstag, ist der vierte Tag nach der Operation.

»Morgn, Mama! Will Compluta spieln!«, werde ich begrüßt. »Moment mal! Hast du denn schon gefrühstückt?« – »Ja!« – »Und deine Zähne geputzt?« – »Nö! Bauch nich, bin kank!« – »Aha, zum Zähneputzen bist du zu krank, aber nicht zum Computerspielen?« – »Nau!«, bekräftigt Jonas. Ich lache und lasse ihm das nicht durchgehen, und schon haben wir den ersten Zoff. Ich mache meinem Sohn klar, dass er erst ans Laptop kann, wenn die Zähne geschrubbt sind. »Oh Mama, immer du wills!«, regt er sich gleich auf. Und wenn sich Jonas aufregt, dann richtig! Er wird noch lauter, als er von Natur aus sowieso schon ist, haut mit der Hand auf sein Bett und schreit immer wieder: »Imma du wills! Ich wills nich Sähne butzn nich! Blöda Mama! Imma du wills! Ich wills aba nich!« Und so weiter und so fort … Tja, willkommen wieder im gewohnten Trott! Gestern habe ich noch so gejubelt und geschwärmt … aber ich wusste ja auch, dass unsere Kämpfchen wieder kommen werden, sobald es Jonas besser geht und er nicht mehr von mir abhängig ist und sein will.

Keine Kompromisse

Was du tust,
das tust du ganz.
Es gibt für dich
kein Zwischendrin.
Entweder oben
oder ganz unten.
Ja oder Nein.

Das ist es,
was es mir
mit dir
oft schwer macht,
aber das ist es auch,
was ich so sehr
an dir schätze:
deine absolut unbestechliche
Leidenschaftlichkeit.

Wichtig ist immer, dass Jonas irgendeine Wahl bleibt, sonst hat er das Gefühl, sein Gesicht zu verlieren, und das macht ihn rasend. Schließlich will er ja entscheiden, also biete ich ihm eine Alternative an, aber ich entlasse ihn nicht aus seiner »Pflicht«. Oder doch? Natürlich könnte ich auch fünf gerade sein lassen (was ich in schwachen Momenten auch mache, weil ich der Auseinandersetzung aus dem Weg gehen will) und das Zähneputzen nicht so wichtig nehmen. Aber wir haben sowieso schon tagelang damit geschlampert und außerdem ist das Spielchen immer dasselbe: Wenn ich Jonas nicht immer wieder sage, was er tun muss, tut er überhaupt nichts. Jedenfalls nicht das, was ein Mensch tun muss, um einigermaßen selbstständig zu sein: anziehen, duschen, sich fertig machen, auf die Uhr schauen, um den Bus zu erwischen, ins Bett gehen, aufräumen, sauber machen, Teller abräumen, die Zähne putzen …

»Okay, Sähne butzn«, knirscht Jonas und klettert aus dem Bett. »Prima!« Ich bin erleichtert, dass er sich wieder eingekriegt hat, und klatsche ihm liebevoll auf den Po. Das Eis ist gebrochen, nun können wir aus dem Zähneputzen einen fröhlichen Tagesordnungspunkt machen, und selbstverständlich wird anschließend sofort Computer gespielt. »Mama, lieb dich seeeehr arg!«, heißt es nun wieder und mein eben noch so wütender Sohn drückt mir einen lammzahmen Kuss auf die Wange. »Tumme leid! Plöt ich. Mach niiie wieda!«, entschuldigt sich Jonas. Und das meint er auch ganz im Ernst! Zumindest in diesem Moment. Jetzt, wo seine Welt wieder im Lot ist, kann er sich ernsthaft nicht vorstellen, jemals wieder sauer auf mich zu sein oder mit mir zu streiten. Ich nehme ihn damit auch ernst – und weiß doch, dass es nur so lange hält, bis der nächste Kampf um eine Regel da ist. Dennoch liebe ich diesen Moment und bin dann auch völlig versöhnt mit meinem Bockbär.

Dezember 2006

Jonas (14) hat richtig Mist gebaut. Ich bin stinkesauer, enttäuscht und verletzt. Das bekommt er auch deutlich zu hören. Nachdem ich Dampf abgelassen habe, gehe ich aus der Küche, lasse mein Kind bedrückt stehen, ziehe mich zurück, will mit meinem Ärger allein sein.

Es dauert keine fünf Minuten, da höre ich Jonas schon die Treppe zu mir hochschleichen. Er kann es einfach nicht ertragen, wenn etwas zwischen uns steht. Beschämt kommt er leise in mein Zimmer, hockt sich im Schneidersitz vor mir auf den Boden, schaut mit seinen großen Mandelaugen verunsichert zu mir auf.
»Mama, Schulligung! Tumme leid! Mach niiie wieda! Du tauhich? Bitte, nich mär sauer! Okay?Plöt ich! Mach niiie wieda! Schulligung!« Und dann kommt, was kommen muss: Mein Sohn streckt mir seine Hand entgegen und fragt: »Wieda Fiede? Komm, Mama! Nich mär sauer. Wieda lachen!« (Spätestens an diesem Punkt hat er mein Mutterherz so weit, dass es weich wird und schmilzt…) Also strecke ich Jonas meine Hand entgegen, er zieht sich daran hoch und setzt sich auf meinen Schoß. Ich wiege mein 14-jähriges und 54 kg schweres Baby, das sich zufrieden an mich schmiegt und mir extrem feuchte Küsse auf die Backe drückt. »Oh, lieba Mama, süßa Mama! Lieb dir sooo arg!«

Während Jonas im Bett nach Madagaskar abtaucht und ganz in das Spiel vertieft ist, schweifen meine Gedanken ab. Natürlich ist Jonas in einer blöden Lage: Mit 14 Jahren will man sich ja bekanntlich von seinen Eltern nicht mehr viel oder besser gar nichts mehr sagen lassen und auch Jonas stellt hier keine Ausnahme dar. Er ist genauso pubertär wie alle anderen Pubertierenden. Das Problem ist nur, dass Jonas nicht über die Reife, Selbstständigkeit und Einsichtsfähigkeit verfügt, die man bei anderen Jugendlichen in diesem Alter voraussetzen kann. Und er hat nicht den

Blick für die Gesamtsituation, das heißt z.B., er achtet auf keinen Zeitplan, übernimmt keine Verantwortung, das Seine zum Gelingen des Ganzen beizutragen, und stellt grundsätzlich den momentanen Augenblick über alles Kommende. Er lebt ganz im Hier und Jetzt. Wenn ich ihm sage, dass wir es eilig haben, dann bekomme ich zwar ein »Ich beile mich kann!« zur Antwort, aber am Tempo ändert sich überhaupt nichts. Jonas zur Eile anzutreiben ist ebenso zwecklos wie einem Fisch das Seilspringen beibringen zu wollen. Auf einer meiner Lesungen erzählte mir im Anschluss die Mutter eines erwachsenen Mannes mit Down-Syndrom, dass das auch einer seiner »Schwachpunkte« gewesen sei. Sobald man ihn zur Eile drängte, schaute er auf seine Armbanduhr, die er gar nicht lesen konnte, und sagte jedes Mal denselben wirkungsvollen Spruch auf: »Hab ich meine Zeit? Ja, ich habe meine Zeit!«, und daran gab es nichts zu rütteln …

Unterwegs

Nichts
ist vor deiner Neugierde sicher.
Nichts
entgeht deinem geschärften Blick.
Nichts,
was nicht dein Interesse weckt.
Nichts
davon lässt du dir entgehen.
Nichts
vermag dein Tempo zu beschleunigen.
Nichts
scheint dich von deinem Willen
abbringen zu können.
Nichts
erscheint dir wichtiger als der Moment.
Nichts
kann dich vom Einhalten
eines Zeitplanes überzeugen.

Nichts
nervt mich so sehr
wie dieses tägliche Drama.

Mein Lehrmeister

Alle Zeit der Welt
scheint dir zu gehören.
Sorgen und Ängste
plagen dich nicht.

Ungeduld
ist meine Schwäche,
Gelassenheit
mein erstrebenswertes Ziel.

Und da frage ich noch,
warum ausgerechnet
ich
dich
als Kind bekam?

Auch lässt sich mit Jonas nur schwer über die Themen diskutieren, die uns immer wieder aneinander hochgehen lassen, da er keine Argumente bringen kann, sondern alles zu einer reinen Bauchsache macht. Er will, oder er will eben nicht. »Un basta jetz!«

Solche Situationen wie die mit dem Zähneputzen haben wir eigentlich jeden Tag mehrfach. Ich habe auch schon ein recht dickes Fell dagegen entwickelt und kann in der Regel auch ganz gut damit umgehen, oftmals mit Humor, dann kriegen wir beide die Kurve schneller. Aber es gibt zwei Situationen, die mich wirklich immens viel Kraft, Geduld und Nerven kosten: Wenn Jonas' Streiken meine Pläne gefährdet oder gar durchkreuzt, und wenn das Bocken in der Öffentlichkeit geschieht. Wenn gar beides zusammenkommt, ist es für mich der Supergau.

Sobald Jonas vor Publikum solche Szenen »abzieht«, könnte ich jedes Mal vor Scham im Boden versinken. Ich fühle mich dann von ihm so vorgeführt, so preisgegeben, so ausgeliefert und bloßgestellt. Natürlich ist das nicht sein Ziel; ich weiß ja, dass er sich so verhält, weil er sich nicht anders verhalten kann, weil er seine Emotionen einfach nicht im Griff hat und auch die Gesamtsituation nicht überblicken kann. Aber das ändert nichts daran, dass ich mich so schrecklich mies dabei fühle.

April 2000

Ich bin mit Katharina (15) und Jonas (7) in der Stadt. Die Fußgängerzone in Karlsruhe ist ziemlich belebt. Katharina und ich interessieren uns für die Schaufenster und Kleiderständer, Jonas interessiert sich ausschließlich für die bunten Fahrautomaten, die hier und da aufgestellt sind. Kaum sieht er ein Flugzeug, ein Auto oder einen Hubschrauber, rennt er darauf zu und schreit: »Fah`n!« Und dann gibt es für ihn nichts anderes mehr auf der Welt als dieses blinkende Ding, das ihn für eine Mark zwei Minuten lang bei entsprechendem Geräusch durchrüttelt oder hin- und herschaukelt. Aber eben nur zwei Minuten. Dann hört es auf und Jonas hat ein Problem. Und somit auch Katharina und ich, denn nun folgt ein Riesentheater, weil Jonas nicht aussteigen will. »Mommal!«, schreit er immer wieder und benimmt sich wie ein trotzender Zweijähriger. Ich rede auf ihn ein, erkläre, verspreche, schimpfe ... und versuche dabei, die neugierigen und z.T. entrüsteten Blicke der Passanten zu ignorieren. Am Ende schnappe ich mein völlig verzweifelt weinendes und sich mit Händen und Füßen wehrendes Kind und zerre es hinter mir her. (Nun muss ich mich noch mehr anstrengen, die Blicke der Mitmenschen zu ignorieren, denn ich meine, ihre Gedanken förmlich lesen zu können: »Der arme Junge! Behindert und dann auch noch eine so herzlose Mutter!«) Jonas schluchzt, als ginge die Welt unter (ich bin sicher, er erlebt es auch gerade so!), und Katharina und ich sind total genervt. Am liebsten würde ich alles abbrechen und heimfahren. Aber wir sind noch immer auf der Suche nach dem Kleid, das ich Katharina versprochen habe. Und wieder einmal schwöre ich mir, dass ich Jonas nie wieder mit in die Stadt nehme, schon gar nicht, wenn ich etwas besorgen muss. Ich ärgere mich über Jonas, der mir den schönen Nachmittag mit Katharina verdirbt, auf den wir uns beide so gefreut hatten. Blöderweise fiel der Kindergeburtstag kurzfristig aus, auf den Jonas heute eingeladen war und der mir einen sohnfreien Nachmittag beschert hätte. Da ich auf die Schnelle für Jonas keine »Ersatzbetreuung« gefunden habe und den Kleiderkauf auch nicht verschieben konnte, mussten wir Jonas eben mitnehmen. Und nun hangeln wir von Geschäft zu Geschäft, versuchen Jonas mit Eis und der Aussicht auf den nächsten »Hubschrauberflug« bei Laune zu halten und sind froh, als wir endlich gefunden haben, was wir suchten. »Gehen wir denn jetzt trotzdem noch essen?«, fragt mich Katharina mit einem Blick auf ihren kleinen Bru-

der, als wir in der Warteschlange an der Kasse stehen. Jonas sitzt nasepopelnd auf dem Boden. »Bitte, du hast es versprochen!«, erinnert sie mich. Also gut. Jonas, der nur das Wort »Essen« zu hören braucht, ist sofort wieder gut drauf und voll dabei. Lässt sich widerspruchslos an die Hand nehmen, ist das liebste Kind auf Erden. Keine Spur von dem ganzen Ärger. Neu ermutigt und versöhnt steuere ich mit den beiden unser derzeitiges Lieblings-Selbstbedienungs-Restaurant an. An schön dekorierten Ständen werden verschiedene Köstlichkeiten zubereitet, man kann zuschauen und sich dann das entsprechende Essen aussuchen und individuell zusammenstellen. Jonas will wie immer Pizza, Katharina wählt Fleisch und Kartoffeln, ich nehme ein Nudelgericht mit Salat. Kaum sitzen wir vor unseren dampfenden Tellern, zieht mir auch noch ein anderer unverkennbarer Geruch in die Nase: Jonas hat die Windel voll! Ich wäge kurz ab: schreiendes Kind (er hasst das Wickeln!) und kaltes Essen oder erst warmes Essen mit würzigem Nebenduft und danach schreiendes Kind – und entscheide mich seufzend für die zweite Variante. Bin einfach froh, jetzt hier sitzen zu dürfen, und versuche, mein leckeres Essen so gut es geht zu genießen. Katharina und ich können uns ungestört unterhalten, weil Jonas ganz mit seiner Pizza beschäftigt ist. Schwupp – stößt er versehentlich sein Glas Apfelsaft um. Der aufmerksame Ober hat unsere verzweifelten Versuche, mit ein paar Servietten der Flut Herr zu werden, bemerkt und kommt mit einem großen Lappen an unseren Tisch. Er ist sehr freundlich und macht mit Jonas Scherze. Ahnt gar nicht, wie viel Gutes er auch mir damit tut. Bevor er Jonas ein neues Glas Saft bringt, fordere ich mein Kind leise auf, mit mir in den Wickelraum zu kommen. Denn inzwischen ist das Essen sowieso nicht mehr heiß und mein schlechtes Gewissen den anderen Gästen gegenüber ist ordentlich angestiegen, der Geruch ist wirklich eine Zumutung. Jonas protestiert heftig, will in Ruhe seine Pizza weiteressen. »Du kannst gleich weiteressen, wenn du eine frische Windel anhast, jetzt müssen wir dich aber erst mal sauber machen gehen.« Als eine neue und noch lautere Protestwelle droht, drohe ich zurück, dass es ohne frische Windel kein neues Glas Apfelsaft gibt. Diesmal gewinne ich den blöden Machtkampf und schiebe mein müffelndes Kind gen Toilette. Da mein Siebenjähriger schon lange auf keinen Babywickeltisch mehr passt, haben wir uns im Laufe der Jahre eine Windelwechsel-Methode für unterwegs im Stehen angeeignet, die allerdings nur gut funktioniert, wenn Jonas auch kooperiert, was er oft nicht tut. Heute zum Beispiel. Jonas ist seiner Pizza wegen viel zu ungeduldig, um ruhig stehen zu bleiben. So habe ich einen ordentlichen Schweißausbruch und eine äußerst gründliche Seifenreinigung vierer Hände hinter mir, als wir zehn Minuten später wieder bei Katharina am Tisch und vor dem inzwischen gänzlich abgekühlten Essen sitzen. Der Ober bringt den versprochenen Apfelsaft und mein Sohn ist wieder glücklich. Ich fange an, mich sachte zu entspannen, plaudere mit meiner großen Tochter über die vergangene Woche. Kaum ist Jonas mit seiner Pizza fertig, verlangt er laut nach Eis. »Nein, Jonas, du hattest vorhin schon ein Eis in der Stadt, jetzt gibt es keins mehr.« »EIS!«, brüllt nun mein Sohn und haut dabei gefährlich nah neben seinem Saft auf den Tisch. »Nein, es gibt jetzt kein Eis mehr, und du hörst sofort mit diesem Theater auf! Wir bezahlen jetzt und fahren dann nach Hause!« Jonas tobt und schreit, haut auf den Tisch, verlangt lautstark sein Lieblingsdessert. Ich schäme mich für mein Kind und sein schlechtes Benehmen. Die genervten Blicke der Umsitzenden machen die Situation auch nicht gerade besser. Katharina bemüht sich ebenfalls, Jonas zu beruhigen, indem sie ihn mit einem Spiel abzulenken versucht. Aber da ist nichts zu machen, Jonas hat jetzt ein klares Ziel im Kopf und das heißt EIS, und alles andere interessiert ihn nun überhaupt nicht mehr. Da kommt zum Glück der Ober mit der Rechnung und will erneut helfend einschreiten, indem er Jonas einen großen Schokoladenhasen schenkt. Jonas jedoch packt den Hasen in seinem Zorn und pfeffert ihn voller Wucht auf den Boden, wo er sofort in viele einzelne Schokostückchen zerspringt. Der ganze Raum ist plötzlich still. Alle Augen haben sich uns zugewandt. Ich würde am liebsten im Erdboden versinken. Aber erst, nachdem ich meinem Sohn eine ordentliche Tracht Prügel verabreicht habe. Was ich natürlich nicht tue, schließlich verbietet mir das meine pädagogische Überzeugung. Stattdessen entschuldige ich mich bei dem erschrockenen Ober, bezahle rasch die Rechnung und gebe großzügiges Schlechtes-Gewissen-Trinkgeld, während sich Katharina bereits gebückt hat, um die Hasenreste zusammenzulesen. Ich helfe ihr dabei, ignoriere mein weiterhin um Eis schreiendes Kind und bemühe mich, meine Tränen des Zorns zurückzuhalten. Nichts wie weg hier! Ich schnappe Jonas und zerre ihn schnellen Schrittes durch die Straßen zurück zum Auto in der Tiefgarage, habe keine Worte mehr für ihn, lass ihn einfach heulen und schluchzen und meinen eigenen Tränen auch endlich ihren Lauf. Katharina geht mit einigem Abstand hinter uns her, und ich muss mich nicht umdrehen, um zu wissen, dass in ihrem Gesicht Enttäuschung und Ärger geschrieben stehen. Bin froh, dass sie meine Tränen nicht sieht. Wir müssen ein schreckliches Bild von einer noch schrecklicheren Familie abgegeben haben, wie wir da mit hängenden Köpfen und verheulten Augen durch die Stadt hetzten…

Natürlich ist Jonas mit dem Alter auch ein ganzes Stück einsichtsfähiger und umgänglicher geworden. Inzwischen können wir immer öfter auf ein gewisses Einsehen hoffen. Nicht damit rechnen, leider nein! Es bleibt nach wie vor ein Glücksspiel.

Erschwerend ist jedoch im wahrsten Sinne des Wortes hinzugekommen, dass Jonas inzwischen doppelt so groß und deutlich schwerer ist, als er es als Kind war, d.h. ich kann ihn mir längst nicht mehr wie einen zappelnden Zweijährigen unter den Arm klemmen oder ihn wie einen Neunjährigen hinter mir herzerren. Und das weiß Jonas sehr genau! Wenn er nun also bockt, tut er das mit ganzem Körpereinsatz. Nein, er schlägt nicht um sich oder wird sonstwie gewalttätig. Friedlich wie ein passiver Widerstandskämpfer setzt er sich ganz einfach im Schneidersitz und mit verschränkten Armen auf den Boden und murmelt vor sich hin: »Will aba nich! Niss Bock mär! Mei Scheidung! Kann selba kümmern! Nö, mach nich so! Ohne mich! Imma du wills! Mach nich mit, nö! …« usw.

Beispiele für diese Szene gibt es wie Sand am Meer: Ein gemeinsamer Spaziergang und plötzlich hat Jonas keine Lust mehr weiterzulaufen, und zwar keinen Meter mehr: Sitzstreik auf dem Feldweg. Oder er will in die andere Richtung wie alle anderen: Sitzstreik mitten auf der Kreuzung. Oder er bekommt im Supermarkt kein Eis oder was er eben gerade haben mag: Sitzstreik vor dem Einkaufswagen. Oder er will nach dem Kinofilm nicht aufstehen, weil er findet, der Film sollte noch einmal laufen: Sitzstreik im Kinosessel. Oder er bekommt beim Döneressen kein drittes Glas Cola: Sitzstreik vor dem Tresen. Oder er sieht nicht ein, warum er seinen

Ranzen selber tragen soll: Sitzstreik vor dem Schulbus. Oder er findet, die Bahn fährt in die falsche Richtung, er will lieber in die andere fahren: Sitzstreik an der Haltestelle. Oder er möchte im Auto nicht neben dieser, sondern lieber neben jener Schwester sitzen: Sitzstreik vor dem Auto. Oder Jonas möchte am Ziel angekommen nicht aussteigen, weil er das Kapitel in seinem Buch noch nicht fertig gelesen oder die Kassette nicht zu Ende gehört hat, oder weil es regnet, oder weil es aufgehört hat zu regnen, oder weil es zu heiß ist, oder weil er einfach keine Lust hat oder oder oder …

Standpunkt

Du bist
hartnäckig,
stur,
dickköpfig,
tyrannisch
und
bockig.

Oder

du hast
eine große Gabe,
dich leidenschaftlich
und kraftvoll
für etwas einzusetzen,
das dir sehr
am Herzen liegt.

Das sind dann die Momente, in denen echtes Fingerspitzengefühl gefragt ist, denn es gibt keine Zauberformel, die stets funktioniert und immer hilft. Grundsätzlich ist gut, nicht die Geduld und den Humor zu verlieren (leicht gesagt, aber im Alltag oft schwer!), sonst wird alles nur noch schlimmer und die Situation eskaliert total.

Am besten ist es, den Streik zu ignorieren und einfach weiterzumachen, bis Jonas von alleine aufgibt. Aber das geht eigentlich nur zu Hause. Sobald wir unterwegs sind, können wir ihn natürlich nicht einfach hocken lassen und ohne ihn heimfahren oder heimlaufen. Obwohl wir das auch schon dreimal gemacht haben, als wir davon ausgehen konnten, dass er den Heimweg findet, in der Hoffnung, dass ihm das einen ordentlichen und heilsamen Schock verpassen würde – aber Pustekuchen.

Gut ist, für solche Streik-Situationen gewappnet zu sein und einen Joker in der Tasche zu haben, der neu motiviert oder zu neuen Ufern lockt: »Komm, wir gehen weiter, da vorne kommt eine Bank, da machen wir dann ein Picknick!« Oder: »Wenn wir zu Hause sind, mache ich ein Spiel mit dir« oder »Das Kino ist jetzt zu Ende. Komm, wir fahren heim und halten unterwegs noch bei deinem Lieblings-Döner« etc. Überhaupt: Mit Essen locken funktioniert in den meisten Fällen!

Aber oftmals geht es auch wirklich um ein klares Nein, das Jonas einfach akzeptieren muss, oder um eine Ordnung, die für alle gilt und der er sich genauso unterwerfen muss wie die anderen auch. Da heißt es dann echt Nerven bewahren, mit Engelszungen reden oder auch mal klare Drohungen aussprechen. Wenn also alles gute Zureden nichts genutzt, Jonas komplett auf stur geschaltet hat und gar nichts mehr geht, dann greife ich zu meinem schlimmsten Bestrafungssatz: »Wenn du jetzt nicht kommst, dann gibt es heute kein Computerspiel und kein Fernsehgucken mehr für dich!« In 85 % der Fälle kann ich dann damit rechnen, dass Jonas zwar widerwillig und brummelnd aufsteht, aber eben tatsächlich kommt.

Und die restlichen 15 % sind dann jene Situationen, die wirklich im Fiasko enden, weil wir die Bahn verpassen, zum wichtigen Termin zu spät kommen, unser Vorhaben absagen müssen oder auf eine Veranstaltung verzichten müssen etc. Das meine ich mit den durchkreuzten Plänen. Da könnte ich dann schäumen vor Wut, weil Jonas es durch sein blödes Gebocke tatsächlich geschafft hat, alles über den Haufen zu werfen. Oftmals hängt die ganze Familie mit drin und dann muss ein Elternteil mit Jonas daheim bleiben, während die anderen alleine zum geplanten Termin fahren. Das hatten wir schon mehrfach. Und wie oft schon waren die anderen kaum abgefahren, als Jonas in Tränen aufgelöst angerannt kam und bettelte, doch mitfahren zu dürfen – tja, dann war es leider zu spät. Dabei hatten wir ihm vorher so viel Zeit, Möglichkeiten und Chancen eingeräumt, über seinen eigenen Schatten zu springen, einzulenken und das Rad noch zu wenden. Wenn ich aufgrund seines Widerstands gezwungen bin, mit ihm zu Hause zu bleiben, belohne ich ihm sein Verhalten nicht noch durch zusätzliche Aufmerksamkeit: Ich weigere mich dann, mit ihm zu spielen, schicke ihn in sein Zimmer, in dem er sich dann alleine beschäftigen muss, was ihm oft schwerfällt. Computer- und Fernsehverbot inklusive. Strafe muss in diesem Fall sein. Und ich habe die Hoffnung noch nicht aufgegeben, dass Jonas zunehmend auch den Zusammenhang versteht zwischen seinem Verhalten und den Konsequenzen, die daraus folgen. Bisher ist leider nicht viel davon in Sicht. Jonas versteht zwar schon, wofür er bestraft wird und warum ich sauer auf ihn bin, und er leidet selbst schrecklich darunter, sich den Weg verbaut zu haben. Bestimmt nimmt er sich auch vor, es beim nächsten Mal anders zu machen, das verspricht er auch regelmäßig. Aber wenn dann wieder so eine Situation kommt und irgendetwas im Vorfeld schiefläuft, dann kann es sein, dass diese Kleinigkeit oder auch einfach nur eine Laune aus heiterem Himmel heraus ausreicht, um den Automatismus »Bocken« bei Jonas in Gang zu setzen. Das Blöde ist nur, dass keiner bisher den »Stoppschalter« dafür gefunden hat. Und was der Auslöser dafür ist, haben wir in vierzehn Jahren nicht kapiert. Wahrscheinlich kann man es auch nicht logisch verstehen und nachvollziehen, schon gar nicht, wenn Jonas am meisten sich selbst durch sein Sturseín straft und z.B. nicht zum geliebten Jungs-Treff in der Gemeinde kann, weil er sich trotz mehrfacher Aufforderung nicht rechtzeitig fertig gemacht hat, um die Mitfahrgelegenheit zu erwischen. Ich könnte mitheulen, wenn er dann wie ein Häufchen Elend dasitzt, herzzerreißend weint und sich selbst anklagt: »Plöta Jonas! Plöt ich bocke! Nimma machen! Liba fahn Jungs-Teff. Oh Manno, will nich Hause sein, will Jungs-Teff gehn! Plöt ich bocke!«

Nicht wie die anderen

»Mama? Du machst?«, unterbricht Jonas meine Gedanken. »Ich denke nach!« – »Denkst du?«, bohrt er interessiert weiter. »Über uns beide hab ich nachgedacht.« – »Unser beide?« – »Ja, über dich und mich und über unseren Streit vorhin.« – »Hab Sähne butzen!«, geht Jonas in die Verteidigung. »Ja, du hast deine Zähne geputzt, aber zuerst hast du wieder gebockt.« – »Stimm!«, gibt Jonas zu und lacht dabei. »Kann nix für, Mama!«, versucht er sich zu entschuldigen, und ich bin hin- und hergerissen, wieweit ich diesem Satz Glauben schenken soll. Kann Jonas wirklich nichts für sein Gebocke? Ich höre und lese auch von anderen Eltern, dass ihre Kinder mit Down-Syndrom zum Stursein neigen, die einen mehr, die anderen weniger, aber irgendwie scheint es mit diesem 21. Chromosom, das dreifach vorhanden ist, zusammenzuhängen.

Da fällt mir doch wieder diese Geschichte ein, die mir Wolfgang vor vielen Jahren mal vorgelesen hat und über die wir schallend gelacht haben. Ein Vater berichtete von der Wanderung am Wochenende, die er zusammen mit seiner Familie und der Selbsthilfegruppe, in der sie Mitglied waren, unternommen hatte. Außer seiner Tochter waren noch einige andere Jugendliche und junge Erwachsene mit Down-Syndrom dabei. Das erklärte Ziel der Wanderung war eine Eisdiele im Nachbarort. Auf dem letzten Etappenstück setzte sich einer der jungen Herren mit Down-Syndrom plötzlich an den Straßenrand und weigerte sich, auch nur einen Schritt weiterzugehen. Kaum ausgesprochen, gesellten sich drei weitere »Streiker« dazu, bis am Ende alle Menschen mit Down-Syndrom auf und neben dem Wanderweg saßen. Sie wollten partout nicht mehr weitergehen. Alles gute Zureden und die Aussicht auf das nahe Ziel nutzten angeblich nichts. Die jungen Leute wollten jetzt und hier und sofort an dieser Stelle ihr Eis haben! Am Schluss sei der Gruppe nichts anderes übrig geblieben, als einen kleinen Trupp Eltern vorauszuschicken, um das Eis zu kaufen und es den Streikenden zu bringen, die sich tatsächlich nicht mehr von der Stelle rührten. Ja, ich kann mir die Szene wirklich sehr gut vorstellen! Nicht nur, weil mir das Verhalten so bekannt vorkommt, sondern weil ich mich auch sehr gut in die ratlosen Eltern hineinversetzen kann: geballte und vereinte Down-Syndrom-Bock-Power – da geht dann wirklich gar nichts mehr! Das potenziert sich bestimmt ungemein.

Aber es potenziert sich eben auch in die andere Richtung! Wolfgang und ich hatten nun schon einige Male die Gelegenheit, für eine Gruppe behinderter (oder sagen wir lieber: besonderer) Menschen Musik zu machen. Das sind unsere absoluten Lieblingsauftritte! Es gibt einfach kein besseres Publikum: so viel geballte Fröhlichkeit, Unkompliziertheit, gute Laune und Begeisterungsfähigkeit.

»Aua, Mamaaaaa!«, ruft mich mein Sohn wieder ins Hier und Jetzt zurück und klopft sich auf die Brust. Jonas geht es wirklich schon wieder erstaunlich gut. Seine beiden größten Beschwerden sind jetzt nur noch das Dauerjucken der Narbe (wogegen er zweimal am Tag Tropfen bekommt) und die immer noch heftigen Hustenanfälle (obwohl die Lunge frei ist). Keine Ahnung, wo dieser ständige Reiz herkommt, der ihm so schrecklich wehtut, weil die ganze Brust dann bebt und die große Wunde aufs Neue erschüttert wird. In beiden Fällen lässt er ein Mitleid erregendes »Mamaaaa!« verlauten und verlangt nach meinen Händen: mal sanft kreisend, mal kräftig dagegendrückend. Ich habe also immer wieder mindestens eine Hand auf seiner Brust, was meine Sitzhaltung noch ungemütlicher macht.

Und während ich neben meinem Kind sitze, die Hand streichelnd auf seiner frisch operierten Brust – Jonas ruft derweil der aus dem Zoo entflohenen Giraffe im Computerspiel Anweisungen zu, damit sie die heikle Situation in der Großstadt bewältigt: »Pass auf! Duck dich! Kommses Brücke! Uahh, knapp! Jetzt kommses Auto! Pass auf! Muss weg da! Puh, Glück habt! Zack, drunterfalle! Hab schaff! …« –, stelle ich mir wieder einmal die Frage, was ich wohl für ein Mensch wäre, wenn ich kein behindertes Kind bekommen und großgezogen hätte. Wäre ich eine andere Mutter, eine völlig andere Frau geworden? Schwer zu sagen, aber ich bin sicher, dass Jonas mich sehr geprägt hat und mir die Augen geöffnet hat für die sogenannten »Schwachen« dieser Welt, die oft gar nicht die Schwachen sind, wenn man anstatt der gängigen Leistungserwartungen ihre enorme Herzensgröße als Messlatte ansetzt. Würde ich sie sonst überhaupt wahrnehmen? Hand aufs Herz: Bevor ich ein behindertes Kind hatte, habe ich mir doch über die Themen Behinderung, Anderssein, Ausgrenzung, Integration, Pränataldiagnostik etc. kaum Gedanken gemacht. Sie kamen einfach nicht vor in meinem Leben, interessierten mich nicht weiter. Warum auch? Ich war davon einfach nicht betroffen.

Als Jonas erst ein paar Monate alt war, habe ich folgenden Text geschrieben, der auch noch mein damaliges Hadern mit meiner neuen Rolle ausdrückt:

Immer wieder

Ich wünschte, du hättest nicht …
Ich wünschte, du wärest …
Ich wünschte, du würdest nicht …
Ich wünschte, du könntest …

Ich wünschte, ich hätte …
Ich wünschte, ich wäre nicht …
Ich wünschte, ich könnte …
Ich wünschte, ich würde nicht …

Aber dann wärest
du nicht du
und
ich nicht ich.

Und immer mal wieder habe ich auch versucht, mir vorzustellen, wie Jonas wohl ohne die Chromosomenveränderung wäre.

Mai 1999

Manchmal, wenn ich meinen Sohn (6) so ansehe, ertappe ich mich bei dem Gedanken, wie er wohl ohne Behinderung wäre. Also ein ganz »normaler« Junge, so wie ich ihn mir immer gewünscht hatte. Wie wäre Jonas wohl ohne Down-Syndrom?
Ich stelle mir vor, dass er dann hier im örtlichen Fußballverein wäre und im Kindergarten bei der Räuberbande auf dem Gang mit von der Partie. Er könnte vielleicht schon Fahrrad fahren, bestimmt aber Roller und nicht nur Bobbycar. Wahrscheinlich würde er anstelle seines geliebten Stoffclowns eine von diesen ekligen Monster-Plastikfiguren mit ins Bett nehmen und anstelle der Lieblings-Sesamstraßen-Kassette einen fetzigen Techno-Sound einlegen.
Vielleicht würde er seinen Schwestern tote Käfer unters Kopfkissen legen und sie beim Klettern auf dem Kirschbaum im Garten überholen. Bestimmt hätte er regelmäßigen Besuch von Freunden, mit de-

nen er sich Piratenhöhlen im Zimmer bauen, Indianergesänge ausprobieren und Ritterkämpfe abhalten würde... Sicherlich wäre er in manchem vernünftiger, sodass er einsehen könnte, dass drei Eis am Tag genug sind oder wir beim gemeinsamen Spazierengehen nicht vorwärtskommen, wenn er ständig in die andere Richtung davonläuft. Also irgendwie wäre er dann wohl ein völlig anderes Kind, jedenfalls nicht der Sohn, den ich habe. Aber meinen Jonas kann ich mir so einfach nicht vorstellen, dann wäre er nicht mehr der, der er ist. Der, den ich liebe. Den ich liebe, wie er ist.
Warum nur ist dann immer wieder ein Teil in mir schmerzlich berührt, wenn ich andere Jungs in seinem Alter beobachte?

April 2000

Gestern habe ich Jonas (7) zum ersten (und bestimmt vorerst letzten!) Mal ins Fußballtraining zu den »Bambinis« hier im Ort gebracht. Ich habe ihn in der Kabine umgezogen und dann raus auf den Rasen gebracht, mich selbst an den Rand zu ein paar anderen Müttern gestellt. Die nächsten 45 Minuten waren ein einziges Wechselbad der Gefühle. Am Anfang war Jonas total begeistert dabei. Hat, so gut er das eben konnte, mitgemacht. Der Trainer ließ die Jungs sich erst mal in einem großen Kreis warm laufen. Erst vorwärts, dann rückwärts (hier war Jonas schon schwer überfordert), dann im Seitgalopp. Das kann Jonas nicht und schon gar nicht in dem Tempo, in dem die anderen Jungs liefen. Also wurde er ständig überholt, was ihm gar nicht gefiel. Kurz darauf hockte mein Sohn streikend mitten im Kreis, was die Kinder sehr belustigte. Der Trainer, der mich zuerst etwas hilflos ansah, versuchte Jonas zum Weitermachen aufzufordern und hatte sogar Erfolg. Nach einer weiteren Runde, diesmal hüpfend wie ein Frosch (Jonas konnte zwar nicht so große Sprünge machen, dafür aber umso lauter quaken), packte der Trainer ganz viele Bälle aus. Er forderte die Kinder auf, zu zweit zusammenzugehen. Blöderweise ging die Zahl nicht auf und so blieb ein Kind übrig. Wer wohl? Also musste sich der Trainer mit Jonas zusammentun. Nun wollte er aber die Übungen demonstrieren, die die Kinder nachmachen sollten, und zum Vormachen war Jonas nun gar nicht geeignet. Also holte sich der Trainer einen anderen Jungen und schob Jonas zu dem übrig gebliebenen Partner, der ein lautes »Oh nein, ich will nicht mit dem!« von sich gab. Das nebenstehende Paar lachte schadenfroh. Das tat so weh!

Mir mindestens so sehr wie Jonas. Der Trainer ignorierte den Satz und das Lachen und begann mit der Aufgabenstellung. Der Ball sollte nun zugekickt und vom Partner gestoppt werden. Natürlich mit einer bestimmten Technik. Jonas schaffte es zwar, den Ball zu treten, aber nicht, ihn zu stoppen. Zweimal fiel er hin und sein Partner stöhnte entnervt auf. Bei der nächsten Übung sollten die Kinder ihrem Partner den Ball durch geschicktes Dribbeln und Überkreuzen abluchsen. Hier war Jonas natürlich gänzlich überfordert: Konnte den Ball keine Sekunde behalten und hatte überhaupt keine Chance, ihn sich zurückzuholen. Das machte ihn sauer und er setzte sich weinend auf den Boden. Als der Trainer dies sah, schaute er auffordernd zu mir herüber, und so lief ich über den Rasen zu meinem Kind und redete ihm gut zu. Jonas wischte sich mit dem Ärmel den Rotz aus dem Gesicht und war bereit, sein Bestes noch einmal zu probieren. Er wollte doch so gern wie alle Jungs Fußball spielen und dazugehören!

Endlich hörten die Übungen auf und es wurde ein richtiges Spiel gemacht. Dazu wurden die Kinder vom Trainer in zwei Gruppen eingeteilt und bekamen verschiedenfarbige Bänder als Mannschaftskennzeichnung übergehängt. Jonas gehörte zur roten Gruppe. Anpfiff und los! Nun rannten und schrien an die 20 wilde Kerle kreuz und quer über den Rasen. Jonas mittendrin. Er hatte überhaupt keine Chance, auch nur mal in die Nähe des Balles zu kommen, immer war ein anderer Junge schneller und schnappte ihn ihm weg. Außerdem hatte Jonas längst nicht die Ausdauer und Kondition, so schnell und viel zu rennen wie die anderen. Wieder total gefrustet ließ er sich auf die Erde plumpsen. Ich lief nicht sofort zu ihm, wollte beobachten, ob er sich nicht nach einer Pause wieder von alleine berappeln würde. Aber Jonas hockte und hockte. Und auch noch ziemlich blöd mittendrin, sodass die Kinder um ihn herum spielen mussten. Der Trainer lief zu Jonas, sprach irgendwas auf ihn ein, zog ihn dann hoch und schob ihn an den Rand des Feldes. Dort hockte sich Jonas wieder hin und schaute dem Spiel zu. Und kurz darauf witterte er seine Chance – und ergriff sie. Der Ball rollte direkt auf ihn zu ins Aus, und keiner der Jungen rannte hinterher. Da sprang Jonas auf, rannte dem Ball entgegen und schmiss sich förmlich auf ihn. Ja, mein Sohn setzte sich auf das runde Ding und strahlte wie ein König! Endlich hatte er auch mal den Ball. Und wieder hergeben wollte er ihn auf gar keinen Fall! Blieb darauf sitzen und ignorierte das Schimpfen, Lachen und Schreien der anderen Kinder. Der Trainer musste wieder eingreifen, indem er Jonas vom Ball hochzog und ihn unter seinem Popo wegkickte. Das war das Ende! Jonas hörte nicht mehr auf zu weinen, und nun hatte auch ich genug, lief über den Rasen, schnappte mir mein tobendes Kind und verließ fluchtartig den Platz. Wieder im Auto heulten wir beide um die Wette. Da brachen sich so viele Gefühle gleichzeitig Bahn: Mitleid – ja, ich litt sehr mit meinem Sohn mit. Wut auf den Trainer und die anderen Kinder, dass sie so wenig Mit- und Feingefühl zeigen konnten. Frust über den misslungenen Integrationsversuch. Trauer über Jonas' Einsamkeit und Ausgrenzung. Sterben der Hoffnung, für Jonas eine neue Freizeitgruppe und die Möglichkeit zum Fußballspielen zu finden. Widerwilliges Einsehen, dass der Leistungsgedanke in einer Sportgruppe oft mehr zählt als der Spaß. Erneutes Erkennen, dass Jonas weit unter den Möglichkeiten seiner Altersgenossen bleibt. Ärger über die Situation an sich: andere Mütter können ihre Söhne einfach auf den Weg schicken, ich muss komplett dabeibleiben und gegebenenfalls eingreifen. Neid? Hader? Wahrscheinlich alles miteinander… und am Ende mal wieder die nichts nützende Frage, warum mein Sohn nicht wie andere Jungs sein kann.

Jonas ist Jonas – und das ist auch gut so! Immer wieder hat mich der Schmerz eingeholt, nicht den Sohn bekommen zu haben, den ich mir gewünscht hatte. Aber der ist mit der Zeit immer weniger geworden, und heute ist er nahezu verblasst. Bei allem, was Jonas nicht kann oder wie er sich von Gleichaltrigen unterscheidet, sehe ich aber auch, was er alles inzwischen gelernt hat. Nur zur Info: Jonas kickt, schwimmt, fährt Rad, und der Techno-Sound hat längst Einzug gehalten. Gerade jetzt, wo er in der Pubertät ist, wird sichtbar, wie »normal« Jonas ist und dass er oftmals dieselben Interessen und Bedürfnisse hat wie andere Jungen in seinem Alter. Mehr noch: Inzwischen kann ich die Unterschiede auch positiv sehen und mich an so vielen angenehmen Eigenschaften und Verhaltensweisen von Jonas erfreuen, von denen ich mal sehr bezweifle, dass er sie auch hätte, wenn er nicht wäre, wie er ist …

Juli 2000

Heute Morgen (es ist Sonntag) hat Jonas (8) bereits vor Morgengrauen einen Akt der Liebe vollbracht: Um 5.17 Uhr (!) ist er in den

Keller gegangen, hat aus der Tiefkühltruhe verschiedenes Eis am Stiel geholt und jedem von uns seine Lieblingssorte sachte auf die Stirn gelegt. Das (»Freuden«-) Geschrei war riesengroß. Welch erfrischender Tagesbeginn!

April 2005

Es ist Samstagmorgen. Alle schlafen aus, nur Jonas (12) ist mal wieder früh aufgestanden. Als ich um 9.10 Uhr gähnend das Schlafzimmer verlasse, finde ich vor der Tür auf dem Boden einen Zettel, auf dem in Jonas' unverkennbarer Handschrift und in seinem Wortkauderwelsch zu lesen steht, dass er in die Bäckerei gegangen ist und von seinem Geld dort etwas kauft. Und dass er wieder zurückkommt!

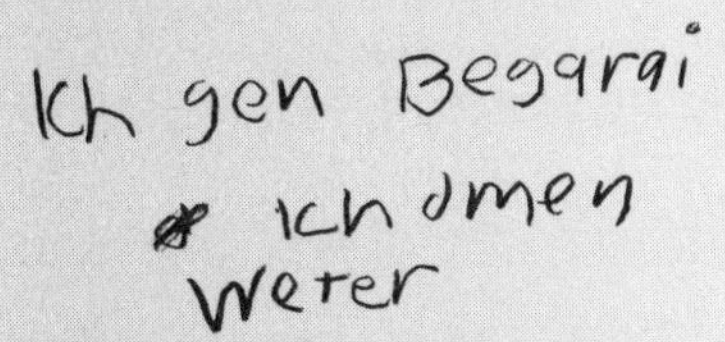

Amüsiert darüber und natürlich neugierig geworden suche ich mein Kind. Oben im Wohnzimmer werde ich fündig. Jonas sitzt vor dem Fernseher, schaut sich Tabaluga im Kinderkanal an und beißt fröhlich in ein Schokocroissant. Stolz berichtet er mir von seinem Einkauf und zeigt mir die fette Beute: »Mama, hab Bäckei kauf und Metzei au. Mei Geld. Fü alle euch. Elli vetarisch Müse-Wuas. Hab richti mach?« »Wow, Jonas! Das hast du ja ganz klasse gemacht! Aber du hättest doch nicht dein ganzes Geld für uns ausgeben brauchen.« »Doch, Mama, will so! Hab Geld übrig, guck« und streckt mir ganze 30 Cent entgegen. Jonas hat tatsächlich die zehn Euro, die er gestern Abend von Oma bekommen hat, im Dorf für das Frühstück ausgegeben. Seine Ausbeute: 1 Brot, 5 Brötchen, 3 süße Stückchen und ganze 5 Scheiben Wurst gekauft (davon 3x »Gemüsewurst«, eigentlich richtig Paprikalyoner, in der Meinung, das sei eine Lösung für Eliane, die Vegetarierin ist). Und für sich selbst und Papa hat Jonas noch ein kleines Döschen Fleischsalat mitgebracht. Ja, so sorgt unser Joni für uns!

So oft schon habe ich durch meinen Sohn und sein Besonders-Sein wunderschöne Augenblicke erlebt, in denen ich voller Stolz war und mich darin bestätigt fühlte, mit diesem Kind ganz erheblich beschenkt worden zu sein und um nichts in der Welt meinen Jonas eintauschen zu wollen. Nikolaustage!

---

6. Dezember 2006

Ein Tag wie jeder andere. Dachte ich zumindest. Als ich aber mit meinem Sohn Jonas in die Stadt fuhr, um ein paar Besorgungen zu machen, wurde ich durch die Leuchtreklame und kletternde männliche Puppen an Häusern daran erinnert, dass Nikolaustag war.
Kaum am Ziel angekommen und aus der Bahn gestiegen, sahen wir den ersten. Ein echter Mann aus Fleisch und Blut mit weißem Rauschebart in scharlachrotem Mantel mit Kapuze und Kordel um den (flachen) Bauch kam mit einem lauten »Ho, ho, ho!« direkt auf uns zu. Jonas (14) lachte begeistert auf, erinnerte sich an den gleich aussehenden Schokoladenmann in Miniformat, den er am Morgen in seinem Stiefel gefunden hatte, und erwiderte den Gruß mit einem seiner tiefen Brummstimme angemessenen »Ho, ho, ho, hooo!«.
»Hallo, wie heißt du?«, fragte ihn der Nikolaus (der, wie ich nun an seinem Gesicht aus der Nähe sehen konnte, ungefähr 20 Jahre alt war).
»Jonas – und du?«, antwortete mein wohlerzogenes Kind.
»Ja, kenns du misch nisch? Weiß du nisch, we' isch bin?«, fragte ihn der etwas verdutzte Nikolaus mit deutlich ausländischem Akzent.
»Doch – Liklaus!«, gab Jonas selbstbewusst von sich.
»Genau rischtisch! Unn kanns du mir au Gedischt sage oda Liedsche singe?«
»Na klar!« Jonas' Grinsen zog sich inzwischen bis zu den Ohren, witterte er doch seine Chance, auf einer Bühne zu stehen. An Publikum mangelte es auch nicht, denn der Europaplatz in Karlsruhe ist ein sehr belebter Ort, und inzwischen waren ein paar Leute stehen geblieben, um das Schauspiel zu verfolgen.
Und Jonas legte los. Mit lauter schmetternder Stimme, den richtigen Ton nur knapp um ein paar Nötchen verfehlend, sang er strahlend:
»Liklaus, Liklaus, guta Mann, de-de-de-de danken kann. Lustig, lustig, trallala, bald de Liklausabend da, bald de Liklaus-Aaa-beeend daaaaaa!«
Vom Applaus der Umstehenden berauscht, gab Jonas gleich noch eine Strophe zum Besten:

»De stell ich Tella auf, Liklaus legt 'wiss was drauf. Lustig, lustig, trallala, bald de Liklausabend da, bald de Liklaus-Aaa-beeend daa-aaaa!«

Nun verbeugte sich Jonas sogar vor seinem Publikum und genoss die lachenden Bravorufe sehr. Auch der Nikolaus war sehr angetan von Jonas' Kunst und lobte ihn kräftig: »Du bisch erste Kind, das was sich traut, mir zu vorsinge! Äscht krass! Haste gut gemacht! Dafür kriegsch au G`schenk aus meine Sack!«, sprach er und fasste tief in seinen Jutesack, um daraus ein Päckchen bunte Stifte zu angeln. Jonas' Strahlen wurde noch größer.

»Danke, Liklaus!«, und zu mir gewandt mit dem Finger auf den Nikolaus zeigend: »Nette Mann, Mama!« Ein lautes Lachen, ein verschmitztes Zuzwinkern und Winken – und der Nikolaus war weitergegangen.

Auch wir setzten unseren Weg fort und begannen mit unseren Einkäufen. Drei Läden und zwei volle Tüten weiter zeigte Jonas mit einem aufgeregten »Mama, Mama!« in Richtung Marktplatz. Tatsächlich: Dort war wieder ein Nikolaus! Mein Sohn zog mich regelrecht dorthin. Diesmal war es ein älterer Herr, der sich verkleidet hatte. Schon von Weitem rief Jonas ihm ein lautes »Hallo Liklaus!« entgegen.

»Hallo! Na, wie heißt du denn, mein Junge?«, fragte dieser mit sanfter Baritonstimme.

»Jonas! Soll singen? Krieg Schenk?«, übersprang mein Sohn gleich mehrere Stufen der Kommunikation.

»Nein, du brauchst nicht zu singen, du bekommst auch so ein Geschenk von mir!«, amüsierte sich der Nikolaus und holte einen kleinen Plüschbären mit aufgenähtem rotem Samtherz aus seinem Sack, den er Jonas überreichte.

»Ich kein Baby mehr!«, entrüstete sich mein Fast-Erwachsener. »Brauch so was nich. Schenke weiter!«, beschloss mein Sohn kurzerhand und drückte den Teddy einem kleinen Mädchen in die Hand, das gerade an der Hand seiner Mutter vorbeilief und ängstliche Blicke in Richtung Nikolaus warf.

»Darf jetzt singen?«, fragte Jonas den verdutzten Nikolaus, der laut auflachte und mit einer kleinen Verbeugung zustimmte.

Und wieder sang Jonas aus voller Brust. Immer mehr Menschen blieben stehen, hörten freudig zu und klatschten ordentlich Beifall. Hier mache ich jetzt einen Sprung, denn wir begegneten an diesem Nachmittag noch vier weiteren Nikoläusen (die Stadt Karlsruhe hat-

te einige Männer mit Geschenksäcken ausgerüstet auf die Straße geschickt) und Jonas wurde nicht müde, sein Lied zum Besten zu geben.
Als wir an einem Geschäft vorbeikamen, vor dessen Eingang Weihnachtsartikel ausgelegt waren, entdeckte Jonas ein Rentiergeweih aus Filz, das man mit einem Haarreifen aufsetzen konnte. »Mama, will haam!«, rief er begeistert. Ein Blick auf den Preis ließ mich zustimmen – und mein Kind ging megastolz damit zur Kasse. Ich wartete draußen. Als Jonas wieder aus dem Laden kam, hatte er das Geweih bereits aufgesetzt – und sah zum Piepen aus! Er selbst kicherte vor sich hin, und vor jedem Schaufenster, an dem wir nun vorbeikamen und in dem er sich spiegeln konnte, lachte er erneut laut auf, zeigte mit dem Finger auf sein Spiegelbild und rief begeistert: »Ich witzig aus!« Wieder fielen mir Menschen auf, die uns entgegenkamen und deren Gesichter sich beim Anblick des Rentiers an meiner Seite lächelnd aufhellten. Das war meine ganz persönliche Freude!
Zu guter Letzt, als wir bereits an der Haltestelle auf unsere Bahn warteten, bog plötzlich der Nikolaus um die Ecke, den wir als Erstes getroffen hatten. Jonas lief sofort auf ihn zu und auch der Nikolaus erkannte meinen Sohn gleich wieder und begrüßte ihn mit einem Give-me-five-Handklatscher und den Worten: »Hohoho, mei Freund – du bisch noch in Stadt!? Und was seh isch – du bisch eine Elch geworde?«
»Nein, Renntier!«, verbesserte Jonas.
»Ach so – ja, dann kannsch du doch mei Rentier sei und mir helfe. Magsch du mir helfe?«
»Ja klar!« Jonas' Begeisterung hätte kaum größer sein können.
»Dann nimm mal meine Sack und gib de Kinder Gschenk, okay?«, gab der Nikolaus Anweisung.
Während ich beobachtete, wie die Bahn kam und ohne uns weiterfuhr, verteilte mein Sohn juchzend vor Freude großzügig Geschenke an alle umstehenden Kinder. Die beiden waren wirklich ein klasse Team und hatten viel Spaß miteinander – sprachlich passten Nikolaus und sein Rentier auch gut zueinander, fand ich. An der Haltestelle war jedenfalls echt was los ...
(Dass ich größte Mühe hatte, Jonas davon zu überzeugen, in die übernächste Bahn zwanzig Minuten später einzusteigen, soll hier nur am Rande erwähnt werden.)

Dieser Nikolaus-Tag bringt zum Ausdruck, welches Bild ich von meinem Kind habe: Seit Jonas auf der Welt ist, vermag er die Menschen um sich herum mit einem Lächeln zu beschenken. Er kann tatsächlich Gesichter und Herzen verzaubern. Das habe ich schon hundertfach mit ihm erlebt und das empfinde ich als eine ganz große Gabe, die ihm geschenkt wurde.

Jonas selbst hat so viel Freude daran, andere Menschen zum Lachen zu bringen, ihnen Gutes zu tun, sie zu beschenken. Er zeigt und gibt seine Liebe sehr großzügig. Und er verfügt über eine beneidenswert gesunde Selbstliebe. Jonas kennt keine Scham, keine Schüchternheit, keine falsche Bescheidenheit. Er hat ein erstaunlich ausgeprägtes Selbstwertgefühl, ohne dabei überheblich oder arrogant zu wirken. Er weiß sich einfach geliebt, hat mit sich selbst keinerlei Probleme und ist sich selbst bester Freund (daher vielleicht die vielen Selbstgespräche). Er hat einen wunderbaren Humor, ist für jeden Streich zu haben, geht gern auf Menschen zu und liebt es, Kontakte zu knüpfen. Ich kann oft nur staunen, wie herrlich unkompliziert und offen mein Sohn ist – Eigenschaften, die ich sehr schätze und mir viel mehr auch für mich selbst und andere wünsche.

Jonas hat mein Leben unbeschreiblich bereichert! Als ich vor 14 Jahren ein geistig behindertes Kind zur Welt brachte, dachte ich, mein Leben sei von nun an in eine dunkle Sackgasse geraten. Ich konnte mir gar nicht vorstellen, dass ich jemals wieder Freude empfinden, lachen und einfach glücklich sein könnte. Doch ausgerechnet dieses Kind ist Lebensfreude pur und lebt mir jeden Tag vor, was es bedeutet, glücklich zu sein. Jonas wurde mir in vielerlei Hinsicht Wegweiser und Türöffner – von wegen Sackgasse! So viele Steine hat er in meinem Leben ins Rollen gebracht, indem er den ersten Anstoß gab.

Nur ein Beispiel: Durch Jonas bin ich zum Schreiben gekommen! Ich habe zwar schon seit meiner Kindheit Tagebuch und Gedichte geschrieben, aber nur für die eigene Schublade. Die ersten Jahre nach Jonas' Geburt drehten sich die meisten meiner Texte um ihn. Das Schreiben ist für mich eine wunderbare Form, meine oft verwirrten Gefühle und Gedanken bewusst wahrzunehmen, zu sortieren und auszudrücken. Es hilft mir, mit meinem aufgewühlten Inneren umzugehen, ist Ventil für meine Sorgen, Ängste und Freuden. Eines Tages (Jonas war damals vier) schrieb ich einen Leserbrief an eine große Elternzeitschrift, in dem ich sie dafür kritisierte, zu wenig über behinderte Kinder zu berichten. Ich hatte einen Artikel beigelegt, in dem ich einfach aus dem Bauch heraus beschrieben hatte, wie es mir als Mutter damit ging, ein behindertes Kind zu haben. Eine Woche später kam ein Brief von einer Redakteurin dieser Zeitschrift mit der Anfrage, ob sie den Artikel über Jonas veröffentlichen dürfte, er würde sicherlich viele Menschen ansprechen. »Frau Zachmann, Sie haben Talent zum Schreiben, machen Sie was draus!«, waren die letzten Zeilen des Briefes, die mich sehr überraschten und freuten und die letztlich einen Prozess in Gang setzten, der zu dem Wunsch führte, ein Buch über Jonas zu schreiben. Als dieser Traum wiederum drei Jahre später Wirklichkeit wurde, war es das Buch »… mit der Stimme des Herzens«, das mir viele weitere Türen öffnete. So hatte ich die Möglichkeit, den Büchermarkt in den letzten Jahren um einige Produkte zu erweitern. Ja, wer hätte das einst gedacht? Ausgerechnet mein behindertes Kind hat in mir eine Quelle zum Sprudeln gebracht, wo ich nur von einem Bächlein wusste. Ich habe durch das Schreiben einen ganz neuen beruflichen Weg einschlagen dürfen und neben der Familienfrau auch ein Eigenleben als Autorin entwickeln können, was mir sehr guttut. So viel zum Türenöffnen …

Natürlich hat jedes unserer vier Kinder mich auf seine Art reich beschenkt (und tut es heute noch) – aber von Jonas habe ich es eben am wenigsten erwartet. Ich bin so dankbar dafür, dass ich dieses Kind ungefragt bekommen habe und sich mir so die Möglichkeit bot, mich immer wieder mit wichtigen Fragen intensiver zu beschäftigen, als ich das sonst wahrscheinlich getan hätte, z.B.:

- Was ist »lebenswertes Leben« bzw. gibt es überhaupt »lebensunwertes Leben«?
- Welche Voraussetzungen braucht der Mensch, um glücklich sein zu können?
- Wie gewichte ich irdische Maßstäbe wie Erfolg, Leistung, Ruhm, Geld …?

Auf einer meiner Lesungen aus meinem ersten Buch über Jonas kam anschließend ein älterer Herr auf mich zu und fragte allen Ernstes, ob es bei der Herzoperation damals, als Jonas acht Monate alt war, nicht auch den Gedanken oder gar heimlichen Wunsch in mir gegeben habe, dass das Kind sterben möge, damit alles Leid rund um seine Behinderung endlich ein Ende hätte. Was ich geantwortet habe? Nichts – jedenfalls nichts wirklich Geistreiches außer einer Verneinung, denn ich war im wahrsten Sinne des Wortes völlig sprachlos. Wenn ich diesen Herrn heute noch einmal treffen könnte, würde ich ihm gerne sagen: »Ich weiß nicht, welch bittere Erfahrung Sie in Ihrem Leben mit dem Thema Behinderung vielleicht erleben mussten, aber ich kann Ihnen aus tiefstem Herzen versichern, dass ich in keiner Sekunde den Wunsch hatte, mein Kind wieder herzugeben.«

Mein Weg war und ist durch Jonas' Behinderung an manchen Stellen vielleicht steiler, beschwerlicher, steiniger, aber sicherlich deswegen nicht minder schön und wertvoll. Im Gegenteil: Ich bin überzeugt, dass gerade dieser intensive Weg mit Hindernissen ein direkter Weg zu mir selbst ist, denn hier erfahre ich ganz klar meine Grenzen, entdecke und entwickle aber auch meine Stärken. Das Bild vom steinigen Weg stimmt nicht ganz, denn es gab unterwegs unzählige wunderschöne Begegnungen, Ausblicke, Wegweiser und Oasen, die unmittelbar mit dem »Anderssein« meines Kindes zu tun hatten. Nicht auszudenken, wenn mir diese Erfahrungen alle fehlen würden!

Mir ist dennoch ganz wichtig, die Behinderung meines Kindes nicht in den Vordergrund zu stellen. Weder ihm selbst gegenüber noch innerhalb der Familie oder nach außen hin. Jonas ist in erster Linie Mensch, genau wie du und ich. Er hat dieselben Grundbedürfnisse wie alle anderen. Und die will er auch befriedigt wissen. In unzähligen Dingen des Lebens ist Jonas völlig normal und unterscheidet sich nicht im Geringsten von seinen Geschwistern, Freunden oder anderen Gleichaltrigen: Er liebt laute Musik, Fernsehen, Computerspiele und Pizza. Er mag es überhaupt nicht, wenn ich ihm sage, dass er den Ton leiser machen, das Gerät ausschalten, sich beeilen oder fürs Bett fertig machen soll …

Manchmal, wenn ich Jonas' Normalität aus den Augen verliere, ist es gut, dass Gott mir den Blick wieder zurechtrückt, wie neulich z.B. durch einen seufzenden Satz meines Bruders, dem ich am Telefon nach einem anstrengenden Tag mit Jonas jammernd in den Ohren lag: »Doro, glaub nur nicht, dass das Leben mit einem Pubertierenden ohne Down-Syndrom einfacher sei!« Da er selbst drei Söhne hat, kann ich ihm einen gewissen Erfahrungsschatz nicht absprechen …

Und doch gibt es Unterschiede, die mein stolzes und reich beschenktes Mutterherz betonen muss: Welcher Vierzehnjährige ku-

schelt sich schließlich in der vollen Straßenbahn an seine Mutter, drückt ihr einen dicken, feuchten Schmatzer auf die Backe und schnurrt (dennoch gut hörbar für alle Umstehenden): »Hmmm, meine Mama, lieb dir sehr arg! Bist mein Liebsling-Fau!«

Und meine Gedanken drehen sich weiter. Ich bin froh, dass mein Blick nicht bei den schwierigen Momenten mit Jonas stehen geblieben ist. Noch öfter als mir das Schwere und Belastende an den Kräften zehrt, stelle ich erleichtert und zutiefst dankbar fest, dass meine Liebe zu diesem Kind weitaus größer ist als alle Schwierigkeiten zusammen.

Meer des Lebens

Mein ganzes Dasein
vollzieht sich
wie Wellen
in fließender Bewegung.

So weiß ich,
dass nach jedem
Sog der Schwere,
der mich in die Tiefe zieht,

eine Woge der Leichtigkeit naht,
die mich nach oben treibt,
schwungvoll genug,
dich mitzutragen.

Nein, ich habe es mir nicht ausgesucht, Mutter eines besonderen Kindes zu werden. Das wurde an anderer Stelle so entschieden. Und Gott weiß ja bekanntlich, was er tut! Und er weiß, was das Beste für mich ist und was ich wirklich brauche. Tja, er wusste nur zu gut, dass ich einen Augenöffner brauche!

Februar 2007

Ich bin kein »Schnellblicker«. Im Gegenteil: Ich bin jemand, der oft auf der Leitung sitzt, Zusammenhänge nicht sofort erkennt und versteht. Meistens brauche ich mehrere Anläufe und auch deutliche Anstöße von außen, bis ich Veränderungen wahrnehme oder kapiere, dass es höchste Zeit ist, etwas Neues anzugehen ... Das ist für mich inzwischen eine von mehreren klaren Antworten auf die große Frage, warum ich auch ein geistig behindertes Kind bekommen habe! Denn niemand vermag mir das Leben mit all seiner Kompliziertheit und der notwendigen Beschränkung aufs Wesentliche einfacher aufzuzeigen als mein Sohn. Mit enormer Ausdauer und Engelsgeduld (ich rede jetzt absichtlich nicht von Sturheit und Hartnäckigkeit) zeigt Jonas mir täglich, was es heißt, ganz und gar zu leben – ohne Halbherzigkeiten oder Abkürzungen.

Auch in meinem Glaubensleben ist Jonas mir ein großer Lehrmeister. Nicht etwa, weil er einen Heiligenschein aufhätte, sondern weil ich durch Erlebnisse mit meinem Sohn so oft den Eindruck habe, dass Gott mich ganz persönlich fragt: »Und, meine liebe Doro, verstehst du jetzt, was ich meine?«

Spiegelei

1 Ein Stück Butter auf mittlerer
Stufe in einen Pfanne
schmelzen lassen.
2 Das Ei ausderTasse-
vorsichtig aufschlagen.
3 Das Ei ausderTassein-
die Pfanne
gleiten lassen mit dem-
Zweiten Ei
ebensoverfahren. ~~Salzen nu~~
salzen nun kann
man zuschauen wie das-
Eiweiß lang sam weiß und
fest wird.

Endspurt

Benedikt kommt ins Zimmer. »Na, mein Freund? Alles klar so weit?« – »Klaa so weit!«, ruft Jonas zurück und erklärt: »Spiel Makaska. Bendik, komm, spiel mit!« – »Ja«, lacht der beste aller Krankenpfleger, »das würd ich jetzt echt liebend gern. Aber das kann ich leider nicht, muss noch ein bisschen arbeiten.« – »Abeitn?«, fragt Jonas und zieht die Stirn in Falten. Benedikt kringelt sich vor Lachen. »Ja, ich arbeite hier im Krankenhaus, weißt du? Gell, das ist'n Ding, dass man das Arbeit nennt: kranke Kinder zu pflegen, damit sie wieder gesund werden. Dabei macht das doch so viel Spaß und ich hab so viel zu lachen hier, zum Beispiel mit meinem Superkumpel Jonas!« – »Jonas? Bin ich! Oder?« Zweifelnder Blick. »Ja, dich mein ich! Bist doch mein Superkumpel, oder etwa nicht?« – »Klaaa!« Jonas freut sich wie ein Schneekönig über diese Auszeichnung.

»Ich wollt dir sagen, dass das Mittagessen schon da ist, du kannst also wieder ins Spielzimmer zum Essen gehen. Und heute Mittag mache ich dir dann dein großes Pflaster vom Bauch ab. Dann können wir dir auch endlich eine feine Salbe gegen das Jucken einmassieren.« – »Mmmhhh, `sieren! Is guuut!«, schnurrt mein Sohn schon beim Gedanken daran. »Na dann, hau rein Kumpel und lass es dir schmecken!«, und schwupp ist Benedikt wieder draußen. Ob er eigentlich ahnt, wie gut er meinem Sohn tut – und mir auch?

Profession

Für einige bist du
nur Forschungsobjekt
oder
eine Nummer auf dem Papier.

Doch jenen,
deren Interesse
von Herzen kommt
und die dich
in Achtung und Zuneigung
fördern,

schenke ich
mein Vertrauen
und meinen Dank

und du
dein strahlendes Lachen
samt einem sehr feuchten Kuss.

Das Mittagessen ist ein echtes Highlight für Jonas. Er isst nun mal für sein Leben gern (da haben wir was gemeinsam). Und er mag eigentlich alles! Grundsätzlich steht Jonas auf deftig, pikant und würzig, weniger auf Süßes. Das war schon immer so.

November 1998

Meine Eltern kommen zu Besuch. Die Kinder freuen sich schon tagelang auf Oma und Opa. Kaum angekommen, packt mein Vater noch das Auto aus, als Mutter bereits von drei Enkeln umringt in der Küche in ihre »Zaubertasche« greift, um wie immer daraus für jedes Kind ein Geschenk herauszuholen. Zuerst kommt Eliane (7) dran. Sie nimmt ihr Päckchen strahlend entgegen, untersucht und schüttelt es und versucht den Inhalt zu erraten. »Oma, ich weiß, was drin ist: mein Lieblings-Süßes Raffaello!« »Hui, woher weißt du das denn?«, fragt Oma gespielt erstaunt. »Na, das sieht man doch schon an der Form! Und außerdem: weil du das doch immer schenkst!«, kommt es prompt zurück. »Oh! Soll ich dir dann lieber nächstes Mal was anderes kaufen?«— »Nö, bloß nicht! Ich liebe Raffaellos! Das ist mein Glück, dass du sie mir schenkst! Weil Mama kauft die ja fast niiie!« – »Na, dann ist's ja gut!«, atmet meine Mutter erleichtert auf und zwinkert mir zu. Ich drehe mich weg, weil ich sonst laut loslachen muss. Nun ist Maren an der Reihe. »Oma, du hast mir bestimmt wieder Toffifees mitgebracht. Weiß ich doch! Stimmt's?« Oma grinst und wackelt mit dem Päckchen geheimnisvoll vor Marens Augen herum. »Na, dann pack es mal aus und lass uns sehen, ob du recht hast!« Während Maren das Päckchen öffnet, murmelt sie hörbar vor sich hin: »Bitte Toffifees, bitte Toffifees, bitte Toffifees!« Und tatsächlich, es sind welche. Maren fällt ihrer Großmutter mit einem herzlichen »Danke, Omchen!« um den Hals. Nun endlich ist Jonas dran, der erstaunlich viel Geduld bewiesen

hat und die ganze Zeit auf der Eckbank saß und alles äußerst neugierig verfolgt und beobachtet hat.
Noch bevor Oma erneut in die Tasche greift, sagt Maren: »Ich weiß, was der Jonas kriegt!« – »So, dann verrate es doch mal!«, fordert Oma sie auf. »Na, wie immer die kleinen Brezeln, mit denen er dann sein ganzes Zimmer vollbröselt!« Ich pruste los. »Oder die Erdnüsse, die dann überall verstreut sind!«, fügt Elli hinzu.
»Is, is, is, is, is!«, macht Jonas nun lautstark auf sich aufmerksam. Der arme Junge hat recht, so lange muss er schließlich schon darben und zusehen, wie seine Schwestern reich beschenkt werden und er als Kleinster (ausnahmsweise gerade mal) der Letzte ist.
Oma macht es sehr spannend und zieht gaaanz laaangsaaam und vorsichtig ihre Hand aus der Tasche, gebannt verfolgt von drei kleinen Augenpaaren.
»Häää? Das sind ja gar keine Nüsse!«, stellt Eliane nüchtern fest. »Woher weißt du denn das schon wieder?«, fragt Mutter. »Na, weil das keine runde Dose ist, sondern was Großes und Flaches.« — »Ach so! Gut, dann soll Jonas jetzt sein Päckchen aufmachen und wir werden sehen, was daraus zum Vorschein kommt!« (Mutti ist echt die Wucht! Versteht es jedes Mal aufs Neue, die Kinder mit so wenig Aufwand so in den Bann zu ziehen. Sie ist eine großartige Oma!)
Alle sind wir jetzt absolut gespannt und verfolgen Jonas' etwas ungeschickten Versuch, das Geschenk auszupacken. Bald ist er jedoch am Ziel und vor ihm liegt das ausgepackte Mitbringsel. Für einen kurzen Moment ist er irritiert, dann kapiert er, was da vor ihm liegt, strahlt über das ganze Gesicht und küsst mehrfach die Packung auf dem Tisch mit lauten Schmatzern. Maren und Eliane verziehen voller Ekel ihre Gesichter. Elli ruft angewidert aus: »Igitt, Lachs!«, und Maren ergänzt: »Der stinkt so eklig nach Fisch.« Während Jonas, seinen Schatz in Händen haltend, ein Freudentänzchen in der Küche aufführt und dabei immer wieder begeistert »Latz, Latz, Latz!« ruft, verlassen die Mädchen kopfschüttelnd die Küche. Mutti und ich lachen uns kaputt.

Heute gibt es Schupfnudeln mit Sauerkraut und Speck. Jonas ist begeistert. Aber das ist er eigentlich immer. Egal, was es hier im Krankenhaus zu essen gibt, egal, was ich zu Hause koche: Jedes Mal bekomme ich von meinem Möchtegern-Gourmet von Gabel zu Gabel mit vollem Mund zu hören, wie sehr es ihm schmeckt und was ich für eine gute Köchin bin. »Oh, Mama, mein Liebe-Essn! Koch sooo gut! Oh, lecka Hmm, smecks lecka! Guta Essn fü mich!« …

Als wir mit Fiffi wieder auf dem Zimmer sind und Jonas in sein Bett gekrabbelt ist, bleibt der Computer wie angekündigt aus. Für heute hat er genug vor der Mattscheibe gesessen. Jonas ist enttäuscht und will weiterspielen. Als ich abwehre, versucht es mein Herr Sohn mit einem schriftlichen Antrag und schiebt mir folgenden Zettel zu:

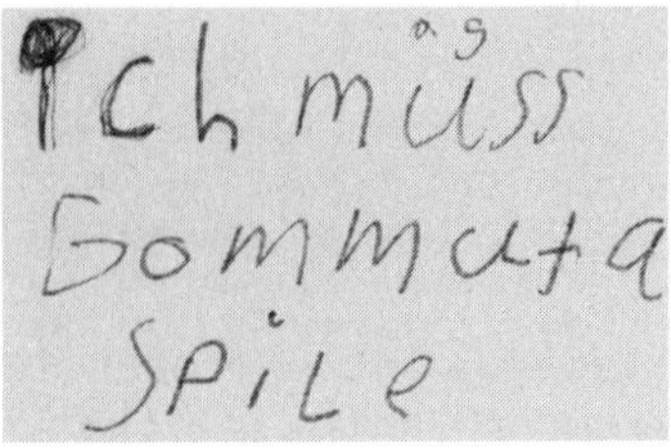

Dennoch lasse ich mich nicht erweichen. Ein neuer Wutanfall droht. Ich biete verschiedene Alternativen an, doch Jonas will von alledem nichts wissen. »Tja, dann machen wir halt nichts. Ich pack dann mal mein Strickzeug aus und du kannst ja so lange überlegen, was du machen möchtest.« – »Makaska spieln!«, kommt die Antwort. »Nein, Jonas, für heute ist Feierabend mit Computerspielen. Du hast jetzt über zwei Stunden am Stück vor der Kiste gehockt. Das ist mehr als genug. Morgen wieder!« – »Oh Manno, immer du wills!«, geht es schon wieder los. Benedikt ist meine Rettung. Er schneit genau im richtigen Moment herein und schiebt einen kleinen Rollwagen vor sich her, der mit Verbandsmaterial, Desinfektionsmittel, verschiedenen Salben und Scheren bestückt ist. »Hey, Jonas, was ist denn mit dir los?«, fragt er, als er Jonas mit grimmiger Mama-ist-die-blödeste-der-Welt-Miene auf dem Bett sitzen sieht. »Daaf nich Kompluta spieln nich!«, beschwert sich mein Sohn. »Ach so! Tja, das ist natürlich ein echtes Problem! Hmmm. Aber schau mich mal an!«, fordert er Jonas auf und als sich dieser ihm hoffnungsvoll zuwendet, macht Benedikt einen Schritt auf Jonas zu, bückt sich zu ihm hinunter und schaut ihm genau in die Augen, das heißt, er untersucht sie sogar, indem er die Lider nach oben zieht und mit einer kleinen Taschenlampe, die er aus seiner Kitteltasche zieht, hineinleuchtet. Jonas blinzelt geblendet. »Aha, da haben wir's! Siehst du! Eindeutig ein Fall von Überreizung! Deine Augen brauchen jetzt eine dringende Computer-Pause, sonst werden sie noch ganz müde und schlaff. Willst du das etwa?« – »Nö! Laff wills nich!«, antwortet Jonas brav und Benedikt legt noch eins drauf: »Na, dann sei mal froh, dass deine Mama so gut auf dich aufpasst und dir sagt, wann du Schluss machen musst, damit es dir und deinen Augen nicht schlecht geht!« Jonas schaut mich irritiert an. Er soll mir dankbar sein? Für das Computerverbot? »Stimm so?«, fragt er mich nun völlig verwirrt, und ich nicke lachend. »Oh, bis gut, Mama! Danke! Glück hab! Danke, Mama!«, lässt mein Sohn verlauten und nun bin ich diejenige, die wohl irritiert aus der Wäsche guckt. Irgendwo in den hintersten Winkeln meines Hirns höre ich eine Liedzeile: »Wunder gibt es immer wieder, heute oder morgen können sie gescheh'n …«

»So, Jonas! Jetzt bist du aber fällig! Ich muss dir leider noch einmal die ganze Brust aufschneiden!«, übernimmt Benedikt wieder die Regie im Raum und Jonas reißt vor Schreck weit die Augen auf. »Haha, Scherz gemacht!« – »Puh!«, atmet Jonas hörbar erleichtert aus. »Jetzt bist du aber erschrocken, was? Ach Quatsch, ich schneide gar nichts auf! Aber gleich kommt Patricia und macht dir das blöde große Pflaster vom Bauch endlich ab. Ich wollte mich nur schon mal von dir verabschieden und dir und deiner Mama noch ein schönes Wochenende wünschen. Morgen und am Montag habe ich frei. Vielleicht sehen wir uns dann wieder am Dienstag, falls du dann noch da bist.« Ich horche auf, nehme den Satz aber nicht wirklich ernst. »Und falls ich dich nicht mehr sehen sollte, dann will ich dich jetzt noch mal richtig drücken und dir alles Gute wünschen!« – »Danke! Du auch gut«, antwortet Jonas und streichelt Benedikt über den Rücken, als sich dieser zu ihm runterbeugt und ihn umarmt. »Mag dich, Bendik. Bis mei Feund!« Ich schlucke schwer und nehme an, dass Jonas nicht verstanden hat, dass dies eventuell ein Abschied für immer ist, aber ich lege auch keinen Wert darauf, es ihm jetzt zu erklären. Bin zu sehr damit beschäftigt, meine eigenen aufwallenden Emotionen in Schach zu halten. »Ja, ich mag dich auch! Also, Superkumpel, dann mach's gut und lass dich nicht unterkriegen! Bist ein toller Kerl, ehrlich! Und lass dir nie was anderes eintrichtern! Von keinem! Alles klar so weit?« – »Klaa so weit!«, und es folgt das übliche High-Five-Händeklatschen. Als ich mich von Benedikt mit einem dicken »Dankeschön für alles!« verabschiede, weiß ich nicht, ob er eigentlich überhaupt ermessen kann, was ich mit »alles« meine.

Bis Patricia kommt, lösen wir drei Gespenster-Rätsel. Ich muss Jonas erst einmal dazu anhalten, selbst nachzudenken, bevor er gleich die Lösungen auf der jeweiligen Rückseite nachschauen will.

»Komm, streng dich ein bisschen an. Das schaffst du, bist doch ein großer Kerl!« – »Ja, Mama, du rech! Schaff alles! Bin große Kerl!«, bestätigt mein vor Selbstbewusstsein strotzender Held, winkelt wie zum Beweis seinen rechten Arm ab und spannt den Bizeps an. »Fühl ma, staaak bin!« Ich komme der Aufforderung natürlich nach und bin tief beeindruckt! »Oh, ja!« – »Siehse!? Wussich doch!«, nickt Jonas, der wie immer das letzte Wort behalten will.

Auf dem Gang in der Nähe höre ich zwei Frauenstimmen miteinander scherzen. Darunter die vertraute von Patricia. Sie werden lauter und kommen rasch näher. »Nein, Jonas ist *mein* Patient, da geh *ich* jetzt rein, du kannst nach nebenan gehen, aber ich will zu Jonas!« Laut lachend platzt Patricia ins Zimmer, etwas außer Puste, weil sie sich mit ihrer Kollegin anscheinend tatsächlich ein kleines Wettrennen geliefert hat. Erst jetzt werden mir ihre Worte so richtig bewusst und mein Herz tut einen Freudensatz. Es ist jedes Mal ein kleines Wunder für mich und Balsam für meine oft verwundete Mutterseele, wenn ich erlebe, dass sich jemand ernsthaft und von ganzem Herzen für Jonas interessiert und ihn einfach gern mag. (Nicht, dass ich nicht nachvollziehen könnte, wieso!) Während ich den Moment genieße, scheint Jonas sich bei aller Freude darüber jedoch keineswegs zu wundern: Er hat sich schon immer für den Nabel der Welt gehalten – und das ist vielleicht auch gut so!

Ganz normal

Für dich
ist es selbstverständlich.

Ich dagegen
muss
meine Tränen der Rührung
zurückhalten,
wenn er wieder
am Fenster
des Kindergartens steht
und ungeduldig
nach dir
Ausschau hält,
dein erster Freund.

»Na, mein Großer, wie geht es dir?«, fragt Patricia. »Gut!«, antwortet der Patient. »Prima! Was macht deine Narbe? Juckt sie noch?« – »Ja, juck noch!« »Na, dann schlage ich vor, dass wir sie uns mal ansehen, okay?« Jonas nickt. »Gut, dann mache ich dir jetzt dein großes Pflaster ab.« – »Aua?«, fragt Jonas besorgt. »Nein, das tut nicht arg weh. Schau, ich sprühe dich vorher mit dem Zeug hier ein, das löst den Pflasterkleber auf, und dann kann ich es ganz leicht ablösen. Einverstanden?« Jonas nickt wieder.

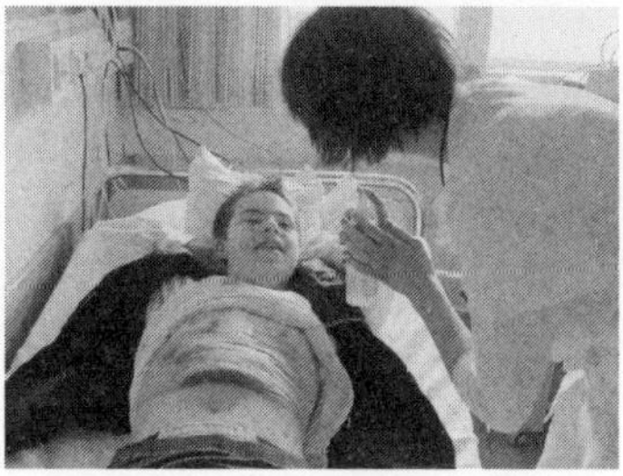

»Kannst du ein Held sein?«, fragt Patricia noch, bevor sie loslegt. »Na klaa!«, wirft sich Jonas in die noch verbundene Brust und grinst breit. »Okay, dann zähl jetzt mal bis fünf und halte dann die Luft an, das Zeug hier ist nämlich richtig kalt!« Und Jonas tut wie ihm geheißen, liebt solche Spielchen heiß und innig. »Eins, Swei, Drei, Via, Fümf!« Jonas atmet tief ein und hält die Luft an, Patricia beginnt zu sprayen. Sofort prustet Jonas laut: »Kaaaaalt!« Wir Frauen lachen gleichzeitig los. Jonas fühlt sich dadurch natürlich geschmeichelt und spielt übertrieben den Empfindlichen, ruft immer wieder »Kaaalt, kaaalt, kaaalt«, hält dabei aber wunderbar still, sodass ruckzuck die ganze Fläche eingesprayt ist. Während das Zeug etwas einwirken soll, prüft Patricia Jonas' Kanüle am Handgelenk. »So, und das lästige Ding mach ich dir jetzt auch gleich raus, das brauchst du ja gar nicht mehr!« Jonas ist natürlich einverstanden und beobachtet haarscharf jede von Patricias Handbewegungen. Er ist echt so unglaublich tapfer, lässt alles mit sich geschehen. Ratzfatz ist die Kanüle draußen und Jonas beguckt sich das kleine Schläuchlein genau, das da nun tagelang in seinem Arm gesteckt hat, und lässt anschließend ein knappes, aber fachmännisches »Aha!« verlauten. »Fiffi?« – »Nein, deinen Fiffi brauchst du jetzt nicht mehr! Du kannst ja wieder alles allein essen und trinken und brauchst auch keine Schmerzmittel mehr. So, und jetzt ziehe ich dir das Fell ab!«, scherzt Patricia und trifft damit genau Jonas' Geschmack. »Du Jäga?«, fragt mein schlaues und schlagfertiges Kind. »Man könnte es fast meinen!«, lacht unsere Lieblingskrankenschwester. Behutsam, Millimeter für Millimeter, löst sie das große Pflaster quer über Jonas' Bauch, das über den Drainagelöchern klebt.

Als es etwas ziept und Jonas zusammenzuckt, entschuldigt sich Patricia sofort. »Nich schlimm! Mach nur! Aber Paziza – lamsam bitte, laaamsam!«

»Meine Güte, bist du tapfer!«, staunt sie. »Das Pflasterabmachen ist für die meisten Kinder hier schlimmer als alles andere.«

August 2003

Ich mache mit Jonas (10) einen Großeinkauf im Aldi, als es passiert. Wir stehen schon an der Kasse und Jonas hilft fleißig, die Ware auf das Band zu legen, als ihm eine Flasche Sekt aus der Hand rutscht und auf den Boden fällt. Die Flasche zerbirst, der Inhalt spritzt mit gewaltiger Wucht in alle Richtungen. Eine große Scherbe trifft Jonas' Fuß und binnen einer Zehntelsekunde spritzt das Blut. Jonas schreit vor Schmerz auf. Die Kassiererin reagiert prompt und ruft ihren Kollegen, der uns in ein kleines Bürozimmer führt und dort mit dem Erste-Hilfe-Koffer versorgt. Die Wunde ist extrem tief, der Schnitt ziemlich groß, Fleisch klafft auseinander. Das muss sicher genäht werden, ein Pflaster reicht nicht aus. Wir basteln einen provisorischen Verband. Jonas ist ganz tapfer, weint nicht mal, schaut einfach zu, was wir mit ihm machen. Ich trage meinen Großen (und Schweren) aus dem Büro.

Auf dem Weg ins Krankenhaus legt Jonas sein verletztes Bein vorne im Auto aufs Armaturenbrett und sieht gebannt zu, wie sich der weiße Verband zunehmend rot färbt. »Is Blut is, Mama! Arg Aua macht!« Ich staune, wie tapfer Jonas ist. Er weint gar nicht, jammert nur ein bisschen, dabei hat er doch bestimmt ziemliche Schmerzen.

Der Arzt im Kinderkrankenhaus ist sehr nett. Er erklärt Jonas genau, was er tut. Als er anfangen will zu nähen, bittet er Jonas, sich hinzulegen und den Kopf wegzudrehen. »Nein, will gucken!«, gibt ihm mein Sohn zur Antwort. »Na schön, wenn du das kannst. Die meisten Patienten können dabei nicht zusehen.« Und so richtet sich Jonas auf und schaut genau, was mit ihm gemacht wird. Selbst als er die vier Betäubungs-Spritzen bekommt, schaut er nicht weg und drückt dabei nur meine Hand, zieht hörbar die Luft ein, zuckt nicht weg. Der Arzt ist ganz erstaunt: »Also, du bist ja mal tapfer! Das können ja sogar die wenigsten Erwachsenen, was du hier schaffst!« Jonas strahlt. »Bin tapfa, Mama!«, wiederholt er noch einmal für mich. Und als der Arzt dann zu Nadel und Faden greift, legt Jonas seine Hand auf den Arm des Arztes und sagt: »Lamsam, Dokto, laaamsam! Bitte vosich!« Der Arzt lacht auf und verspricht: »Ja, ich mache ganz langsam und vorsichtig! Und du schaust genau zu, ob ich auch alles richtig mache, okay?« Jonas nickt und zählt nun genau die Stiche und Knoten, 16 an der Zahl. Jonas bekommt nun einen richtig großen Verband und will das Hosenbein hochgekrempelt haben, damit er ihn auch aller Welt stolz zeigen kann. Zum Abschied klopft der Arzt Jonas anerkennend auf die Schulter und drückt mir die Hand mit den Worten: »Sie können wirklich stolz sein auf ihren Sohn – ich habe selten einen so tapferen Patienten erlebt!« Und wie ich stolz bin!

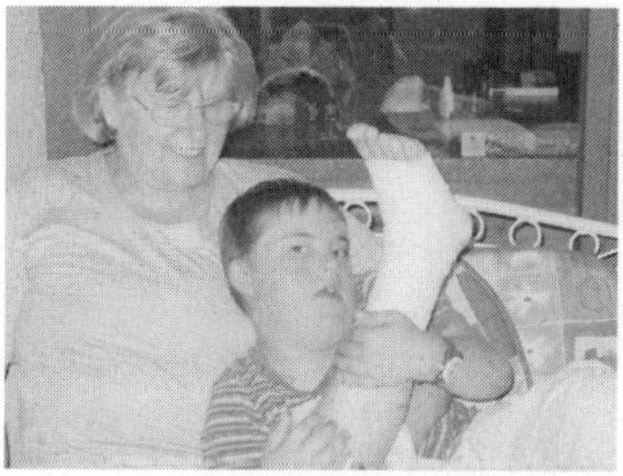

Die drei Wunden sehen gut aus. Keine Rötung, die auf eine Entzündung hinweist. »Sehr schön!«, kommentiert Patricia und Jonas nimmt sie beim Wort: »Hübsch bin?« – »Ja«, lacht sie, »du hast einen richtig leckeren Männerbauch! Zum Anbeißen!«, und Jonas lacht sich schlapp.

Dann wiederholt Patricia die Prozedur für das Pflaster, das längs auf Jonas' Brust klebt und den großen Schnitt verdeckt. Wir sind alle gespannt, was darunter zum Vorschein kommt. Ich hatte gehofft, dass Jonas' hässliche Narbe von der ersten Operation, die mit den Jahren immer wulstiger und breiter wurde, weggeschnitten würde. Stattdessen hatte der Chirurg das Skalpell exakt links davon entlanggeführt. Um nicht noch mehr Spannung zu erzeugen, wie mir Patricia nun erklärt, denn das Herausschneiden eines breiten Streifens hätte ja das gesamte Gewebe beim Wiederzusammennähen erheblich mehr belastet. Nun hat Jonas also eine dicke, wulstige, weiße Narbe und direkt daneben eine tiefrote, dünne. Sieht wirklich nach Frankenstein aus. Hoffentlich ist der Heilungsprozess diesmal erfolgreicher. (Damals hat sich ein Stück vom Faden einfach nicht aufgelöst und die Narbe immer wieder aufs Neue entzündet, woraufhin sie so wulstig wurde.

Unglücklicherweise am oberen Ende, also knapp unterhalb vom Hals, sodass der Wulst in jedem T-Shirt-Ausschnitt zu sehen ist. Zum Glück ist Jonas nicht eitel und hat sich bis heute nie daran gestört. Er akzeptiert es einfach als Teil von sich. Beneidenswert!)

Jonas schaut nun an sich herunter und ist mächtig beeindruckt. »Oh, groooßa Nabe! Boah, ich tapfa!« – »Ja, Jonas, das kannst du laut sagen!«, lobt ihn Patricia und streicht eine Salbe auf die Wunden. »Hmmh, gut is! Mach weita so! Ja, hmmm, guuut.« Der Kater schnurrt schon wieder. »Bist ein Genießer, was?« – »Das kann man wohl sagen!«, antworte ich anstelle von Jonas.

November 2004

Jonas (12) sieht mich mit einem Glas Weißwein und einem Buch in der Badewanne liegen. Zwei Stunden später, als ich in sein Zimmer komme, um ihn aufzufordern, sich fürs Bett fertig zu machen, blicke ich auf folgendes Bild: Mein Sohn sitzt vor seinem Schreibtisch, die Füße hat er auf die Tischplatte gelegt, auf dem Schoß liegt aufgeklappt sein Ritterbuch, in der einen Hand hält er ein mehr als üppig belegtes und angeknabbertes Zungenwurstbrot und in der anderen unseren größten Rotweinkelch, gefüllt mit seinem geliebten Orangensaft. Gewusst wie!

Der weitere Nachmittag zieht sich zäh wie Kaugummi, weil es keine Abwechslung mehr gibt. Heute, am Samstag, ist weder Visite noch Besuch angesagt und deshalb müssen wir uns mit uns selbst begnügen. Wir hören Radio und Kassette, lösen noch andere Rätsel, kleben

Fußballbilder ein, lesen uns gegenseitig aus Harry Potter vor, spielen Uno und malen Bilder. Jonas hat größte Freude daran, von allen Zachis ein Portrait anzufertigen.

Als wir später noch ins Spielzimmer gehen, entdeckt Jonas sein Lieblingsspiel dort im Regal. »Mama, Mollypolly gibses! Auja, will spieln!« Flüchten ist zwecklos, da muss ich jetzt durch!

August 2003

Im Spanien-Urlaub spielen wir Abende lang »Mollypolly« (Monopoly). Obwohl Jonas (10) mit all den Zahlen und dem vielen Geld nichts anfangen kann und auf ständige Hilfe beim Zählen und Rechnen angewiesen ist, hat er unverschämtes Glück und gewinnt ein Spiel nach dem anderen haushoch. Seine Strategie ist gewagt: Er legt sämtliches Bargeld in Häuser und Hotels an, hat dadurch allerdings überhaupt keine Reserven. Die braucht er aber auch nicht, denn ständig kommt er auf »Frei Parken« oder direkt auf »Los«, um das dicke Geld abzusahnen, zieht ausschließlich die gewinnbringenden Ereignis- und Gemeinschaftskarten und würfelt so genial, dass er meistens nur auf ungefährliche Felder kommt. Sein Motto, das er den ganzen Abend mehrfach lachend wiederholt, lautet ganz simpel: Du kommst auf meine Straßen, musst mir Miete bezahlen und deshalb gewinne ich! Im Originalton heißt das ganz einfach: »Du laatsche – ich winne!«

Obwohl ich von vorneherein relativ chancenlos bin – wie fast immer – und haushoch verliere, zieht sich das Spiel ewig hin. Jonas war jetzt fast zwei Stunden raus aus dem Bett und klagt nun über Kopfweh und »schlecht bin«. (Die drei Wiener Würstchen mit viel Ketchup zum Abendessen eine Viertelstunde später sind dann allerdings wieder überhaupt kein Problem …) Dennoch hat Jonas am Abend wieder etwas Temperatur und ich hoffe, dass die nichts Schlimmeres ankündigt.

Auf den Sonntag freue ich mich besonders deshalb, weil sich viel Besuch angekündigt hat: Am Nachmittag kommen Wolfgang mit Maren (Eliane kann nicht, weil sie eine Generalprobe für eine Aufführung hat) und eine befreundete Familie aus der Gemeinde. Eine ganze Dreiviertelstunde ist mir mit meinem Mann im Café gegönnt, während Maren ihren Bruder »bespielt«, und wir genießen diese Zeit wie Flitterwochen. Wolfgang ist inzwischen richtig krank, hat eine starke Erkältung. Die Kopfschmerzen sind auch nicht besser geworden. Vielleicht war es unklug, herzukommen und womöglich Jonas anzustecken, aber wir haben aus dem Bauch und der Sehnsucht heraus entschieden, einander zu sehen. Und ich bin jetzt einfach nur froh, dass Wolfgang da ist. Schmust heute eben mal nicht mit seinem Sohn. Dafür umso mehr mit mir. Ich brauch's auch.

Jonas geht es wieder besser und so genießt er den Trubel mit den Kindern, die mitgekommen sind, und wird auch noch reich beschenkt. Mein Mittelpunkt-König. Die neue Freiheit ohne Fiffi macht auch vieles leichter (allein die ständigen Toilettengänge; endlich muss ich nicht mehr mit). Und ich freue mich, mal wieder ein Erwachsenen-Gespräch führen zu können. Da das Zimmer ja so eng ist, verteilen wir uns auf dem Gang und im Spielzimmer.

Es ist so schön, liebe Menschen um sich zu haben! Der Abschied kommt viel zu schnell. Zum Schluss begleite ich meinen Mann und meine Tochter wieder zum Auto – die beiden nehmen mich in ihre Mitte und machen mit mir das kindische Spiel »Engele, Engele flieg«. Maren umarmt mich lange und fest. »Mama, ich wünsche mir, dass du bald wieder nach Hause kommst! Du fehlst mir so!« Liebesbezeigungen einer fast Sechzehnjährigen. Wolfgangs zugeflüsterte liebe Worte bleiben den ganzen Tag in meinem Ohr …

Kaum bin ich mit Jonas wieder allein, veranstalten wir nach dem

Abendessen erneut eine Waschorgie. Ich habe mich innerlich schon auf Gegenwehr eingestellt und bin umso verblüffter, als Jonas mit einem freudigen »Au ja!« meinem Vorschlag zustimmt. Der Kerl ist echt unberechenbar! Jonas genießt den warmen Waschlappen und ich glaube auch die Zweisamkeit mit mir. Als ein blitzblanker Junge anschließend in seinen von Papa mitgebrachten Lieblings-Schlafanzug schlüpft, fällt mir die Szene ein, wie Jonas zu dem guten Stück kam.

Oktober 2006

Jonas (13) findet nach dem Duschen keinen frischen Schlafanzug mehr in seinem Schrank. Erst morgen ist Waschtag. »Kei Pobläm, Mama! Zieh alte an!«, und will einen gebrauchten aus dem muffigen Wäschekorb ziehen.
»Nein, Jonas! Nach dem Duschen bist du sauber und frisch. Da ziehst du keinen stinkigen Schlafanzug mehr an.« – »Dann machen?«, fragt mich mein hilfloser, großer, behaarter, nackter Sohn mit aufgerissenen Augen und hochgezogenen Schultern. Ich habe die zündende Idee: »Wir klauen einen von Papa!« Jonas ist sofort dabei und grinst bis über beide Ohren. Ich hole ein besonders schönes und neues Exemplar in Beige mit Rautenmuster aus dem Schlafzimmer und reiche es meinem Sohn. Schon beim Reinschlüpfen wird sichtbar, dass das gute Teil nicht passt: alles schlottert und hängt, Ärmel und Beine sind extrem zu lang. Ich lache: »Viiiel zu groß!«, doch Jonas ist anderer Meinung: »Quatsch, Mama! Pass päfäk. Du sags, ich große Kerl. Also: große Schlafzug! Pass mich gossen! Un basta jetz!«

Jonas spielt mit sich selbst im Bett Uno, als ich am Morgen komme. Das heißt, er spielt gegen seinen besten Freund Patrick aus der Schule, den er sich als gegenwärtig vorstellt und mit dem er auch ganz real spricht. »Mama, ich wonnen sweimal! Patrick Lierer!« – »Ja, das kann ich mir gut vorstellen. Es ist ja auch nicht einfach, gegen dich zu gewinnen!« – »Hab schon Sähne putz und fühstück. Kann Komplutaspiele jetz!« – »Was? Du hast schon Zähne geputzt? Allein?« Jonas grinst verräterisch. »Mama, glaub mi, ich swör, gib mi Schoaß, bitte, Mama!« Ich beschließe, klein bei und ihm die gewünschte Chance zu geben, obwohl ich mir ziemlich sicher bin, gerade einen handfesten

Schwindler vor mir zu haben. »So wie du grinst, hast du wieder irgendwas angestellt! Raus mit der Sprache!«, necke ich ihn, und Jonas wirft laut lachend den Kopf nach hinten. »Hab nix mach, Mama. Ich lüg nich! Glaub mir eimpfach!«, und hört nicht auf, so verräterisch zu grinsen. »Na komm, rück raus! Du veräppelst mich doch! Was hast du angestellt?« Jonas prustet laut los und guckt dann hinter sich. »Nixe dich, Heimnis!« Aber länger kann er es nun doch nicht aushalten. Hinter vorgehaltener Hand flüstert er in meine Richtung: »Hab vasteck. Guck Vohang!« Ich tue wie mir geheißen und finde hinter dem Vorhang auf dem Fensterbrett nicht nur Jonas' Zahnbürste nebst Becher und Zahnpasta, sondern auch alle anderen Badeutensilien, die einem wasserscheuen jungen Mann den Morgen verderben könnten. Typisch!

November 2004

Ich sitze neben Jonas (12) im Gottesdienst und ahne, dass sein verschmitztes Grinsen nichts Gutes verheißt. Als ich wortlos fragend die Augenbrauen hebe, flüstert mir Jonas breit grinsend ein »Nixe dich! Heimnis!« entgegen. Da Jonas aber schon immer unter einem Geheimnis etwas versteht, was man dem anderen unbedingt verraten muss und am besten auch gleich, brauche ich nicht lange zu warten, bis das Rätsel gelüftet ist. Jonas tippt immer wieder triumphierend auf seine stark ausgebeulte Hosentasche, und als ich ihm meine geöffnete Hand hinhalte, zieht er den Gegenstand heraus und legt ihn mir hinein: Es ist die Fernbedienung unseres Fernsehgerätes von zu Hause. Nun lacht Jonas laut auf, als er mein völlig verdutztes Gesicht sieht, und reibt sich wie jemand die Hände, der dem anderen einen heftigen Streich gespielt hat.

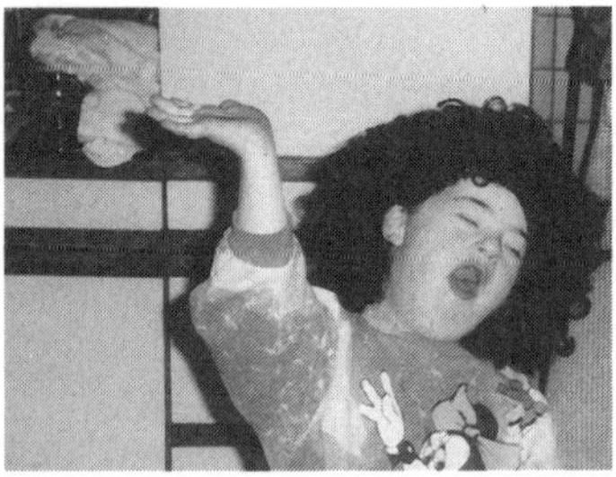

Kaum hat Jonas Gloria, dem Nilpferd, in Madagaskar geholfen, die Pepperonis zu ernten, klopft es und Professor Gerling kommt zur Tür herein, ein kleines Gerät unter dem Arm tragend. Ich habe ihn erst einmal, nämlich am Abend der OP, auf der Intensivstation gesehen.

»Frau Zachmann, ich mache jetzt ein Abschluss-Echo vom Herz Ihres Sohnes und wenn das – wie erwartet – gut ausfällt, können Sie Ihre Sachen packen und nach Hause fahren.« Ich falle fast vom Stuhl. Nach Hause? Aber wir sind doch heute vor einer Woche erst hergekommen?! Ich fasse es nicht und drücke mein Erstaunen aus. »Ja, wir handhaben das in der Regel hier im Haus so, dass die Patienten sich lieber in ihrer gewohnten Umgebung vom Eingriff erholen und nicht länger als nötig in der Klinik bleiben müssen.« Ich vermute, dass es auch etwas mit den Kosten zu tun hat, behalte diese Gedanken aber für mich und freue mich einfach nur über das unerwartete Glück.

Die Untersuchung mit dem Mini-Ultraschallgerät ergibt, dass Jonas kein Wasser in der Lunge angesammelt hat und auch sonst keine Auffälligkeiten zu sehen sind. »Ich bin sehr zufrieden mit dem OP-Ergebnis. Ich wünsche Ihnen und Ihrem Sohn weiterhin alles Gute, auf Wiedersehen!« Sprachs und war so schnell wieder draußen, wie er gekommen war. Jonas und ich schauen uns verblüfft an. »Häää? Hause?«, fragt mein Sohn, der auch kaum glauben kann, was er gehört hat. Wir stürzen uns aufs Telefon und rufen Wolfgang an. Zum Glück erwische ich ihn noch, bevor er das Haus verlässt und zu einigen Seelsorgegesprächen aufbricht. Jonas brüllt vor Freude in den Hörer: »Papa, hol mich. Schnell! Bin sund. Daaf Hause komm!« Auch Wolfgang ist völlig perplex, freut sich aber sehr. Wir vereinbaren, dass er den ersten und wichtigsten Gesprächstermin wahrnimmt, die nachfolgenden aber absagt und uns dann nach dem Mittagessen abholt. »Das geht schon in Ordnung, meine Klienten wissen ja um unsere Situation. Da haben sicher alle Verständnis.« Ich gebe noch diverse Geschenkeinkäufe für die Leute hier in Auftrag und verabschiede mich knapp, weil mir Jonas ungeduldig den Hörer aus der Hand reißt: »Papa, foh, du komms! Nich vagess mich, okay? Daaf Hause komm!«

Der Vormittag vergeht wie im Flug. Ich lasse Jonas mit seinen »Wilden Kerlen« im Ohr allein und gehe im Elternhaus meine Taschen packen, mich von Claudia verabschieden, mein Zimmer bezahlen und diverse andere Sachen regeln.

Als ich fast eine Stunde später wiederkomme, präsentiert mir Jonas eine drei Seiten umfassende Liste mit Namen und Tieren, die er aufgeschrieben hat. Jedem Menschen hat er ein Tier zugeordnet, das denselben Anfangsbuchstaben trägt. Wirklich originell!

Dann helfe ich Jonas beim Anziehen (alles ohne Murren, denn er freut sich auf zu Hause), packe seine Sachen ein und gehe ein letztes Mal mit ihm zum Mittagessen ins Spielzimmer. Auch hier fröhliches Abschiednehmen von den anderen Kindern und Müttern. Von einigen habe ich in den wenigen Tagen fast die gesamte Lebensgeschichte erfahren.

Als Wolfgang da ist, schnappt sich Jonas die Geschenke und verteilt sie großzügig im Schwesternzimmer. Patricia drückt Jonas an sich und ich sehe, wie sie sich ein paar Tränen verkneift. »Hey, mein Großer! Ich werd dich vermissen! Mach's gut und bleib so, wie du bist!« Anschließend nimmt Patricia auch mich in den Arm und verabschiedet mich mit den Worten: »Frau Zachmann, Sie haben einen klasse Jungen! So einen höflichen, fröhlichen und gut erzogenen Teenager hatten wir hier schon lange nicht mehr! Es hat richtig Spaß gemacht mit Jonas, er hat hier so viel Freude verbreitet! Ich wünschte, wir hätten mehr solch lustige, geduldige und tapfere Patienten.« Das mit dem Tapfersein habe ich ja nun schon öfter gehört, aber der höfliche und gut erzogene Teenager war mir jetzt neu …

Die Heimfahrt verläuft völlig unspektakulär: Jonas liest hinten im Wagen ein Comic-Heft, während er sich gleichzeitig von seinem MP3-Player berieseln lässt. Wolfgang und ich sitzen Händchen haltend vorn und haben so viel Gesprächs-Nachholbedarf, dass uns der Stau, in dem wir bald auf der Autobahn stehen, gar nichts ausmacht. Im Gegenteil: Ich habe das Gefühl, hier auf der Rückfahrt noch einmal eine gewisse Schonzeit zu haben, bevor der Alltag mit all seinen Anforderungen wieder auf mich einstürzt.

Die Mädchen sitzen über ihren Hausaufgaben und fallen aus allen

Wolken, als wir plötzlich im Hausflur stehen (Wolfgang hatte nichts verraten). Sie schmeißen sich uns freudig um den Hals. Bei Jonas sind sie etwas weniger stürmisch als bei mir (aus Rücksicht auf seine Wunde). Zur Feier des Tages holt Wolfgang einen Kuchen vom Bäcker und wir machen es uns rund um den Küchentisch gemütlich. Alle erzählen. Nur Jonas ist recht still. Genießt einfach, wieder mittendrin zu sein, zu Hause anzukommen.

Nachts um 23 Uhr setze ich mich an den PC und schreibe eine lange und ausführliche Mail an alle Freunde, Verwandten und Gemeindemitglieder, in der ich die Ereignisse und meine Gefühlsachterbahn der letzten Woche zusammenfasse. Daraufhin überfluten in den nächsten Tagen ungezählte Antworten meinen elektrischen Briefkasten und das Telefon steht kaum noch still. So viel geteilte Freude, ich fasse es nicht!

Bevor ich selbst ins Bett und in die erste ungestörte Nacht ohne Milchpumpe gehe, schaue ich noch zu meinem schlafenden Sohn ins Zimmer. Wir haben ihm das Kopfende seines Bettes mithilfe einiger Kissen unter der Matratze erhöht, weil er noch nicht flach liegen kann. Jonas schnarcht in vertrauter Weise und ich stehe eine Weile an seinem Bett, lausche den vertrauten Atemzügen und -aussetzern. Es dauert nicht lange, da rollen mal wieder die Tränen, und ich nehme Jonas' Hand in meine. Wie dankbar bin ich, dass ich mein Kind wieder mit nach Hause nehmen durfte, und dazu noch gesünder als je zuvor. Ich danke meinem wunderbaren Gott für dieses große Geschenk und muss selbst lachen, als ich an manche Qual der vergangenen Tage zurückdenke. Angesichts des Wunders, das ich erleben durfte, verblassen all die vielen, vielen Stunden, die ich Spielchen machend, vorlesend, malend, rätselnd, Kassette hörend, fütternd, Medizin reichend, tröstend, aufmunternd, Pipiflasche leerend, massierend und streichelnd, lachend und weinend auf diesem dämlichen Holzstuhl neben Jonas' Bett verbracht habe. Mein Rücken schmerzt inzwischen wirklich heftigst, aber egal – heute Nacht habe ich Flügel!

Zu Hause

Maren und Eliane werden 16. SECHZEHN! Erst neulich war ich doch noch schwanger mit diesem Ultra-Wahnsinns-Bauch, und vorgestern habe ich sie im Zwillingswagen durch die Gegend geschoben, vom Kindergarten abgeholt, in der Grundschule angemeldet. Und jetzt sind es nur noch ein paar Stunden und die Girlies werden 16, kaum zu glauben!

Während ich zwei verschiedene Teige für zwei Lieblings-Kuchen (schließlich sind es auch zwei Geburtstagskinder) zusammenrühre, fällt mir die Szene wieder ein, wie ich damals beim Windelkauf für meine neugeborenen »Twinsis« eine Nachbarin in der Drogerie traf, die für ihre 12-jährige Tochter bereits die ersten Binden und Tampons besorgte. Wir lachten über die groteske Situation und sie meinte salopp: »Pass auf, Doro, eh du dich versiehst, kaufst du auch Tampons, und dann kommt der Termin, den du für deine Mädchen beim Frauenarzt ausmachst. Und bald darauf kaufst du wieder Windeln für dein erstes Enkelkind und bist plötzlich Oma!«

Ja, meine Mädchen werden groß! Schön, dass ich nun doch an ihrem Geburtstag bei ihnen sein kann, denn eigentlich wähnte ich mich noch im Krankenhaus. Ich freu mich so, dass ich sie hab! Mein Superduper-Doppelgeschenk!

Äußerlich sind sie sich so ähnlich, und viele Leute, die sie nicht so gut kennen, hatten bis vor einem Jahr große Mühe, sie auseinanderzuhalten. Damals hat Elli ihre Haare dunkel getönt und Maren ihre im Gegenzug gebleicht. Nun kann sie also jeder auch schon von Weitem unterscheiden, ich finde das sehr gut so. Bei aller Ähnlichkeit sind sie aber doch in ihrem Wesen sehr verschieden.

Da Jonas so viel Raum in meinem Leben einnimmt, ist es mir wichtig geworden, mir auch immer wieder ganz bewusst Zeit für jede meiner Töchter zu nehmen. Denn sie fordern die Aufmerksamkeit nicht so ein, wie sie sie eigentlich bräuchten, haben schon von klein auf gemerkt, dass ich viel Kraft für ihren Bruder brauche, haben sich selbst zurückgenommen.

Zwillinge

Wie gut,
dass ihr euch beide habt,
das ist mir echter Trost.
Denn so gleicht ihr
einander
wenigstens stückweise aus,
was euer behinderter Bruder
euch nimmt
und was
an mir wäre,
einer jeden von euch
zu geben.

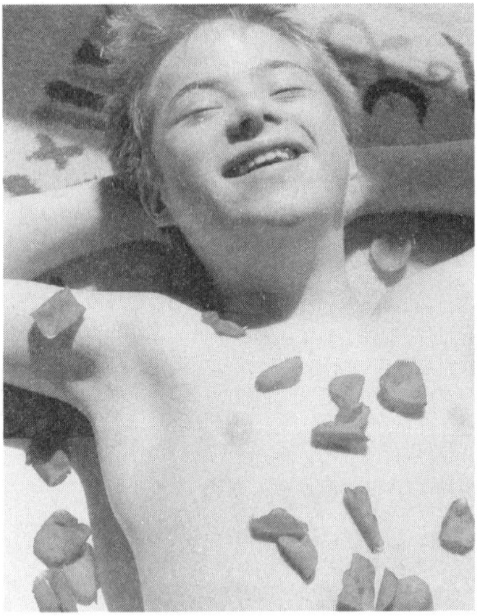

Seit Jonas auf der Welt ist, bin ich das personifizierte schlechte Gewissen. Es ist so schwer, allen Kindern gerecht zu werden, wo sie doch so unterschiedlich sind und mich auf verschiedene Weise brauchen. Jedes unserer Kinder signalisiert mir auf eine andere Art, dass es Zuspruch oder ein offenes Ohr braucht, und es bedurfte einer jahrelangen Studie, bis ich die einzelnen Zugänge gefunden hatte. Bei Jonas ist es am allereinfachsten, da er sein Herz auf der

Zunge trägt bzw. sich jedes Gefühl im Gesicht und der gesamten Körperhaltung unmissverständlich widerspiegelt. Da sehe ich sofort, dass bzw. wo es brennt. Außerdem fordert er auch meist unmissverständlich und lautstark ein, was er braucht. Bei ihm muss ich mir jedenfalls keine Gedanken darüber machen, ob er zu kurz kommt.

Maren macht es mir auch relativ leicht: Sie kommt oft einfach von sich aus, bringt mir Schokoholikerin eine Praline mit, setzt sich dann auf meinen Schoß, schmiegt sich in meine Arme oder fragt, ob ich sie mal wieder wie ein Baby tragen kann. Oder sie stürmt in mein Zimmer mit den Worten: »Mama, das muss ich dir unbedingt erzählen …«, hockt sich rittlings auf den zweiten Stuhl und nimmt mich mit in die Höhen und Tiefen ihrer Teeniewelt. Wenn sie ein Problem hat, das sie mit mir teilen will, fragt sie ganz einfach, ob ich Zeit für sie habe und mit ihr reden kann. Dann schenkt sie mir einen tiefen Einblick in ihr Herz und ihr ganzes Tochter-Vertrauen, dass ich nur so staunen kann über ihre Offenheit. Marens große Gabe, den anderen im Blick zu haben, verblüfft mich immer wieder aufs Neue. Von ihr bekomme ich häufig irgendwelche kleinen schriftlichen Liebesbotschaften zugesteckt oder Dankesbriefe aufs Kopfkissen gelegt. Großartige Schätze für eine Wortesammlerin wie mich!

Bei Katharina wird die Sache schon deutlich komplizierter. Sie rückt nicht so eindeutig und sichtbar damit raus, wenn sie etwas auf dem Herzen hat. Sie »schleicht« immer wieder und öfter um mich herum, sucht scheinbar zufällig meine Nähe. Entweder lädt sie mich ein, mit ihr eine Kleinigkeit zu essen, oder wartet, bis ich frage, ob wir zusammen eine Tasse Tee trinken sollen, und nach einer Weile entspannten Plauderns über dies und das kommt sie auf den Kern der Sache zu sprechen. Katharina ist eher der besonnene Typ, überlegt erst, bevor sie spricht oder handelt, trifft ihre Entscheidungen nicht ausschließlich mit dem Bauch. Da kann ich noch sehr viel von ihr lernen! Katha ist die Kreativste und am praktischsten Denkende von uns allen und immer eine gute Adresse für Problemlösungen oder Ratschläge aller Art. Sie drückt mir ihre Liebe immer wieder durch kleine Geschenke, aufmerksame Mitbringsel und tatkräftige Unterstützung aus. Ich kann jederzeit auf meine Große zählen und mich zu 150 % auf sie verlassen, das ist so wunderbar gut zu wissen und zu erfahren in diesem oft recht chaotischen Haus.

Am meisten Fingerspitzengefühl brauche ich für Eliane. Sie ist mir am ähnlichsten und in ihr sehe ich mich auch selbst noch einmal erwachsen werden, so viele Parallelen, meine Güte! Und sie ist genau wie ich der absolut emotionale Typ: Stets himmelhoch jauchzend oder zu Tode betrübt. Da gibt es nicht viele glattgestrichene Zwischentöne. Elli kommt von der Schule heim, setzt sich direkt neben den Herd auf die Arbeitsplatte, baumelt gleichzeitig mit

Füßen und Zöpfen, stibitzt Mozzarella aus dem Salat und sprudelt ohne Punkt und Komma, während ich das Mittagessen fertig koche. Und wenn es ihr nicht gut geht, schießt sie grußlos an mir vorbei die Treppe hoch in ihr Zimmer. Wenn ich ihr hinterhergehe mit der Frage, was denn los sei, bekomme ich in der Regel ein knappes »Nix!« zu hören und eine Tür vor der Nase zugedrückt. Ich respektiere diese Zurückweisung für einen Moment. Dann komme ich noch mal, signalisiere, dass ich für sie da bin, und muss erst noch ein »Ach, das verstehst du sowieso nicht!« schlucken. Beim dritten Anlauf, wenn ich mich zu ihr auf die Bettkante setze und sie einfach wortlos zu streicheln beginne, spüre ich, wie sie unter meinen Händen weich wird. Nun können angestaute Tränen abfließen und zurückgehaltene Worte ausgesprochen werden. Elli beschenkt mein Mutterherz vor allem durch ihr absolut ansteckendes fröhliches Wesen, ihren Esprit und originellen Charme. Das tut so gut! Und von ihrer Gabe, jedem sofort, ganz und gar verzeihen zu können, bin ich tief beeindruckt.

Mai 2000

Maren und Eliane (8) gehen recht offen mit Jonas' Behinderung um. Sie lieben ihren kleinen siebenjährigen Bruder von ganzem Herzen, schmusen und küssen viel mit ihm, können sich ganz auf ihn (und sein Spielniveau) einlassen.

Maren

Mama,
weißt du was?
Ich glaube,
der Gott
hat den Jonas
so arg lieb,
wie
ich ihn lieb hab.

Auch
wenn er
behindert ist.

Eliane

Wenn
der Joni
nicht
behindert wär',
dann
wär er
nicht so süß.

Und dann
hätt' ich
ja nur
einen
ganz normalen
Bruder.

Aber natürlich gibt es auch die andere Seite. Da fallen dann Sätze wie: »Mama, wieso muss ausgerechnet ich einen behinderten Bruder haben? Alle anderen haben doch auch normale Brüder!«, oder: »Manchmal mag ich den Jonas überhaupt nicht mehr, wenn er alles kaputtmacht und so blöd ist. Dann wünschte ich, ich hätte 'nen richtigen Bruder und nicht so einen!«
Das tut mir natürlich schrecklich weh, aber ich bin froh, dass sie ihre Gefühle äußern und nicht verdrängen oder hinunterschlucken und Jonas stattdessen hintenrum piesacken. Und ich kann es ja auch gut nachvollziehen. Außerdem nerven zuweilen alle kleinen Geschwister – ob mit oder ohne Behinderung!

August 2002

Jonas (9) ist gerade für drei Tage wieder bei meiner lieben Ingrid, die ja selbst schon das Haus voller Kinder hat. Das ist sozusagen Jonas' Ersatzfamilie. Immer wieder bieten mir Ingrid und Andreas an, Jonas für ein paar Tage zu sich zu nehmen, damit wir etwas durchatmen können ... Obwohl ich es schon hundertfach gesagt und versucht habe, mit Geschenken zum Ausdruck zu bringen, weiß ich nicht, ob ihnen wirklich klar ist, wie großartig dieses Angebot für mich ist, für uns alle hier. Nicht nur, weil Jonas mal ein paar Tage fort ist und ich ihn dort in besten Händen weiß, nein, auch weil ich spüre, dass sie Jonas wirklich lieben und ihn nicht als Belastung empfinden. Ingrid ist Heilerziehungspflegerin von Beruf und hat jahrelang mit Behinderten gearbeitet, für die ihr Herz ganz besonders schlägt. Aber neben Jonas, der dort einen festen Platz im Herzen und Familiengefüge hat, kümmert sich Ingrid noch um eine behinderte Frau, die bei ihnen in der Einliegerwohnung mit im Haus wohnt, übernimmt die Pflege der Großeltern, wenn ihre Schwiegereltern verhindert sind, hat über Mittag zwei Tageskinder und vor Kurzem hat sie sich zusammen mit ihrem Mann und den drei Töchtern dazu entschieden, Zwillingsbuben-Babys in Dauerpflege zu sich zu nehmen, die schon in mehreren Pflegefamilien waren. Ja, solche Menschen gibt es tatsächlich, mit einem Herzen, das riesengroß ist! Ich war schon zweimal dabei, als jemand Ingrid kopfschüttelnd fragte, warum sie sich das alles freiwillig »antue«, woraufhin meine Freundin ihr ansteckendes Lachen lachte und erwiderte: »Ich mach das einfach gern! Gott hat mich so reich beschenkt in meinem Leben, und diese Liebe will ich an andere weitergeben.« Hat man da noch Worte? Ja: viel mehr Ingrids braucht das Land!

Kaum zu glauben, wie entspannt hier alles ist, wenn Jonas nicht da ist, und wie sehr wir diesen Zustand alle genießen! Alles läuft ruhiger, runder, relaxter…

Gestern waren wir mit den Mädels im Kino und anschließend essen. Herrlich! Allein das entspannte Flanieren die Fußgängerzone entlang: in Ruhe sich gegenseitig Entdecktes im Schaufenster zeigen, an einem Fahrautomaten einfach ohne Diskussion und Sitzstreik vorbeilaufen, miteinander im selben Tempo in die gleiche Richtung gehen …

Solche Aktionen sind mit Jonas hyperanstrengend und deshalb fallen sie oft aus, bzw. verzichten wir von vorneherein darauf, leider! Umso mehr sind sie Perlen im Alltag, wenn sie stattfinden. Die Mädchen haben uns als Eltern gestern förmlich in sich aufgesogen – da spürten wir wieder, wie sehr sie doch im Alltag in zweiter Reihe tanzen. Gewissensbisse nagen an mir…

Nun sind wir schon wieder fast eine Woche zu Hause und es ist schön zu sehen, wie sich Jonas von Tag zu Tag mehr erholt. Nur in den ersten beiden Nächten hier hatte er heftige Hustenanfälle, in die er sich hineinsteigerte, heftig weinte, nach seinem Papa verlangte (klar, der ist jetzt dran!) und sich erst nach jeweils einer Stunde wieder so weit beruhigt hatte, dass er erneut einschlief. Seither ist Ruhe und ich hoffe, dass die Anfälle nicht wiederkommen. Weiterhin muss Jonas die Tropfen einnehmen, damit sich kein Wasser in der Lunge ansammeln kann. Ansonsten ist er aber völlig medikamentfrei. Abgesehen von der Salbe, die ich ihm täglich mehrfach in die Narben auf Brust, Hals und Bauch einmassiere.

Am dritten Tag zu Hause war ich mit Jonas mehrere Stunden allein. Als es höchste Zeit wurde, mit dem Hund rauszugehen, erlaubte ich Jonas, sich vor den Fernseher zu setzen. »Ich drehe mit Gina eine kleine Runde, bin in einer halben Stunde wieder da!« – »Ja, Mama, geh nur. Glotz ich!«

Ich genoss den Spaziergang in vollen Zügen: Die Sonne schien und es waren etwa 20 Grad. Nach diesem langen »Eingesperrtsein« im Krankenhaus war mein Körper hungrig nach Bewegung und meine Seele nach Farben, Gerüchen, Weite.

Mit nur fünf Minuten Verspätung kam ich wieder zu Hause an. Der erwartete und gewohnte Zuruf »Mama, du bis?« blieb aus. Wahrscheinlich ist Jonas eingeschlafen, dachte ich mir und ging die Treppe hoch ins Wohnzimmer. Kein Jonas weit und breit, der Bildschirm schwarz.

Ich schaute in seinem Zimmer und in allen Räumen nach, rief seinen Namen durchs ganze Haus. Das gibt es doch nicht: Ist der Kerl etwa wieder abgehauen?

Juni 1996

Nicht schon wieder!
Jonas ist verschwunden! Gerade mal drei Jahre alt, zählt Abhauen zu seinen Lieblingsbeschäftigungen. Aber doch bitte nicht hier: im Urlaub, in Frankreich, auf einem großen Fest, in einer wildfremden Stadt, am späten Abend ...
Panik breitet sich aus, fünf Augenpaare blicken hektisch suchend umher, vertraute Familien-Situation. Da, entdeckt! Ich folge meinem Söhnchen unauffällig, um herauszufinden, wie er sich nun verhalten wird, halte etwas Abstand, damit er mich nicht gleich entdeckt, wenn er sich mal umdreht. Tut er aber nicht! Er scheint sich keinerlei Gedanken über uns zu machen; kommt gar nicht auf die Idee, verloren gehen zu können. Strammen Schrittes schreitet er schnurstracks geradeaus.

Irgendwann hole ich Jonas ein und stelle ihn zur Rede. Er ist sich keinerlei Schuld bewusst und strahlt mich fröhlich an, komplett sorglos und ganz entspannt. Versteht meine Aufregung überhaupt nicht ...

Und so ist es bis heute geblieben. Ähnliche Situationen haben wir bestimmt 50-mal mit ihm erlebt. Jahrelang haben wir mit abgeschlossenen Türen und aufgerichteten Zäunen gelebt – aber Jonas hat immer wieder Mittel und Wege gefunden abzuhauen. Jedes Mal bin ich vor Angst um mein Kind fast gestorben – jedes Mal gab es ein Happy End.

Februar 2000

Gestern ist Jonas (7) mal wieder ausgebüchst und erst nach zweistündiger Suche haben wir ihn gefunden, als er gerade dabei war, durch ein Loch im Zaun in den dahinterliegenden wildfremden Garten zu kriechen: verpinkelt, ohne Schuhe, ohne Jacke (wir haben gerade mal 8 Grad draußen!) und ohne Schulranzen! Er war wie immer direkt vor unserem Haus aus seinem Schulbus ausgestiegen, brav in den Hof gelaufen und hat sich dann dort versteckt und gewartet, bis der Bus weiterfuhr. Cleveres Kerlchen! Anstelle dann die Treppen hoch ins Haus zu kommen, hat er seine Wanderschaft begonnen.
Seine Sachen wurden uns abends gebracht, er hatte sie zwei Straßen weiter ausgezogen. Und wie schon all die ungezählten vielen Male zuvor bin ich einfach nur froh, dass wir hier auf dem Dorf wohnen und nicht in der Großstadt. Nicht auszudenken, wenn Jonas dort türmen würde, wo ihn keiner kennt und er selbst keine Orientierung mehr hätte! Zwar sind wir hier im Ort bekannt wie bunte Hunde (nicht nur wegen Jonas), aber in diesem Fall ist mir das allemal lieber als die Anonymität der großen Stadt. Natürlich gibt es auch hier befahrene Straßen (und Jonas' Verkehrstauglichkeit lässt noch sehr viel zu wünschen übrig) und nicht nur nette Menschen, aber das Risiko ist doch erheblich geringer. Trotzdem: Ich sterbe jedes Mal tausend Tode, wenn Jonas ausgebüchst ist. Wie viele Leben hat eigentlich ein Mutterherz?

Ich kann es einfach nicht glauben. Ich dachte, das Thema Abhauen hätten wir endlich, endlich beerdigt. Nein, ich fürchte nicht mehr in erster Linie, dass Jonas überfahren wird, sich verläuft oder dem bösen schwarzen Mann begegnet. Meine Bedenken sind viel diffuser, da ich um seine Unberechenbarkeit weiß. Aber genau diese macht alles noch komplizierter. Ich weiß nicht, welche Idee ihn als nächste heimsucht. Setzt er sich in den nächsten Bus oder die nächste Straßenbahn nach irgendwo? Hat er sich wieder in irgendeiner Garage oder einem Hauseingang versteckt oder eingesperrt? Sitzt er irgendwo in einem der Häuser vor dem Fernseher und lässt sich mit Cola und Keksen versorgen? Schleicht er einer Katze nach ins Feld? Ist er auf dem Schulhof und wird dort wieder von den ach so coolen Jungs geärgert und angepöbelt? Ich weiß es nicht. Alles davon oder nichts kann zutreffen. Alles hatten wir schon mal. Und natürlich gibt es sicher noch neue Varianten, die Jonas meint ausprobieren zu müssen.

Jetzt ist er schon bestimmt ein halbes Jahr nicht mehr abgehauen und ich hatte schon gehofft, diese (zugegebenermaßen sehr lange) Ausbüchs-Phase habe endlich ein Ende gefunden und mein Sohn wäre wieder einen Schritt reifer geworden. Ich bin enttäuscht und schockiert. Noch mehr, als ich bei einem erneuten Blick in sein Zimmer realisiere, dass er sich noch gar nicht angezogen hat. Das gibt es doch nicht: Der Kerl ist tatsächlich in Schlafanzug und Morgenmantel unterwegs! Und außerdem ist er doch noch gar nicht fit für große Touren und aufregende Abenteuer. Sorge kriecht mir unter die Haut, eiskalter Schweiß über den Rücken. Ich überlege fieberhaft, was ich jetzt am besten tun soll, und verfluche die Tatsache, dass ich allein bin. Sonst tobt doch auch immer der Bär hier im Haus mit dem ständigen Kommen und Gehen der Rasselbande und ihrer Freunde. Warum ist denn jetzt keiner da, wo ich dringend Hilfe brauche? Ich schicke ein Stoßgebet zum Himmel.

Es gibt zwei Möglichkeiten der Flucht aus dieser Festung: entweder vorne raus zur Haustür ins Dorf zu den Menschen, Läden, Straßen und Bushaltestellen. Oder hinten raus durch den Garten ins Feld. Ein Blick in den Keller verrät mir, dass Jonas' Fahrrad noch dasteht (puh, zum Glück!), und auch sein Umhängegeldbeutel mit Behindertenausweis, der ihm als Fahrkarte dient, liegt aufgeräumt in der Schublade. Also hatte er wohl nicht vor, weit wegzugehen. Ich entschließe mich kurzerhand für die Hintertür, der Hund freut sich über den unerwarteten Zusatzspaziergang. Ich laufe mit Gina über den Friedhof und dann ins Feld, dieselbe Runde wie vorhin schon mal, aber es ist der Weg, den ich auch mit Jonas öfter gehe. Ich rufe laut nach ihm. Gebe Gina den Befehl »Such Jonas!«, aber der Hund schaut mich nur verdattert an. Mist, warum ist eigentlich noch keinem eingefallen, Gina darauf abzurichten, Jonas zu suchen. Schließlich ist der Hund ja nicht nur doof, wie er schon bewiesen hat, als Maren und Eliane ihn dressiert haben, auf Kommando »Highfive« zu geben, eine Rolle zu machen oder sich bei dem Wort »Peng!« wie erschossen auf den Rücken zu schmeißen und die Vorderpfoten anzuziehen. Sieht zum Brüllen aus, aber Sinn macht es keinen, außer dass es zur allgemeinen Erheiterung dient. Jetzt wedelt mein ach so schlauer Hund nur mit dem Schwanz und steckt seine Schnauze in Mäuselöcher. Ich laufe immer schneller. Überlege, was Jonas wohl macht, falls er just in diesem Moment wieder heimkommen sollte und ihm niemand aufmacht, weil keiner da ist. Ob er wohl auf die Idee kommt zu warten? Weiß er noch, wo der Ersatzschlüssel liegt? Liegt der überhaupt noch da, ich habe lange nicht nachgesehen. Wieder wird mir siedend heiß und meine Fantasie geht mit mir durch, was Jonas für Einfälle haben könnte. Ich rufe erneut laut nach ihm, blicke in alle Richtungen. Gina fängt an zu bellen – und rennt los. Ich höre die vertraute Baritonstimme, lange bevor ich meinen Sohn sehen kann. »Mama? Schina? Ah, bis du ja! Ändlich! Fundet! Ja, guta Schina, lieba Hund. Mag dich auch so!« Ich bin plötzlich um einige Kilo leichter ums Herz. Als ich um die Wegkurve blicken kann, sehe ich meinen Sohn, unseren vor Wiedersehensfreude schier explodierenden Hund streichelnd, auf dem Weg knien. In Schlafanzug und offenem Morgenmantel. Und in Wolfgangs quietschgelben Gummistiefeln.

»Jonas, was machst du denn hier?«, frage ich meinen Sohn und kann es nicht lassen, meiner Stimme einen heftigen Vorwurfston zu geben. »Hab such dich, Mama! Un Schina!« – »Aber warum denn? Du hast doch zu Hause Fernsehen geguckt und ich habe dir gesagt, ich bin gleich wieder da.« »Films doof, Mama! Ausmacht. Niss Bock mär glotzn. Will liba baziern gehn mit du un Schina sammen!« – »Aber du bist doch noch gar nicht fit genug für einen Spaziergang. Bist doch noch viel zu schwach dafür!« – »Oh, wuss ich nich, Mama! Tumme leid! Ja, du rech, bin kank, gell? Muss Bett gehen?« – »Nein, nicht unbedingt. Und vielleicht hast du ja recht und ein kleiner Minispaziergang tut dir ganz gut an der frischen Luft!« – »Ja, siese! Ich rech! Tut guuuut!« Ich verkneife mir ein Lachen. »Jonas, du hast mir einen Riesenschreck eingejagt!« – »Schräck? Wahum?« Jonas schaut mich völlig verständnislos an. »Na, weil du nicht zu Hause warst, als ich grad heimkam. Ich dachte, du wärst wieder mal abgehauen!« – »Nö, nich abbahaun! Such dich, Mama! Un fundet!«, verteidigt er sich stolz. Eigentlich kann ich ihm gar keinen Vorwurf machen, ist ja süß, dass er hinter Gina und mir herwollte. Damit habe ich gar nicht gerechnet, jedenfalls nicht, wo er noch so schwach auf den Beinen ist. »Aber wieso hast du dich denn nicht erst mal angezogen? Du kannst doch nicht im Schlafanzug aus dem Haus gehen, Jonas!« (Kann er doch, hat er auch schon mehrfach getan!) Mein großer Kerl schaut verdutzt an sich herunter, lächelt sein charmantes Lächeln, breitet dann die Arme entwaffnend aus und meint salopp: »Ups, Schulligung Mama! Hab vagess!«

Als wir Arm in Arm den Heimweg antreten, fragt mich Jonas: »Du sauer, Mama?« – »Nein, ich bin nicht sauer. War nur so erschrocken, als du plötzlich weg warst.« – »Aba jetz unser fundet!« – »Ja, jetzt haben wir uns wieder gefunden!«, wiederhole ich tief erleichtert und schicke ein »Dank dir!« gen Himmel.

Jaja, Jonas und Gina …

Mai 2005

Samstagmorgens (mein einziger Ausschlaftag) höre ich, noch im Bett liegend, die höchst aufgeregte Stimme meines Sohnes (12), der von einem Spaziergang mit dem Hund zurückkommt. Gina, unserer Hundedame, gilt gerade Jonas' ganzer Ärger: »Schina! Du bösa Hund! Ich saua dir! Sag Schulligung mir! Nix höre, nix horche mir! Ich sag stopp – du läufe eimpfach weiter! Bösa Hund! Ich saua dir!«

Ich schleiche mich aus dem Bett, laufe zur Glastür und spähe am Rollo vorbei auf die Szene direkt vor mir: Gina schaut mit eingezogenem Schwanz und angelegten Ohren sichtbar schuldbewusst zu ihrem wütenden Herrchen auf, das sich mit erhobenem Zeigefinger vor ihr aufgebaut hat.
»Sag Schulligung mir, okay?« Mit diesen Worten geht Jonas in die Knie und streckt Gina eine Hand entgegen. Der Hund legt seine Pfote darauf, schleckt Jonas das hingehaltene Gesicht und wedelt dabei kräftig erleichtert mit dem Schwanz. Sofort schlägt Jonas andere Töne an, seine Stimme wird versöhnlich, weicher.
»Ja, so is brav! Lieba Hund, guta Schina! Hoffe, nix böse mär! Ja, gib Pfote und gib Küssen, danke, Schina, feina Hund! Ja, mag dir auch so lieb! Mein Süßa!« Das Gestreichel und Geschlecke nimmt kein Ende.

Oktober 2006

Jonas (13) macht gerade in der Schule einen Intensivkurs in Sachen Verkehrsregeln durch. Vielleicht ist das der Hintergrund, auf dem die Idee entstand, Schilder im Haus aufzuhängen. Er bastelt und malt in seinem Zimmer auf dem Boden, dann geht er ans Werk und hängt seine Schilder auf, die alle unserer Hündin Gina gelten. Nun geht er mit dem Hund von Station zu Station und erklärt geduldig die Regeln, an die sich Gina fortan halten soll. Ich schleiche hinter den beiden her und höre belustigt zu. An der Haustür prangt ein Zettel mit einem durchgestrichenen Kreis. Jonas erklärt: »Schina, du nich mähr Ball bingen Haus! So smutzich is, bäh! Will nich Dräck habn Haus nich.« An seiner eigenen Zimmertür hängt ein Zettel, auf dem er mit ein paar Strichen sein Bett gezeichnet hat und ein undefinierbares Wesen mit Ohren, das daraufliegt. Auch dieses Bild ist durchgestrichen. »Schina, du nich darf mei Bett liegen nich! Okay? So viel Raare, igitt. Mag nich mär dein Raare mei Bett.« Und auf einem dritten Schild steht in Großbuchstaben das durchgestrichene Wort »PELE«: »Schina, du nich mär pelle, okay? Is so laut mein Ohr. Macht aua mein Ohr. Muss pellen leise, nich laut!« Ich muss schauen, dass ich schnellstens leise davonhusche, bevor es mich zerreißt vor unterdrücktem Lachen. Gina übrigens hat die ganze Zeit mit wedelndem Schwanz aufmerksam den Worten ihres Herrchens gelauscht, dankbar für die außerordentliche Zuwendung.

Meine Eltern sind vorgestern gekommen und wollen 14 Tage bleiben. Das ist schön, denn sie entlasten uns in vielerlei Hinsicht: Mutti hat das Kochen wieder übernommen, Vati macht den gesamten Einkauf und hier und da kleinere Reparaturen am und im Haus. Außerdem tragen sie sehr zu unser aller guten Laune bei und besonders Jonas genießt ihre Nähe, lässt sich von den Großeltern rundum verwöhnen. Sie machen stundenlang irgendwelche Brettspiele mit ihm. Ob ich im Alter auch mal so geduldig und ausdauernd mit meinen Enkeln spielen kann? Bewundernswert!

Heute haben wir einen schönen Ausflug an den Rhein gemacht und sind im Schneckentempo bei wunderschönem Wetter spazieren gegangen. Auf dem Rückweg hat Opa ein Eis spendiert. Urlaubsfeeling.

Am Abend sitzt Jonas oben im Wohnzimmer vor dem Fernseher. Obwohl er den Kopfhörer aufhat und der Ton abgeschaltet ist, bekommen wir alle mit, was läuft. Da Jonas ständig irgendwelche Kommentare abgibt, in lautes Lachen ausbricht oder zu schimpfen beginnt, sind wir ziemlich auf dem Laufenden – ob wir wollen oder nicht. Immer wieder ruft es von irgendwo im Haus: »Jonas, leiser!«, worauf dann ein »Uups, Schulligung« folgt, das ca. fünf Minuten Wirkung zeigt. Dann aber geht es wieder los mit »Uuuuh, nein! Schaade! Fast Tor! Ooah, kuuuul! Kanns gut schieße! Nächsmal treffs bessa, okay? Oh nein, vobei! Pech hab!« usw. Ich sitze oben in meinem Zimmer, das direkt ans Wohnzimmer grenzt, habe die Tür zu und extra Musik angemacht, damit ich nicht ständig von Jonas' Gebabbel abgelenkt bin, denn eigentlich wollte ich am Computer arbeiten. Nach einer halben Stunde gebe ich genervt auf. Der Artikel muss bis morgen Vormittag warten, wenn die Kinder wieder in der Schule sind und Ruhe im Haus ist. (Habe ich schon erwähnt, dass der Morgen meine Lieblingstageszeit ist?)

So oft fühle ich mich durch Jonas' fast ununterbrochenes Geräusche-von-sich-Geben oder Vor-sich-hin-Babbeln gestört. Dieses Kind kann einfach nicht still sein. Selbst beim Lesen flüstert und nuschelt es. Und wenn Jonas nicht mir oder jemand anderem etwas in seinem Kauderwelsch »erzählt«, führt er seine bekannten Selbstgespräche. Redet mit einem imaginären Freund oder mit seinem Patrick, den er sich einfach als gegenwärtig vorstellt. Oder er verarbeitet irgendwelche Filmszenen mit viel Puff, Zack und Peng. Egal wie – Jonas ist permanent in meinen Ohren präsent.

Osterferien 2005

Gerade heute blicke ich auf einen furchtbar anstrengenden Tag mit Jonas (12) zurück, an dessen Ende ich meiner Anke am Telefon anvertraut habe, wie schwer es mir manchmal fällt, mit ihm stundenlang zusammen zu sein, wie sehr mich sein permanentes Gequassel, seine Dauerpräsenz, sein Lautsein, sein ewiges Fragenstellen und Aufmicheinreden, seine wirklich unschönen Geräusche nerven, die er manchmal im Minutentakt von sich gibt. Wie viel Kraft es mich oft kostet, ihn bei Laune zu halten, wie schnell sein Gemütszustand kippen kann und wie viel Macht dieses Kippen dann hat, andere mit runterzuziehen, wie sehr es mich anstrengt, ihn stets im Auge zu haben, ihm mit allen Sinnen zuhören zu müssen, damit ich ihn überhaupt verstehe, da seine Aussprache, wie mir scheint, zunehmend verwaschener wird, wie wenig ich in seiner Gegenwart einfach mal abschalten kann ...

An Tagen wie diesem bin ich Rabenmutter einfach nur froh, wenn dann am Montag die Schule wieder beginnt und ich Jonas nicht mehr 24 Stunden um mich habe.

Energieressourcen

Wenn ich
mit meiner Kraft
am Ende bin,
hast du
noch nicht einmal
deine Reserven beansprucht.

Mai 2006

Was für ein blöder Tag! Ich war heute mit Jonas (13) in Stuttgart bei einer alten Schulfreundin zu Besuch. Schon die Zugfahrt mit Joni war ätzend, weil er sich nicht allein beschäftigen wollte und ich stets mit ihm spielen und Rätsel machen musste. War ja noch ganz okay, aber dann die ewige Diskussion um Jacke anziehen (es regnete, nein, es goss draußen!) und das Daueraufpassen in der großen Dinosaurier-Ausstellung, damit er mir nicht wieder ausbüchst. Die imposanten Viecher haben meinen Sohn weit weniger interessiert als die Aufzüge, mit denen er ständig drei Etagen rauf- und runterfahren wollte. Im Café machte er Theater wegen eines dritten Stücks Quiche Lorraine, das ich ihm verwehrte. Auf der Rückfahrt saßen wir mit vier Mitpassagieren, die lesen oder schlafen wollten, in einem geschlossenen Miniabteil. Jonas war die ganze Zeit über zu hören, obwohl er sich wirklich bemühte, leise zu sein. Dennoch flüsterte, grunzte, seufzte und schnorchelte er, zog ständig die Nase hoch, kommentierte alles, was er im Zug und durchs Fenster draußen beobachtete, und gab sonstige Geräusche von sich. Jedenfalls war er keine Minute einfach mal still. Und das Ganze ohne auch nur den Hauch eines Gespürs dafür, dass er allen um sich herum damit unsagbar auf die Nerven fiel!

Am Sonntag konnte ich endlich mal wieder in den Gottesdienst gehen. Jonas ist zu Hause bei meinen Eltern geblieben. Im Austauschteil bin ich nach vorne gegangen und habe von dem Wunder erzählt, das wir erlebt haben, von Jonas' geheiltem Herzen und von der wirklich guten Zeit im Krankenhaus. Tosender Beifall. Es ist so schön, wie sich alle mit uns freuen!

Enttäuschung

Warum muss nach einem Hoch eigentlich grundsätzlich ein Tief folgen? Könnte das Hoch nicht wenigstens etwas länger anhalten und dann nur ein klein wenig abflachen? Nein, die Berg-und-Tal-Fahrt ist mal wieder perfekt!

Ich war heute Morgen mit Jonas zur ersten Nachuntersuchung bei Dr. Piever in der Kinderklinik in Karlsruhe. Meine größte Sorge galt diesen mysteriösen Hustenanfällen, die allerdings nicht mehr so heftig und lang anhaltend sind wie am Anfang. Dr. Piever beruhigte mich diesbezüglich: Es ist nach wie vor kein angesammeltes Wasser auf dem Ultraschall zu sehen und er kann sich die Hustenanfälle nur mit einem allergischen Reiz auf irgendwelche Pollen erklären, von dem wir allerdings noch nie zuvor etwas bemerkt haben – merkwürdig! Aber dann kam der dicke Hammer und bestand in der Aussage des Kardiologen, dass das OP-Ergebnis maximal eine 1,5 und keine 1 sei. »Eher sogar eine zu 2 neigende 1,5.« Zitatende. Völlig verdutzt und verwirrt, enttäuscht und nahezu gekränkt fragte ich den Arzt, wie das denn sein kann, dass sich das Herz innerhalb dieser kurzen Zeitspanne schon wieder so verändert habe. Daraufhin lachte der Arzt und meinte, wirklich belustigt über meine Frage: »Nein, nein, da hat sich nichts verändert seither. Das ist einfach das Ergebnis der Operation!« Ich reiße die Augen auf. »Aber es hieß doch, es wäre ein glatter Einser!« »Ja, manchmal ist eben der Wunsch Vater des Gedanken und dann sieht man die Sachen so, wie man sie sehen will.«

Es gibt Momente im Leben, die dauern nur den Bruchteil einer Sekunde und fühlen sich so klebrig und zähflüssig an, als ob sie zu einer ganzen Stunde gezogen würden. Es dauert eine Weile, bis mein Verstand kapieren will, was die Ohren längst verstanden haben. »Sie meinen – das stimmt gar nicht mit der Eins?« Ich zögere den Satz hinaus, habe Angst, dass er wahr wird, wenn ich ihn ausspreche. »Ja, so leid es mir tut, Ihnen das sagen zu müssen!« Der Boden fängt schon wieder an zu wanken. Zum dritten Mal höre ich in dieser Klinik von diesem Arzt Dinge, die ich eigentlich nicht hören will. Also doch kein Wunder? War das alles einfach nur zu schön, um wahr zu sein? Wie oft soll ich diese Gefühlsachterbahn eigentlich noch mitmachen? Habe ich mich zu früh gefreut? Doch kein Happy End?

Als ich mich wieder einigermaßen gefangen habe, und das tue ich vor allem Jonas zuliebe, der ausnahmsweise stumm noch immer auf der Liege liegt und meinen Gesichtsausdruck sehr genau beobachtet, frage ich den Arzt: »Und jetzt? Was bedeutet das? Wie geht es weiter?« – »Nun, das wird die Zeit zeigen. Noch ist das Herz ja geschwollen und der ganze Organismus von der Operation geschwächt und belastet. Mal sehen, wie er sich erholt und wie das Herz dann weitertickt. Wir bleiben einfach auf dem Beobachtungsposten.«

Kaum aus dem Zimmer draußen, bin ich diejenige, die Fragen beantworten muss. »Mama? Häz kaputt? Oder sund?« – »Ach Jonas, ich weiß es jetzt auch nicht. Wahrscheinlich ist es einfach noch zu früh nach der Operation, um das genau beurteilen zu können. Wir müssen erst mal abwarten und in einem Monat wiederkommen. Auf jeden Fall ist dein Herz jetzt gesünder als vor der Operation!« – »Puh, Glück hab!«, fasst Jonas zusammen und hakt das Thema damit ab. »Jetz machn?« – »Jetzt? Hmm, jetzt gehen wir beide erst mal ein Eis essen auf den Schock! Was hältst du davon?« – »Eis? Joaaah, mag gern Eis! Danke, Mama, danke!«

Als ich die Angelegenheit zu Hause erzähle, sind alle zunächst genauso betroffen wie ich. Wolfgang jedoch bleibt ruhig und meint, wir sollten uns jetzt nicht unnötig sorgen, sondern abwarten. Und eine 1,5 wäre ja auch nicht schlecht, allemal besser als die 2, die wir jahrelang hatten. Ich bin dennoch unruhig und auch unzufrieden, will es einfach nicht wahrhaben. Ich werde morgen bei Dr. Schuster anrufen und ihn um einen Termin bitten, möchte noch einmal eine zweite Meinung dazu hören.

Eine Woche später sitze ich mit Jonas in der kleinen, gemütlichen Praxis von Dr. Schuster. Die Sprechstundenhilfe scherzt mit Jonas um die Wette, bietet ihm Kaugummis an. Der Arzt begrüßt uns überaus freundlich und herzlich, befragt Jonas, wie es ihm im Krankenhaus ergangen sei, unterhält sich völlig natürlich und ungezwungen mit ihm. Spontan entschließe ich mich, ab jetzt hierher zu wechseln, egal, was Dr. Schuster mir gleich zur Diagnose sagen wird. Ich fühle mich hier einfach rundum wohler als in dem großen Klinikbetrieb.

Der Arzt untersucht Jonas sehr genau, lässt sich viel Zeit für den Ultraschall und das EKG. »Ja, Frau Zachmann, tut mir leid, aber ich muss dem Kollegen recht geben. Meiner Meinung nach ist es sogar nur eine 2 und keine 1,5. Sehen Sie hier, der hohe Bogen« – er zeigt mir auf dem Ultraschallbild Wellen, Ausschläge, Messdaten etc. »Aber wie kommt es denn, dass die Aussagen so unterschiedlich sind?«, möchte ich gerne wissen. »Ja, das ist eine gute Frage. Wissen Sie, ein Stück weit bleibt es immer auch im Ermessen des Arztes, die Daten richtig auszuwerten, in Beziehung zueinander zu setzen. Das Herz ist ein pulsierendes, bewegtes Organ, und je nach Messwinkel oder Tagesverfassung kann es kleine Abweichungen geben.« – »Und jetzt?« – »Ja, ich verstehe Ihre Enttäuschung gut und ich hätte Ihnen auch gerne etwas anderes gesagt. Aber nun nehmen Sie es, wie es ist, und machen Sie das Beste draus: Jonas geht es gut, er erholt sich wunderbar, die Wunde ist gut verheilt, es gab keine Komplikationen. Der Zweier ist kein Superergebnis, aber er ist eine deutliche Verbesserung zum Zustand vor der Operation, und das hatten wir uns ja gewünscht. Jonas ist nach wie vor herzkrank, aber belastbar und recht fit. Darüber sollten Sie sich freuen!« »Ja, Sie haben recht, das ist das Wesentliche. Wie geht es denn nun weiter? Wann sollen wir wiederkommen? Ich möchte gerne zu Ihnen wechseln.« – »Oh, das freut mich aber! Jonas, dann sehen wir uns ja jetzt öfter, das finde ich klasse! Ja, dann kommen Sie bitte in vier Wochen wieder. Bis dahin alles Gute und dir, mein Lieber, weiterhin gute Besserung! Ab sofort darfst du auch wieder kurz duschen, aber bitte noch nicht baden oder schwimmen gehen, damit sich die Kruste auf deiner Narbe nicht auflöst. Und ab nächster Woche kannst du dann auch wieder in die Schule gehen.« – »Daaf Schule? Joooaah!« Jonas reibt sich vor Freude die Handflächen. Dr. Schuster lacht. »Dieser Satz begeistert die wenigsten Kinder – das ist ja schön zu sehen, dass du dich so auf die Schule freust. Was magst du denn da besonders?« – »Mei Feund Patrick!«, kommt es wie aus der Pistole geschossen! »Na, da bin ich sicher, dass sich Patrick auch riesig auf dich freut, wenn ihr euch jetzt so lange nicht gesehen habt. Du darfst auch alles

in der Schule wieder mitmachen, nur bitte noch keinen Sport! Und nicht Toben, Kicken, Klettern und Rennen auf dem Schulhof. Okay? Kann ich mich auf dich verlassen?« – »Ja, kanns lassen! Bin goße Kerl!«, brüstet sich mein Sohn und schlägt Dr. Schuster in die ausgestreckte Hand ein.

Januar 2007

Jonas beschwert sich immer öfter: »Mama, bin große Kerl! Kein kleine Kind nich mär! Bin vizzen alt!« Ja, sogar schon vierzehneinhalb Jahre alt! Dennoch klafft die Schere der körperlichen und geistigen Entwicklung immer mehr auseinander. Welcher andere Teenager zählt schon in der Straßenbahn stolz laut seine Achselhaare oder bittet den Sitznachbarn, seinen Bart zu befühlen?
Ich versuche meinen Sohn an genau diesem Punkt zu erreichen, indem ich sage: »Wenn du ein großer Kerl sein willst, musst du dich auch wie einer benehmen und ich muss mich auf dich verlassen können!«
Als ich neulich abends das Haus verließ, konnte ich mir eine letzte mütterliche Instruktion nicht verkneifen: »Und vergiss nicht, noch zu duschen!« – »Nö! Kei Lus nich duschn!«, kam die Abfuhr. »Doch Jonas, du musst heute Abend noch duschen!« — »Nö! Dusch morgn!« – »Morgen früh schaffst du das nicht mehr!« — »Oh Mann, Mama – immer du wills! Kann selba kümman mich! Bin große Kerl!«, empörte sich Jonas. »Okay, dann überleg dir, ob ein großer Kerl stinkend oder gewaschen zur Schule geht.« Jonas runzelt die Stirn, denkt nach und nickt dann. »Okay, geh dusche!« – »Ja? Kann ich mich auf dich verlassen?« – »Ja, Mama! Kanns lasse mich!« Jetzt war Rollentausch angesagt: »Wo du hin?« — »Ins Kino!« — »Film?« — »Erzähl ich dir morgen, muss jetzt dringend los!« — »Gesproche? Kann lasse dir?« – »Ja, versprochen! Kannst dich auf mich verlassen: Morgen erzähle ich dir den Film!« (Nur zur Info: Es wurde geduscht und erzählt ...)

Jonas traut sich nach der Operation nicht, allein zu duschen. Die ersten Wochen muss ich ihn vorsichtig abbrausen, während er beide Arme vor der Brust überkreuzt und Angst davor hat, den Strahl auf seine Narbe zu bekommen. Irgendwann schafft er es dann aber endlich wieder allein. Duschen ist unser lästiges Dauerthema.

Januar 2006

Ich bin mit Jonas (13) bei unserem Haus- und Kinderarzt »Doktor Charlie« (wie wir ihn seit Jahren freundschaftlich nennen) zur Jugenduntersuchung. Charlie kennt unsere Kinder von Geburt an. Ich hatte ihm am Telefon vor dem heutigen Termin erzählt, dass mangelnde Hygiene immer wieder unser Reizthema mit Jonas ist. Doktor Charlie redet meinem Sohn ins Gewissen, knöpft ihn sich so richtig von Mann zu Mann auf liebevolle Weise vor, nachdem ich vorher den Raum verlassen habe.
Am nächsten Morgen wachen wir um 5.35 Uhr auf, weil das Bad direkt an unsere Schlafzimmerwand grenzt und jedes Geräusch darin im Bett zu hören ist. Jonas duscht. Mitten in der Nacht sozusagen, denn erst in einer Stunde klingelt sein und unser Wecker. Er muss sich Doktor Charlies Worte sehr zu Herzen genommen haben ...

August 2006

Wie kriegt man diesen Kerl bloß unter Wasser? Während seine Schwestern eher zu viel als zu wenig duschen, könnte man meinen, Jonas sei regelrecht wasserscheu. Dabei liebt er das Element – aber nur in Verbindungen wie Schwimmbad, Rutsche ins Wasser, Ringetauchen, Bauchflatscher machen usw., nicht zu Reinigungszwecken. Plötzlich habe ich die rettende Idee: Eine Liste muss her! Jonas liebt doch Listen und Pläne. Also erstelle ich ihm einen Duschplan, der ab sofort in seinem Zimmer hängt. Ich habe mit ihm vereinbart, dass er an den von mir festgelegten Tagen duschen muss ohne Diskussion, aber selbst bestimmen darf, ob er das morgens, mittags oder abends macht. So kann er sein Gesicht wahren, hat eine gewisse Entscheidungsfreiheit und nicht wieder das Gefühl, nur machen zu müssen, was Mama sagt. Seit diesem glorreichen Tag ist das Thema endlich einigermaßen gegessen, wir haben weitaus weniger Zoff miteinander. Dass ich da nicht früher draufgekommen bin!

Ich hadere. Immer wieder verfolgt es mich, dass das OP-Ergebnis nicht das ist, was mir verkündet wurde und das ich für ein solches Wunder gehalten habe. Das wäre es ja auch zweifelsohne gewesen – wenn es denn gestimmt hätte. Was will Gott mir durch diese Geschichte eigentlich sagen? Warum zeigt er mir erst den Einser, tauscht

ihn dann in eine 1 bis 2, um diese dann in eine Zwei abzuschwächen? Ich habe ja gar keine Eins erwartet, habe ja nur Zwei erhofft. Und nun habe ich, was ich ursprünglich erhofft hatte, und bin dennoch unzufrieden. Das ist nicht fair. Auch Gott gegenüber nicht fair. Er hat Jonas am Leben erhalten – ist das etwa nichts? Das ist doch alles für mich! Einser, Einskommafünf oder Zweier – was soll das schon? Sind doch nur Zahlen und Werte. Aber hier geht es doch um mein Kind – und das lebt! Und es lebt gut! Zwei heißt immerhin, dass Jonas uneingeschränkt leben kann, belastbar ist, Sport machen darf. Zwei heißt aber auch, dass das Herz nie ganz in Ordnung ist, dass wir es immer im Auge behalten müssen, dass die Dichtigkeit der Klappe sich jederzeit verschlechtern kann und dann wieder Hilfe von außen braucht, sprich eine Operation. Wie auch immer – ich habe es nicht in der Hand.

Alltag

Jonas ist nun wieder in der Schule.

Da er montags zwei Stunden Sportunterricht hat, wollte ich ihn erst ab Dienstag in die Schule schicken. Aber mein Sohn hat mir einen Vogel gezeigt und mir unmissverständlich klargemacht, dass er damit nicht einverstanden ist. »Mama, pinns du? Muss Schule gehn! Alle miss mich!« Was kann ich noch dagegenhalten? Und sie haben Jonas wirklich vermisst, wie sie ihm schrieben. Kurz nachdem wir wieder zu Hause waren, kam nachgeschickte Post aus dem Krankenhaus, darunter ein dicker Umschlag mit der Handschrift von Jonas' Lehrerin, der einen lieben Brief von ihr und viele kleinere Briefchen von Jonas' Klassenkameraden enthielt, die meisten hatten auch noch ein Bild gemalt. Jonas hat sich riesig darüber gefreut.

Ja, die Schule tut ihm gut! Nicht nur jetzt, wo er so lange abwesend war.

Seit Schulbeginn vor nunmehr acht Jahren ist mein Sohn ein begeisterter und glücklicher Schüler, einer, der wirklich jeden Morgen fröhlich in den Schulbus ein- und nachmittags wieder aussteigt. So was hat die Welt noch nicht gesehen. Und was hatte ich damals doch für schreckliche Vorurteile gegenüber der Sonderschule und ein

schlechtes Gewissen, mein Kind abzuschieben, weil wir als Familie Entlastung brauchten … Heute weiß ich: Für uns war es genau die richtige Entscheidung. Und ganz besonders für Jonas, der dort am richtigen Platz ist.

Januar 2007

Diese Schule wird ihm mit seinen Möglichkeiten und Begrenzungen wirklich gerecht – und er hat dort auch viel gelernt. Jonas kann lesen, schreiben und auch ein bisschen rechnen. Vor allem überzeugt mich diese Schulform inzwischen, weil sie den ganzen Menschen sieht und weit vorausdenkt – so lernen die Kinder dort sehr viel Lebenspraktisches. Jonas hat z.B. in der Schule Radfahren, Schwimmen, Schleifebinden, Tischdecken, Einkaufen, Busfahren, Verkehrsregeln etc. gelernt. Natürlich haben wir das zu Hause auch alles mit ihm geübt, aber dadurch, dass es in der Schule so konsequent trainiert wurde, ist dann bei ihm auch der Groschen gefallen. Ich glaube, sonst wäre er heute längst nicht so weit.

Und nicht zu unterschätzen: Er hat dort seine Freunde, ist unter Kindern, die mit den gleichen Gaben beschenkt sind und mit den gleichen Problemen kämpfen müssen. Das tut ihm sehr gut und entlastet ihn davon, sich dauernd anstrengen zu müssen, nicht aufzufallen, wie alle anderen möglichst »normal« zu sein etc. Was er definitiv nicht ist, wenn er sich mit anderen Gleichaltrigen vergleicht. Das frustriert ihn, weil ihm dann ständig seine Schwächen und Grenzen vor Augen stehen.

In der Sonderschule ist es anders, denn dort erlebt er auch oft, dass er zu den »Starken und Fitten« gehört, hat Erfolgserlebnisse und lernt, an sich selbst zu glauben. Dort darf er sein, wie er ist, und genau so ist er angenommen. Dennoch halte ich es für wichtig, dass Jonas auch Kontakt zu sogenannten nichtbehinderten Gleichaltrigen hat. Deshalb war er als Kind hier im Dorf im Regelkindergarten, in der Jungschar und im Judoverein.

Alles für eine gewisse Zeit, alles rundum gute Erfahrungen. Von den entstandenen Beziehungen ist jedoch leider keine bis heute erhalten geblieben, denn die anderen Kinder entwickeln sich einfach in einem viel schnelleren Tempo weiter, und da bleibt Jonas dann nun mal leider zurück. Für ihn als Jugendlichen gibt es derzeit hier im Dorf kein Freizeitangebot. Die Jugendlichen treffen sich selbst irgendwo, lungern auf dem Schulhof oder Spielplatz herum, und die Erfahrung hat gezeigt, dass es besser ist für Jonas, wenn er sich von ihnen fernhält. Oder sie fahren mit Bus und Bahn in die Stadt, gehen ins Kino, treffen sich in der Kneipe, gehen in die Disco. Lauter Orte, die Jonas zwar kennt und mag, aber wo er nicht allein hinkommt. Auch deshalb bin ich froh um unsere Gemeinde in der Stadt, der wir seit vier Jahren angehören und die inzwischen eine große Jugendarbeit anbietet. Hier ist Jonas voll integriert, gehört selbstverständlich dazu. Auch hier erlebt er (ähnlich wie in Familie und Schule) so etwas wie Heimat und profitiert sehr viel von kontinuierlich gewachsenen liebevollen Beziehungen. Den Nachteil der vielen Fahrerei nehmen wir dafür gerne in Kauf.

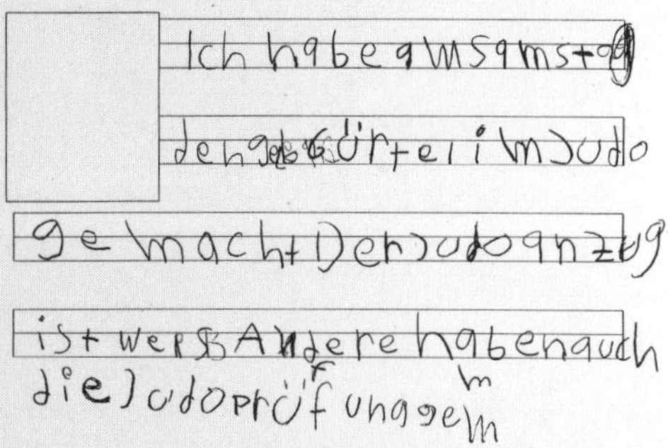

Ja, Jonas liebt seine Schule: die engagierten Lehrer, seine Freunde, den tollen und abwechslungsreichen Unterricht, die verschiedenen Projekte, Kurse, Lernstationen und Herausforderungen. Es wird immer was geboten. Es gib viel Abwechslung, aber stets innerhalb eines festen Rahmens, der Sicherheit und Struktur vermittelt.

Und weil es Jonas in der Schule so gut gefällt, sind Ferien für ihn eine echte Katastrophe, vor allem, wenn sie über eine Woche lang sind. Dann müssen wir immer sehen, dass wir eine Freizeit finden, damit er auf seine Kosten kommt und sich nicht zu Hause zu Tode langweilt. Da er sich nicht gern und lang mit sich selbst beschäftigt, wenige Freunde um sich und kaum Möglichkeiten zur Nachmittagsbeschäfti-

gung außer Haus hat, hängt er regelrecht hier herum, braucht ständige Aufmerksamkeit von uns Familienmitgliedern, will mit einem von uns »was machn« oder fernsehen bzw. Computer spielen. Ich bin froh, dass Jonas dreimal wöchentlich bis nachmittags Unterricht hat, denn sonst wäre seine Woche noch ärmer an Programm. Außer Ergotherapie, Zeit mit dem Zivi und Jungs-Treff in der Gemeinde hat Jonas im Moment keine Freizeitaktivitäten. Sonntags geht er parallel zum Gottesdienst in den Biblischen Unterricht (ähnlich dem Konfirmandenunterricht) und samstags muss er wie alle anderen Familienmitglieder beim Putzdienst zu Hause helfen. Bleiben noch viele, viele Stunden, die gefüllt sein wollen, sonst hat Jonas (und meist dann auch ich) ein Problem. Aber auch mit regelmäßigen Besuchen beim Kieferorthopäden, sonstigen Arztterminen, Friseur und wöchentlichem Großeinkauf, zu dem Jonas mich immer mal wieder begleitet, bleiben noch erhebliche

Lücken. Ich suche weiterhin nach Freizeitangeboten, an denen Jonas teilnehmen kann. Das ist nicht so einfach, denn die Voraussetzungen müssen stimmen: Es muss eine Sportgruppe oder besser eine Interessensgemeinschaft sein, die Jonas akzeptiert, so wie er ist, und bereit ist, sich auf seine Besonderheiten einzulassen, eine Gruppe, die nicht in erster Linie auf Leistung aus ist, die eine überschaubare Größe hat und möglichst in der Nähe ist, damit er den Weg allein bewältigen kann.

Seine Freunde treffen geht leider auch nicht regelmäßig, da alle – bis auf einen – nicht hier im Ort, sondern in der Nähe der Schule wohnen, die über 20 km entfernt liegt. Somit ist das gegenseitige Besuchen immer eine Sache, die geplant und organisiert sein muss, da die Kinder die Distanz nicht selbstständig überwinden können und die meisten anderen Eltern berufstätig sind und/oder keinen Führerschein haben. Das Thema »Freunde für Jonas« hat mich schon immer beschäftigt, und immer wieder habe ich mit Jonas unter seiner Einsamkeit gelitten.

Dringend gesucht

Neunjähriger,
stets zu Streichen aufgelegter Junge
mit dem Herz auf dem rechten Fleck
braucht
Gleichaltrigen
in Klingelnähe
zum Bubeln,
Quatsch machen,
Kicken,
Computer spielen,
Streiten
und sich versöhnen.
Eben einen ganz normalen
Freund.

Großer Kerl

Oft tut es mir in der Seele weh, wenn Jonas mitbekommt, wie seine Schwestern selbstverständlich kommen und gehen, ebenso deren Freunde und Freundinnen, während er selbst meist auf jemand anderen angewiesen ist, um aus dem Haus bzw. aus dem Ort zu kommen. Dabei wünscht er sich doch so sehr, endlich auch ein großer Kerl zu sein. Dazu gehören für ihn derzeit vor allem diese sechs Punkte:

- eigene Entscheidungen treffen;
- nicht mehr von uns Eltern und den Schwestern bevormundet werden;
- seinen Radius rund ums Haus erweitern;
- abends alleine zu Hause bleiben;
- tagsüber selbstständig unterwegs sein;
- alleine (warmes) Essen machen.

Seit fast drei Jahren üben wir nun also täglich, was es heißt, ein großer Kerl zu werden.

November 2003

Seit seinem sechsten Lebensjahr bringe ich Jonas (11) jeden Montag in die Jungschar der kleinen evangelischen Kapelle am Dorfeingang. Mit Begeisterung kommt er hierher und ist auch wirklich gemocht und integriert.

Auf dem Rückweg abends holt Eliane ihn ab, die in der Nähe bei einer befreundeten Familie babysittet. Heute erkläre ich Jonas, dass ich ihn abholen komme, weil Elli ausnahmsweise länger babysittet. Blöderweise verspäte ich mich etwas, und als ich in der Kapelle ankomme, ist Jonas bereits weg. Ich fahre also wieder nach Hause und hoffe, meinen Sohn unterwegs einzusammeln. Aber ich kann ihn nirgends entdecken. Zu Hause angekommen wartet auch niemand vor der Haustür, dafür klingelt das Telefon. Schnell schließe ich auf und nehme ab. Die Stimme meiner Tochter Eliane beruhigt mich: »Mama, mach dir keine Sorgen! Jonas ist hier bei mir. Er ist gekommen, um mich abzuholen. Süß, gell? Ich bin aber noch nicht fertig und wollte dich fragen, ob Jonas noch hierbleiben darf? Er spielt grad so schön mit den Kindern und ich kann dann in Ruhe das Abendessen richten. Wir essen dann noch hier und ich bringe Jonas dann später mit nach Hause, okay?« Meine Kinder werden groß…

Januar 2004

Jonas (11) kommt aus der Schule heim, lässt Jacke und Schuhe an und will gleich in die Jungschar gehen, die aber erst in einer Stunde beginnt. Ich halte Jonas noch eine Dreiviertelstunde hin, dann erlaube ich ihm wie versprochen heute zum ersten Mal alleine zu laufen. Die Strecke beträgt ca. einen Kilometer entlang der Hauptstraße, er muss zwei Nebenstraßen überqueren. Ich schreibe einen Zettel an die Betreuer mit der Bitte, mich anzurufen, wenn Jonas angekommen ist. Von Schal, Mütze und Regenschirm will Jonas partout nichts wissen an diesem regnerischen, kalten Januartag. »Mama, iss will – ni imma du wills!«, bekomme ich von meinem Vorpubertierenden zu hören. Dann geht er los. Ich warte auf den Anruf. Nichts. Rufe später selbst dort an. Nichts. Niemand nimmt ab. Mache mir Gedanken: Was ist, wenn die Jungschar ausfällt? Wie reagiert Jonas? Kommt er einfach wieder nach Hause oder nützt er den »Freigang«, um durchs Dorf zu schlendern? Ist er überhaupt in der Jungschar angekommen? Die Unruhe zwingt mich ins Auto. In der Kapelle angekommen, sehe ich meinen Sohn friedlich bastelnd zwischen allen anderen Kindern sitzen. Ich frage die Betreuer nach dem Zettel. Die wissen von nichts, denn Jonas hat ihn noch in der Hosentasche. Und ans Telefon ist keiner gegangen, weil das in einem Schrank eingeschlossen steht, zu dem so schnell keiner den passenden Schlüssel gefunden hat. Michaela, ein ebenfalls entwicklungsverzögertes Mädchen, das Jonas manchmal besuchen kommt, erzählt mir ganz stolz, dass er sie heute abgeholt habe. Ich fasse es nicht und frage mich, wie mein Sohn den Weg zu ihrem Haus allein gefunden hat, wo er nur einmal dabei war, als ich Michaela mit dem Auto heimgefahren habe. Und woher wusste er, welche Klingel er an dem Mehrfamilienhaus drücken muss, da er doch ihren Nachnamen gar nicht kennt? »Wie hast du das bloß wieder geschafft?«, frage ich mein Kind, stolz und verwirrt zugleich. »Alle Nöpfe drück, Mama!« Cleveres Kerlchen!

Beruhigt fahre ich also wieder nach Hause und bin mir nun sicher, dass Jonas den Heimweg allein genauso meistern wird. Beschämt gestehe ich mir ein, dass ich meinen Sohn mal wieder unterschätzt und ihm weitaus weniger zugetraut habe, als er wirklich kann. Als er am Abend mit zwanzig Minuten Verspätung heimkommt, antwortet er mir ganz selbstsicher auf mein Nachhaken: »Michella heimping, Mama! Is Mädsen. Is Abmd. Is dunkl. Also heimping Michella!!« Logisch! Die Dame nach Hause geleiten, so gehört es sich für einen echten Gentleman.

Juli 2005

Ständiges Üben zahlt sich aus! Seit ein paar Wochen hat Jonas (12) einen neuen Entwicklungsschritt begonnen, der ihm völlig neue Freiheitsperspektiven ermöglicht und seinen Aktionsradius deutlich vergrößert: Dienstags fährt er nun alleine mit dem Bus zum Ergotherapeuten ins Nachbardorf und zurück. Und wie stolz er ist! »Ich leine Bus faht!« Mein kleiner Großer! Immer noch ist jeder Schritt, den Jonas in Sachen Selbstständigkeit macht, ein Riesengeschenk für mich und keine Selbstverständlichkeit. Letzten Dienstag hat er jedoch lieber die Pommesbude als den Therapeuten gewählt – nun, wir arbeiten noch daran ...

Oktober 2005

Jonas (12) will unbedingt ein großer Kerl sein und dazu gehört natürlich auch das Alleinbleiben! »Mama, will leine sein. Bin große Kerl. Nich aufpassen mir. Geh fort. Papa auch!«

»Okay, Jonas, wenn du das gerne möchtest und dir zutraust, dann probieren wir es. Nächste Woche gehen Papa und ich mal einen Abend aus, wenn die Mädchen auch nicht da sind, und du darfst dann allein zu Hause bleiben. Ich bin sehr gespannt, ob das klappt!« Jonas freut sich und reibt sich vor Begeisterung die Handflächen! »Joooaahh, klapp! Bin große Kerl! Mama und Papa fort,

ich leine Hause!« Er überlegt kurz und fügt dann einschränkend hinzu: »Susammn Maren! Bessa so!«

März 2006

Es geht nicht anders, wir müssen Jonas (13) heute Abend zum ersten Mal für knapp 40 Minuten allein lassen. Wolfgang und ich müssen zu einer wichtigen Bandprobe in die Stadt fahren, Maren hat Musicalprobe im Nachbardorf, Eliane ist bei ihrer Freundin auf dem Geburtstag, Katharina ist snowboarden in der Schweiz. Als ich am Mittagstisch noch laut überlege, wie dieses Problem zu lösen sei, hat Maren die zündende Idee: »Mama, ich bin ja nicht weit weg. Gib Jonas meine Handynummer, dann kann er mich in einem Notfall anrufen. Ich gehe etwas früher aus der Probe, damit ich den früheren Bus kriege und bin dann um halb neun zu Hause.« Jonas ist begeistert. Endlich darf er auch mal allein bleiben. Aber es ist ihm auch irgendwie mulmig. Kurz bevor es Zeit ist, aus dem Haus zu gehen, schreibe ich ihm Marens Handynummer auf und er übt das Eintippen der Zahlen. Es klappt, seine Schwester meldet sich. Ich richte ihm ein großes und abwechslungsreiches Abendbrot. Meine Idee ist, dass Jonas sich mitsamt seinem Teller vor dem Fernseher niederlässt und dort mit Essen und Glotzen so abgelenkt ist, dass er nicht ängstlich registriert, allein zu sein, und dann evtl. auf dumme Gedanken kommt. Ich bläue ihm noch ein paar Regeln ein (Anruf nur im Notfall, nicht aus dem Haus gehen, nicht die Tür für

jemand Fremdes öffnen, nicht den Herd oder Backofen einschalten, keine Kerzen anmachen ...). Jonas nickt brav alle Punkte ab. Also fahren wir los, auch mein sonst so ausgeglichener Mann ist unruhig bei dem Gedanken, Jonas allein zu lassen. Wir wissen eben beide um seine Unberechenbarkeit, seine kreativen Unfugsgedanken und seine Cleverness. Aber irgendwann müssen wir doch auch mal damit anfangen. Immerhin ist Jonas nun schon 13 Jahre alt ... Als wir die Bandprobe kurz unterbrechen, halte ich es nicht mehr aus und rufe zu Hause an. Maren geht an den Apparat. Ich atme auf. »Mama, alles okay. Jonas ist jetzt im Bett. Es hat alles gut geklappt.« Am nächsten Morgen erzählt Maren uns Einzelheiten: Jonas hat insgesamt dreimal auf ihrem Handy angerufen. Der erste »Notfall« bestand darin, dass unsere Hündin Gina die Wurst von Jonas' Brot geklaut hatte und er nun ganz traurig war. Marens genialer Rat »Geh an den Kühlschrank und hol dir eine neue Scheibe Wurst!« hat geholfen. Der zweite Notfall war ein plötzlicher Anfall von Kopfschmerzen. Ich bin überzeugt davon, dass Jonas keine Schmerzen hatte, aber einen Grund suchte, erneut Kontakt zur Außenwelt aufnehmen zu können. Maren riet ihm, einen feuchten Waschlappen auf die Stirn zu legen und den Film zu Ende zu gucken. Auch das half wunderbar. Und der dritte Notruf war das Nachfragen: »Maren, du komms du?« — »Ja, Jonas, ich komme jetzt gleich heim. Sitze schon im Bus und bin in fünf Minuten bei dir.« Am nächsten Morgen lobten wir Jonas sehr für sein vorbildliches Verhalten. »Ja, bin jetz große Kerl!«

April 2005

Wolfgang arbeitet im Garten, die Mädchen haben je eine Freundin zu Besuch und sich in ihre Zimmer zurückgezogen, Jonas (12) sitzt an seinem PC und spielt »Ronja Räubertochter«. Ich frage ihn, ob er mit mir einkaufen fahren will, was er verneint. Also mache ich mich mit dem Auto allein auf den Weg zum Aldi im Nachbardorf, um den obligatorischen wöchentlichen Großeinkauf zu bewerkstelligen. Etwa eine Dreiviertelstunde später, als ich bereits einen prall gefüllten Wagen vor mir herschiebe, brummt eine vertraute Simme hinter mir: »Ah, hier du bis, Mama!« Erschrocken drehe ich mich um. »Jonas!? Was machst du denn hier?« – »Such dich!« — »Aber – wie bist du denn hierhergekommen? Mit dem Bus?« – »Nein. Rad faht.« Ich erschrecke noch mehr. »Was? Du bist mit dem Rad die ganzen drei Kilometer hierhergefahren? Ganz allein?« Ich schaue

suchend um mich, hoffe, Wolfgang oder eine meiner Töchter zu sehen, damit der Schreck kleiner wird. »Ganz lein!«, verkündet mein Sohn. »Und hab abschloss!« Jonas schaut sich links und rechts um und flüstert mir dann verschwörerisch hinter vorgehaltener Hand seine Geheimzahl für das Fahrradschloss ins Ohr: »Swei, vier, swei, vier!« Ich bin wirklich perplex. Und beschämt. Jonas hat mich schon öfter gefragt, ob er mit dem Rad allein ins Nachbardorf fahren darf, und ich habe es ihm bisher immer verboten, weil ich es ihm einfach nicht zugetraut habe. Nicht der Entfernung wegen, ich weiß ja von gemeinsamen Radtouren, dass er weitaus mehr als nur drei Kilometer schafft. Aber dass er allein fahren würde, ob er am Ziel ankommen, die Verkehrsregeln einhalten, sich orientieren und auch zurückfinden würde, das alles machte mir Sorgen. Dabei weiß ich schon lange, dass Jonas einen unglaublich guten Orientierungssinn hat und sich auch gut Wege merken kann.
Als der Einkauf erledigt und die Waren im Kofferraum verstaut sind, will Jonas, dass ich sein Rad ebenfalls ins Auto einlade. »Nein, das geht nicht! Wie du siehst, ist kein Platz mehr dafür. Du musst jetzt auch wieder mit dem Rad allein heimfahren.« Und so strampelt mein Sohn wie ein Wilder, während ich mit dem Auto hinter ihm herschnecke, das hat er sich so gewünscht. (Es war auch eine gute Gelegenheit, sein Verhalten im Verkehr zu beobachten. Jonas wackelt zwar unglaublich auf seinem Fahrrad herum, aber er ist erstaunlich verkehrstauglich. Jahrelanges Üben und Praktizieren auch in der Schule machen sich bezahlt!) Zu Hause ist anscheinend die Zeit stehen geblieben, jedenfalls ist alles wie bei meiner Abfahrt und keiner hat Jonas' Abwesenheit überhaupt bemerkt. Was in diesem Fall auch gut ist, denn ich glaube, Wolfgang hätte überall gesucht, nur nicht im Aldi. Seit diesem Tag darf Jonas nun regelmäßig allein Rad fahren und auch ins Nachbardorf zu seinem Ergotherapeuten. Wieder einmal hat uns Jonas mit radikalem Einsatz gezeigt, dass er reif für den nächsten Entwicklungsschritt ist. Wie oft ich mein Kind doch tatsächlich unterschätze …

November 2006

Ein kalter und bereits dunkler Novembernachmittag. Jonas (14) sitzt vor der Glotze. Ich sage ihm, dass er sich jetzt fertig machen muss, um mit dem Bus zum Ergotherapeuten im Nachbarort zu fahren. Ich wundere mich noch, dass mein Pubertierender ohne Widerspruch sofort reagiert und den Fernseher ausschaltet. Er läuft die

Treppe runter, ruft kurz drauf »Tschüss Mama!« und ich höre die Haustür ins Schloss fallen. Mache mir keine weiteren Gedanken und nehme mir den nächsten Stapel dreckige Wäsche zur Brust. Als ich meinem Helden zwei Stunden später die Tür öffne, grinst er mich triumphierend an: »Rad faht!« Sofort wird mir klar, was das bedeutet: Ohne Licht, ohne Helm, ohne Jacke und ohne Fahrradschlüssel ist Jonas die drei Kilometer zur Praxis und zurück gefahren. Ich schimpfe mit ihm, halte eine Moralpredigt über Jackentragen im Winter, Helmpflicht und die Gefahr, ohne Licht von Autofahrern übersehen zu werden. Als ich auf den letzten Punkt mit dem Abschließen zu sprechen komme, hakt er ein und verteidigt sich energisch: »Hab Rad mit. Haus rein. Teppe hoch. Rad schwär, aba Fau mi häf. Nich Klauen nich. Rad da. Guck, Mama!«, und zieht mich zur Garage, in der sein Drahtesel aufgeräumt steht.

Aber mit dem Großer-Kerl-Sein ist es so eine Sache … nicht immer sind wir uns da einig und haben gewisse Definitionsschwierigkeiten:

Dezember 2006

Ich laufe mit Jonas (14) zur Zahnärztin bei uns im Dorf. Plötzlich spuckt Jonas in hohem Bogen und recht geräuschvoll mitten vor uns auf den Gehweg. Ich schaue ihn entsetzt an und sage angewidert: »Hey, was soll das denn? Das ist ja eklig! Das machst du aber bitte nicht noch einmal!«
»Doch! Mama, Jungs mach so!«
»Jonas, Rumspucken ist obereklig! Ich will nicht, dass du das machst!« – »Aba Mama, bin große Kerl! Un große Kerl mach so! Also, kann nix für!«, versucht sich mein Sohn mit unschuldigem Schulterzucken aus der Affäre zu ziehen.

Die Zeit geht ins Land, der Alltag ist wieder da. Von der Herz-OP ist eigentlich nichts mehr zu spüren, abgesehen von Geschichten wie dieser:

Ich bitte Jonas, die Spülmaschine auszuräumen, woraufhin er sich auf die Brust schlägt, eine gekonnte Leidensmiene aufsetzt und stöhnt: »Oh, mei Häz!« Für eine Sekunde bin ich verdutzt, und Jonas hat erreicht, was er wollte. »Schärz, Mama! Ätsch, reingäppel!«, juchzt mein Herz-Scherzkeks vor Vergnügen.

Jonas geht es sehr gut und die zweite Nachuntersuchung bei Dr. Schuster hat nichts Neues ergeben. Der Arzt hat noch einmal den Zweier bestätigt, mit dem wir inzwischen unseren Frieden gemacht haben. Jonas darf nun auch wieder Sport machen, und auch sonst gibt es keinerlei Einschränkungen mehr. Endlich lasse ich ihn auch wieder zu seinem geliebten Jungs-Treff in der Gemeinde gehen, wo fast jedes Mal Fußball gespielt, auf jeden Fall aber immer getobt wird. Jonas' Welt ist also wieder ganz in Ordnung!

Vor Kurzem habe ich Fotos auf dem PC sortiert und als Jonas zu mir ins Zimmer kam, war gerade ein Bild von der Intensivstation zu sehen. Jonas betrachtete sich selbst, verzog mitfühlend das Gesicht, streichelte über den Bildschirm und sagte immer wieder: »Oh, ama Jonas! Ama Jonas!« – »Kannst du dich noch daran erinnern?«, frage ich. »Klaa Mama! Hab Nabe hia, guck!« Und schiebt sein T-Shirt hoch, damit ich den Beweis sehen und mich auch noch einmal erin-

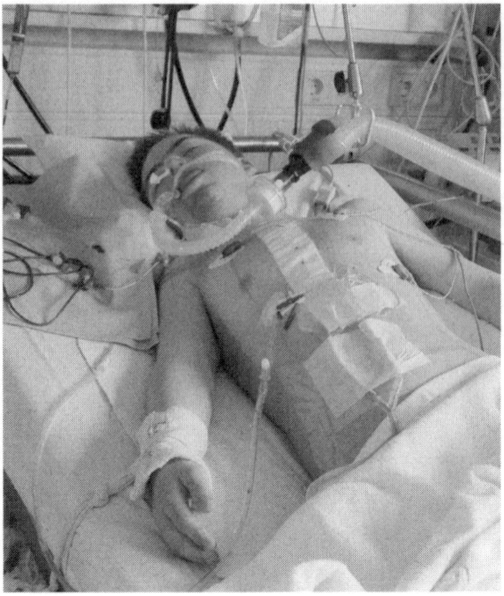

nern kann. »Ama Jonas! Aba tapfa, gell Mama?« – »Ja, du hast das wirklich erstaunlich gut gemacht! Ich wäre kein solcher Held gewesen wie du!« Jonas strahlt stolz! »Krieg Bild?«, fragt er und ich drucke es ihm aus. Die folgenden Tage hat er es immer bei sich und zeigt es überall herum. Er badet sich regelrecht im Mitgefühl der anderen und kassiert viel Lob für seine Tapferkeit.

Inzwischen ist es Mai geworden und wir »feiern« Katharinas 22. Geburtstag übers Internet. Ich vermisse meine Große! Freue mich aber, dass es ihr so gut geht. Ihr Praktikum in zwei verschiedenen Hotels in Cordoba läuft gut und in den Sommerferien fliegt Petra, Katharinas Mutter, zu ihr nach Argentinien, um fünf Wochen mit der Tochter zusammen Land und Leute kennenzulernen. Katharina hat extra für Jonas eine Präsentation mit Fotos und lustigen Texten erstellt, um ihm zu zeigen, wo sie jetzt ist, was sie dort macht und wie sie da lebt. Sehr gern schaut er sich die Präsentation auf dem Computer an, und kaum ist sie abgelaufen, klatscht er in die Hände, ruft »Nomma!« und klickt erneut auf Start. »Katha kommses wieda! Bald! Mi Buatstag!« Dass seine Schwester zu seinem Geburtstag im September wieder da ist, davon ist Jonas felsenfest überzeugt. Vorsichtig versuche ich ihm immer mal wieder zu sagen, dass das vielleicht nicht hinhaut, weil Katharina noch überlegt, ein anderes Praktikum in Ecuador oder den USA anzuhängen. Aber davon will Jonas nichts hören. Sobald ich davon anfange, wischt er meine Worte mit einer Handbewegung weg. »Katha kommses mi Buatstag un basta jetz, Mama Doro!«

Wenn er »Mama Doro« zu mir sagt, dann meint er die Sache superernst und versteht gar keinen Spaß! Ich widerspreche lieber nicht mehr.

Juni 2000

Jonas (7) und ich verbrachten mit meiner Freundin Ingrid und ihren drei Töchtern ein paar Ferientage im Schwarzwald. (Nur nebenbei: Jonas hat dort in der Ferienwohnung ordentliche Spuren hinterlassen: fünf große Löcher in den Wohnzimmer-PVC-Boden gebügelt und zwei Tapeten im Kinderzimmer angemalt – zum Glück haben wir eine gute Haftpflichtversicherung!) Als Jonas am dritten Tag bemerkte, dass die anderen Kinder alle »Doro« zu mir sagen, übernahm er das und sprach mich dann auch nur noch mit meinem Vornamen an. Neulich jedoch hat er sich versehentlich »versprochen« und sich prompt dafür entschuldigt: »Mama – äh, Gulgung, Doro.« Seit wir wieder zu Hause sind, heiße ich nun (zur Belustigung aller) »Mama Doro,« und wenn es ganz dicke kommt und Jonas sauer auf mich ist, steigert er meinen Namen in ein empörtes »Mama Doro Zappmann!«. Ich könnt mich wegschmeißen!

Wir sind nach langer Pause mal wieder beim Kieferorthopäden. Nach der Untersuchung schüttelt Dr. Walz den Kopf und meint zu mir gewandt: »Also, ich bin mit meinem Latein bei Ihrem Sohn nun am Ende. Wir haben jetzt alle orthopädischen Maßnahmen ausgeschöpft, da kann man jetzt nichts mehr machen. Nun hilft nur noch eine Operation.« Jonas reißt bei diesem Wort den Mund auf. »Opazon? Ohne mich! Nein, nich machn!«, und schlägt sich schützend die Hand vor den Mund. Ich komme ihm zur Hilfe: »Wir haben gerade die Herzoperation überstanden. Das muss jetzt erst mal verdaut und verarbeitet werden. Jonas kann jetzt keine erneute Operation gebrauchen, wenn sie nicht unbedingt sein muss.« – »Nein, nein! Wer redet denn von jetzt? Das kann erst gemacht werden, wenn der Kiefer ausgewachsen ist, also in ein bis zwei, vielleicht sogar erst drei Jahren.« Ich atme erleichtert auf. Aber Jonas ist immer noch wie vor den Kopf geschlagen. Ich sehe, wie er bleich wird und seine Unterlippe zu zittern beginnt. »Jonas, hörst du? Du musst jetzt nicht operiert werden! Vielleicht später einmal, aber das dauert noch lange und ist ja auch noch gar nicht sicher. Das müssen wir erst mal noch sehen.« Doch Jonas ist nun voller Angst, und schon laufen die ersten Tränen über sein Gesicht. »Nein, Mama, wills nich! Imma schneide, schneide! Hia un hia un hia.« Jonas fährt mit der Handkante als imaginäres Messer über die

Stellen an seinem Körper, wo er große Narben hat: am Fuß, am Kinn, auf der Brust. Genau genommen sind nur die Brustnarben durch OPs entstanden, das andere sind genähte Platz- und Schnittwunden. »Wills nich mär! Wills nich mär! Mama, häf mia bitte! Bittäää!« Und Jonas wirft sich in meine Arme, schluchzt herzzerreißend. Dr. Walz und die dabeistehende Assistentin werfen mir hilflose Blicke zu, wissen nicht, was sie sagen oder tun sollen. Niemand sagt etwas, nur Jonas' Schluchzen und mein »Ist ja gut, schon gut!« sind zu hören, als ich ihm über den Kopf streichle. Wenn Jonas leidet, leide ich extrem mit. Das ist bei allen unseren Kindern so. Wenn sie Herzschmerz haben und mir davon erzählen, muss ich jedes Mal gegen meine eigenen Tränen ankämpfen und verliere meist. So heulen wir dann zusammen. Ich reiße mich heftigst zusammen, will hier nicht zerfließen, gebe Jonas ein Taschentuch, damit ist er erst einmal beschäftigt und abgelenkt, verabschiede mich von Dr. Walz mit den Worten: »Also, wie Sie sehen, ist das gerade ein schwieriges Thema. Jetzt lassen wir erst mal eine gewisse Zeit verstreichen, dann melde ich mich wieder und komme zusammen mit meinem Mann zu einem Beratungsgespräch.« Ich hake meinen immer noch weinenden Sohn unter, der sich an mich lehnt und herausführen lässt, als hätte er gerade eine schwere Behandlung hinter sich. Das hat ihn tatsächlich richtig umgehauen! Mir wird angst und bange bei dem Gedanken, dass uns mit Jonas vielleicht doch noch eine oder mehrere größere Operationen bevorstehen könnten und er dann nicht mehr so gelassen und angstfrei der Sache entgegensehen kann wie jetzt bei der Herz-OP. Nun weiß er, was die Worte Krankenhaus, Schmerzen, Narkose etc. bedeuten. »Geh nich mär Azt, Mama! Geh liba annere Azt!« Ja, manchmal ist Flucht auch eine Lösung …

Es dauert nur bis zum nächsten Bäcker und der ausgesuchten Pizzaschnitte, bis Jonas sich wieder beruhigt und die Sache abgehakt hat. In mir bleibt ein mulmiges Gefühl zurück und ich beneide mein Kind mal wieder um seine Fähigkeit, Kummer gänzlich abschalten zu können – oder ist es die Unfähigkeit, sich seiner Angst wirklich zu stellen? Wie auch immer, es ist gut so!

Übrigens: Jonas ist letzte Woche zum allerersten Mal einen Abend lang ganz allein zu Hause geblieben und ins Bett gegangen – und es hat, wie es aussieht, alles bestens geklappt! Ich hatte ihm einen Plan aufgeschrieben, regelrecht eine Liste mit Regeln, Verboten und Aufforderungen, mit Anleitungen Schritt für Schritt. Listen, die liebt er ja! Schriftliche Anweisungen, die es zu befolgen gilt, funktionieren bei ihm immer. Hatte ihm außerdem eine Uhr aufgemalt, deren Zeiger auf halb zehn standen: Bettgehzeit. Natürlich standen auch besondere »Erlaubungen« drauf, z.B. Essen vor dem Fernseher! Er hatte sich extra am Nachmittag beim Einkauf eine Tiefkühlpizza aussuchen dürfen. Das Abräumen des Geschirrs hatte ich vergessen aufzuschreiben – entsprechend stand bei unserer Rückkehr nachts noch alles rum …

Während die Pizza im Ofen brutzelte und ich mich im Bad fertig machte, holte sich Jonas Papier und Stift und schrieb sich noch eine eigene Liste, sozusagen mit den wesentlichen Punkten. Als er sie mir stolz präsentierte, musste ich einen herzhaften Brüller unterdrücken. In seiner ihm eigenen Schriftsprache standen dort folgende Punkte:

1. Hemd ausziehen, sonst gibt es von der Pizza Flecken! (Wie kommt er denn auf die geniale Idee?)
2. Nicht den Herd anfassen
3. Nicht Gina ärgern
4. Nicht Luna ärgern
5. halb zehn ins Bett
6. Gut schlafen

Ich bin so stolz auf mein Kind! Endlich – mit 14 Jahren – haben wir diese Hürde genommen. Wieder ein Schritt mehr in Richtung Selbstständigkeit …

Ich hatte Joni meine Handynummer aufgeschrieben und zwei Mal hat er während meiner Theaterprobe angerufen. Das erste Mal, 30 Minuten nachdem ich weg war, wollte er wissen, ob er an meinem Laptop spielen dürfe. Ich verneinte und als er fragte, wieso nicht, sagte ich ihm zum hundertsten Mal, dass ich nicht möchte, dass er allein an meinem neuen Laptop spielt, weil ich Angst habe, dass er mir, wie es schon vorgekommen ist, versehentlich etwas löscht oder das System abstürzen lässt. »Aba Mama! Has nich schreibt! Steht nich da!«, hielt er mir als sinniges Argument entgegen. Stimmt – muss die Liste also noch um den Punkt PC-Verbot ergänzen. Der zweite Anruf erfolgte

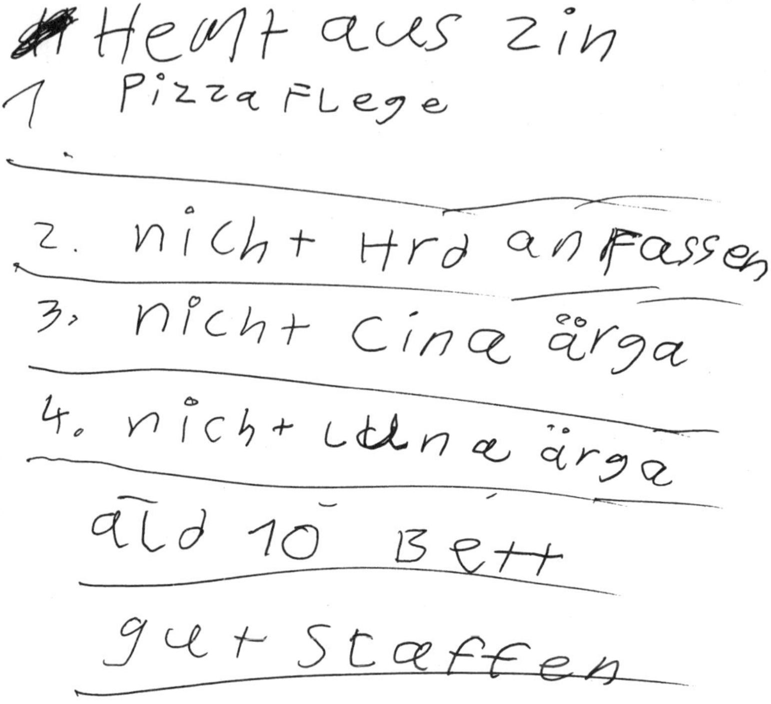
Hemt aus zin
1 Pizza Flege
2. nicht Hrd anfassen
3. nicht Cina ärga
4. nicht [illegible] ärga
ald 10 Bett
gut Staffen

nach ca. 1,5 Stunden. »Mama, bist du?« – »Ich bin noch in der Theaterprobe. Alles okay bei dir?« – »Ja, okay. Du komms du?« – »Ich komme um zehn Uhr heim, also eine halbe Stunde, nachdem du ins Bett gegangen bist. Dann schläfst du schon.« – »Komms mia Bett?« – »Ja, ich komm dann noch mal an dein Bett!« – »Oh gut, Mama! Du komms du! Baas de Tater dir (= viel Spaß noch beim Theaterspielen)! Aba mach nich putt nich!«, und legte auf. Ich musste schallend lachen.

September 2006

Gestern haben wir als Gemeinde unser 15-jähriges Bestehen gefeiert. Es war ein großer und gut besuchter Festtag mit einem wunderschönen Dankgottesdienst, viel Programm, einer Rückschau, Riesenbüffet und anderen Highlights. Darunter gab es auch einen Videoclip der Theatergruppe, der einige Schlüsselszenen aus unterschiedlichen Stücken zeigte. Eine davon war der heftige Streit eines

Ehepaars, der damit endete, dass die Frau vor Wut eine kostbare Porzellan-Sammeltasse ihres Mannes auf dem Boden zerschmetterte. Die Frau war ich und als mein Sohn, der – wie eigentlich immer – ganz vorne in der ersten Reihe saß, die Szene auf der Leinwand sah, stand er entsetzt und zutiefst entrüstet auf, drehte sich um und schrie mir über die Köpfe von ca. vierhundert Zuschauern hinweg ein fassungsloses »Mama! Nich putt mach!« entgegen. Der Saal brüllte.

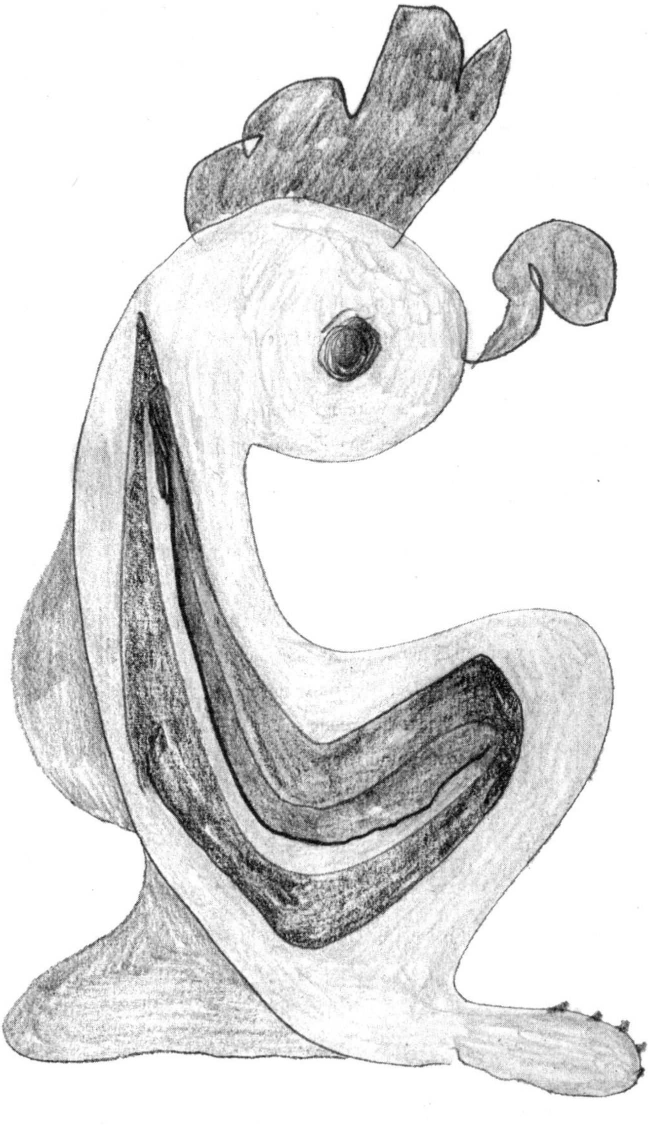

Rückschlag

Der Juli ist da und wir müssen mal wieder zu Dr. Schuster zur Kontrolle des Herzens nach der Operation. Ich mache mir im Vorfeld keine Gedanken, habe Frieden geschlossen mit dem Zweier, sitze ganz relaxt mit Jonas, der Harry Potter liest, im Wartezimmer. Der Arzt bittet uns herein, begrüßt Jonas wie einen alten Kumpel und plaudert freundschaftlich mit ihm.

»Jonas, was willst du eigentlich mal machen, wenn du groß bist? Weißt du das schon?« Jonas legt die Stirn in große Falten, zieht die Schultern bis zu den Ohren und schaut mich mit großen Augen fragend an. »Groß bin? Bin große Kerl, oda, Mama?« – »Ja, das bist du. Aber Dr. Schuster meint, was du wohl machen willst, wenn du erwachsen bist«, dolmetsche ich. »Ah, waxen bin. Auto fahn!«, kommt es wie aus der Pistole geschossen, und ich zucke zusammen.

Mai 2007

Wir sitzen im Auto und fahren in die Stadt. »Mama, bin vizzen. Wenn achsen bin waxen, gell?«, will Jonas wissen. »Ja, mit achtzehn bist du dann erwachsen«, stimme ich zu. »Dann Auto fahn! Ääändlich!«

Oh je. Schon einige Male habe ich meinem Sohn versucht zu sagen, dass das wohl kaum möglich sein wird. Ich glaube, es gibt keinen Menschen mit Down-Syndrom, der Auto fährt. In Amerika vielleicht, aber bestimmt nicht in Deutschland. Dabei weiß ich nicht mal, wieso eigentlich, denn ich halte es durchaus nicht für ausgeschlossen. Mir graut vor dem Tag, an dem dieser Traum platzen wird. Genauso wie das Heiraten. Er wünscht sich nämlich »sehr arg mei

Fau«. In seiner Fantasie hat er sie auch schon alle »durchgeheiratet«: sämtliche Schwestern, Erzieherinnen, Lehrerinnen, Betreuerinnen ... Ich glaube, er hat kaum eine nicht mit einem Antrag behelligt. Und bekommt jedes Mal eine lachende Absage. Noch lacht er selber mit. Aber was, wenn Jonas ernsthaft auf der Suche nach einer Freundin ist und diese nicht unter »seinesgleichen« sucht? Wie viele Körbe er wohl noch einstecken muss in seinem Leben? Und ein anderer großer Traum von ihm ist das Ausziehen: »Ich un Patrick sammen Haus!« Das könnte noch am ehesten klappen, wenn das »Haus« in irgendeiner Weise betreut wird.
Und ich? Was habe ich für Träume und Wünsche für meinen Sohn? In erster Linie wünsche ich ihm, dass er in einem betreuten, liebevollen Rahmen leben kann, vielleicht in einer kleinen Wohngruppe mit anderen besonderen Menschen seines Alters zusammen oder tatsächlich mit einer Partnerin, warum nicht?

Gedankengang

Ob du jemals
so entwickelt und gereift
sein wirst,
dass du selbstständig leben kannst?

Ich wünsche es
für uns beide.

Wenn
die Zeit gekommen ist,
werde ich dich loslassen
und nicht bei mir halten,
denn auch du
sollst deinen Weg gehen
und mir den meinen lassen.

Ich glaube,
nur indem wir uns einst trennen,
können wir miteinander
auf immer
in Liebe vereint bleiben.

Außerdem wünsche ich meinem Sohn als Betreuer solche Menschen wie Ingrid, die die Sprache des Herzens sprechen und viel Humor besitzen. Das braucht er, um nicht wie eine ungegossene Pflanze einzugehen. Ich wünsche ihm Freunde, einen nie abreißenden Liebesdraht zu seinen Schwestern und Eltern und allen Verwandten. Und natürlich eine Aufgabe, eine Arbeit, die ihm Spaß macht und ihn erfüllt. Spontan denke ich dabei an irgendeine Tätigkeit in der Gastronomie oder einer Großküche. Das könnte ich mir bei Jonas gut vorstellen.
Und ich wünsche mir, dass er gesundheitlich möglichst lange fit bleibt und nicht noch einmal am Herzen operiert werden muss. Aber die Chancen stehen ja jetzt gut!

Wie die Male zuvor untersucht Dr. Schuster mein Kind sehr sorgfältig, zeigt und erklärt, was er tut. Jonas ist ganz aufmerksam dabei. Als das EKG fertig geschrieben ist und Dr. Schuster zum Ultraschall ansetzt, dauert es nicht lange, bis mein Sohn anfängt zu schnarchen. Er ist tatsächlich wieder eingeschlafen bei dieser Extraportion Zärtlichkeit und Aufmerksamkeit! Der Arzt zeigt sich höchst amüsiert darüber. Dann konzentriert er sich ganz auf das Bild vor ihm auf dem Monitor und bald meine ich, eine leichte Beunruhigung auf seinem Gesicht zu sehen.

»Ist alles in Ordnung?«, frage ich besorgt. »Hhm, ich bin mir noch nicht sicher. Moment, lassen Sie mich noch einen anderen Winkel ausprobieren, dann kann ich Ihnen mehr sagen.« Ich halte die Luft an.

Glücksfee oder Hiobsbote, zu welcher Kategorie gehört wohl Dr. Schuster gerade? Die Luft im Raum vibriert regelrecht von der Spannung, die plötzlich da ist. Es sind meist nur ein paar Worte, aber sie können das Leben grundlegend verändern, das habe ich nun schon so oft erlebt: »Willst du mich heiraten?« – »Sie sind schwanger!« – »Ich sehe zwei Fruchtblasen: Sie bekommen Zwillinge!« – »Die Babys überleben keine normale Geburt, wir müssen einen Kaiserschnitt machen!« – »Die beiden hier – das sind unsere Töchter!« – »Glückwunsch, Sie sind wieder schwanger!« – »Ihr Kind hat Down-Syndrom, das ist eine geistige Behinderung« – »Ihr Sohn hat ein missgebildetes Herz!« – »Wenn Jonas nicht in den nächsten Wochen operiert wird, bleibt ihm kein halbes Jahr Lebenszeit mehr.« …

Dr. Schuster seufzt, dreht sich zu mir um. »Es tut mir leid, aber wir können den Zweier nicht halten. Die Klappe ist wieder undichter geworden. Es ist jetzt eine knappe Zwei bis Drei.« – »Zwei bis Drei?«, wiederhole ich ungläubig und bin geschockt. »Ja, tut mir leid!« – »Aber das hatten wir doch auch vor der Operation. Ich meine, deshalb wurde Jonas doch überhaupt operiert!« – »Ja, ich weiß …« Dr. Schuster lässt mir Zeit. Meine Gedanken rasen. Ich kämpfe mit der Wut, mit Tränen der Enttäuschung und spreche den Satz aus, der die logische Zusammenfassung dieser grotesken Situation ist. »Dann war die OP also – umsonst?« Pause. Der Arzt schließt für einen Moment die Augen. »Das kann man so nicht sagen. Ich denke, sie war zu dem Zeitpunkt wahrscheinlich die richtige Entscheidung.« Es gefällt mir, wie er versucht, die Sache positiv hinzudrehen, schließlich könnte er jetzt auch sagen: »Sehen Sie, hätten Sie auf mich gehört, ich habe Ihnen damals geraten, lieber noch abzuwarten mit der OP …«

Ich bin so froh, dass Jonas auf der Liege eingeschlafen ist und von dieser Situation nichts mitbekommt. Es hätte ihn, wie mich auch, nur wieder sehr verwirrt.

»Und was bedeutet das nun? Muss Jonas dann jetzt noch mal operiert werden?«, wage ich zu fragen. »Nein, ich denke, das macht jetzt keinen Sinn so kurz danach. Ich weiß, Sie werden das nicht gerne hören, aber ich rate Ihnen, abzuwarten. Wir werden einen Termin für Januar ausmachen (höre ich recht, ein halbes Jahr!?) und dann sehen können, ob sich die Klappe an diesem Punkt stabilisiert oder weiter verschlechtert, was ich natürlich nicht hoffe.« – »Erst im Januar? Was ist, wenn vorher …« – »Ich verstehe Ihre Ängste, aber Sie müssen versuchen, ruhig zu bleiben und Geduld zu bewahren. Alles andere nützt jetzt nichts! Wir müssen abwarten und sehen, wie es sich entwickelt.« – »Aber diese 2,5 war doch der Grund für die OP, wie kann er dann jetzt damit ein halbes Jahr ohne Eingriff leben?« – »Sehen Sie, er kann auch sein ganzes Leben mit der 2,5 leben, und das kann sogar ein noch recht langes Leben sein. Die Frage ist immer, ob der Zustand anfängt zu kippen. Deshalb kontrollieren wir ja regelmäßig. Und Sie kennen Ihren Sohn – wenn Ihnen etwas absolut nicht geheuer erscheint, dann melden Sie sich. Aber Sie wissen ja auch, die Undichtigkeit der Klappe ist eine schleichende Angelegenheit, sie fällt nicht von heute auf morgen plötzlich aus.«

Ich höre die Worte klar und deutlich, und doch habe ich das Gefühl, im Nebel zu sitzen, nicht wirklich erreichbar zu sein. Ich reagiere überhaupt nicht, starre auf den Boden.

Mir fällt ein, wie Dr. Piever, unser langjähriger Kardiologe aus der Kinderklinik, mir mal auf die Frage, wieso wir eigentlich von der Verschlechterung der Klappe nichts merken würden, zur Antwort gab: »Ein Spitzensportler, der seinen Körper in- und auswendig kennt, vor allem auch unter Extrembelastung, der hätte vielleicht eine Chance, die Veränderung wahrzunehmen. Nicht aber jemand mit Down-Syndrom, der körperlich nicht an seine Grenzen geht und vor allem auch nicht darüber nachdenkt. Und was nicht gespürt und reflektiert wird, kann auch nicht mitgeteilt werden. Also haben Außenstehende schon gar keine Chance, etwas davon mitzukriegen, und seien es die Eltern.« Dr. Piever betonte auch, dass regelmäßige Kontrollen unerlässlich seien, denn wenn man von außen eine Verschlechterung von Jonas' Zustand feststellen könnte, wäre es vermutlich schon zu spät.

»Zu spät, zu spät, zu spät!«, hämmert es in meinem Kopf. Aber wofür zu spät? Zum Operieren? Zum Klappe ersetzen? Zum Leben retten?

»Frau Zachmann, es tut mir leid. Ich hätte gerne bessere Nachrichten für Sie. Ich kann Ihnen nun einfach nur raten, so blöd das für Sie klingen mag, weiterzuleben wie bisher und sich nicht in die Sache hineinzusteigern. Jonas braucht Ihre Ruhe und Kraft, Ihre Zuversicht. Er ist ein wunderbarer Junge mit viel Power und Selbstvertrauen, das sind die besten Vorraussetzungen für Siegertypen!«

Auf dem Nachhauseweg durch die Stadt bin ich ziemlich in Gedanken, während Jonas mit der mitgebrachten Brezel und der Apfelschorle beschäftigt ist. »Du tauhich, Mama?« Man kann ihm einfach nichts vormachen. Ich überlege, wie viel ich Jonas von dem Gespräch mit Dr. Schuster erzählen soll, schließlich geht es um ihn. Er hat ja auch ein Recht darauf, zu erfahren, was los ist. »Ja, ich bin etwas traurig. Dr. Schuster hat mir gesagt, dass dein Herz doch nicht so gesund ist, wie wir nach der Operation dachten.« – »Bin kank?« – »Naja, das ist ja das Komische! Dein Herz ist krank, aber du merkst nichts davon!« – »Nöö, bin sund! Und basta jetz!« Sprachs und stopfte sich das letzte Stück Brezel in den Mund. Ich wünschte, er hätte recht!

Jetzt, wo Jonas wieder beide Hände frei hat, hakt er sich bei mir unter und wir schlendern durch die Fußgängerzone. Neben einem Klamottenladen sitzt ein alter Bettler auf der Straße. »Oh, ama Mann, muss bäppeln! Mama, geb Geld, bitte!« Ich zücke meinen Geldbeutel und Jonas wirft dem Bettler etwas in seine Dose. Der Alte bedankt sich mit einem zahnlosen Lächeln bei uns.

Etwa hundert Meter weiter sitzen drei rauchende junge Punks mit vier Hunden und betteln um Geld. Ich möchte ihnen eigentlich nichts geben, weil ich die Art, wie sie mich »anmachen«, nicht mag. Jonas aber besteht darauf, keine Unterschiede zu machen und gnädig zu sein: »Mama, ama Leute! Ham kei Geld, ham Hunga! Hunde au Hunga! Muss Geld gebn! Oda wills, sterb Leute?« Natürlich will ich nicht für den Tod von sieben Lebewesen verantwortlich sein. Außerdem bin ich zu kraftlos für irgendwelche Diskussionen und zücke wieder meinen Geldbeutel. Jaja, mein Sohn hat ein weites Herz und viel Mitgefühl für die Armen, Kranken und Hilfsbedürftigen dieser Welt.

Juni 2000

Geschafft! Den Besuch beim Kieferorthopäden haben wir ohne nennenswerte Schwierigkeiten hinter uns gebracht. Jetzt noch der obligatorische Abstecher in die schräg gegenüberliegende Bäckerei (Pizzabrot und Fanta) und dann ab nach Hause. Meinen siebenjährigen Sohn an der Hand, verlasse ich die Praxis und steuere auf das große Hoftor zu. Da reißt sich Jonas von mir los und rennt zielstrebig zu einer Bank, auf der eine junge Frau in der Sonne sitzt und in ihr Buch vertieft ist. Obwohl dort zwei weitere freie Bänke stehen, setzt sich Jonas direkt neben die Frau und starrt sie ganz fasziniert an. Sie hebt den Kopf und er lässt ein tiefes, herzliches »Hallo!« verlauten. Daraufhin lächelt sie ihn freundlich an, erwidert seinen Gruß und schaut nun zu mir herüber. Ich stehe immer noch etwas abseits und grüße nun ebenfalls.

»Komm, Jonas! Ich möchte jetzt gehen!«
»Nein!«, ist seine einfache, aber eindeutige Antwort.
Sofort wendet er sich wieder der Frau zu und starrt sie ungeniert, aber mit großem Interesse an. Mir ist sein Verhalten etwas peinlich (das macht er doch sonst nicht! Warum stiert er nur so?) und ich versuche es noch einmal.
»Komm bitte jetzt!«
»Nein!«, echot er zurück und unterstreicht seinen Entschluss noch zusätzlich durch vor der Brust verschränkte Arme.
Da ich meinen Sohn (und solche Situationen) gut kenne, wäge ich kurz ab: Müssen wir jetzt wirklich gleich gehen – dann folgt nun ein Riesentheater – oder kommt es auf ein paar Minuten nicht an – dann spare ich kostbare Nerven? Ich entscheide mich für Letzteres, setze mich ebenfalls zu den beiden und krame ein Päckchen Kaugummi aus der Tasche. »Möchten Sie auch eins?«, biete ich der Frau an.
»Gute Idee, danke!«, lacht sie mich an und bedient sich. Ich wende mich wieder Jonas zu, der immer noch seinen Blick starr auf unsere Banknachbarin gerichtet hält, die nun wieder zu lesen beginnt. Mein Versuch, Jonas mit einem Gespräch über den Arztbesuch abzulenken, schlägt fehl. Er wendet seinen Blick nicht von ihr ab. Ich erkenne mein Kind kaum wieder: Sonst ist er ein aufgewecktes, quirliges Kerlchen, das immer Unfug im Kopf hat und neugierig alles und jedes untersuchen und erforschen muss. Normalerweise hätte der Mülleimer neben ihm doch viel eher seine Aufmerksamkeit erregen müssen als eine lesende Frau. Noch immer grübele ich, was ihn wohl so an ihr faszinieren mag. Sie sieht keinesfalls »komisch« aus, und abgesehen von ein paar tiefen Aknenarben hat sie ein sehr schönes Gesicht. Die Augen sind vielleicht etwas trübe, der Blick erscheint müde, aber das kennt er ja von mir nur zu gut. Ihre Kleidung ist schlicht und unauffällig und sie verströmt auch keine seltsamen Gerüche. Was also kann es sein, was ihn so magisch anzieht? Nun legt die Frau ihr Buch beiseite (wer kann auch schon lesen, während er von Blicken durchbohrt wird) und schaut uns beide abwechselnd mit großem Interesse an. Ich will mich schon für das aufdringliche Verhalten meines Sohnes entschuldigen, als sie mir zuvorkommt mit den Worten:
»Ich glaube, Sie können mir helfen! Ich habe ein Problem, darf ich Sie um etwas bitten?«
Etwas verdutzt über diese Reaktion, mit der ich keineswegs gerech-

net hatte, aber auch erleichtert, dass sie sich durch Jonas nicht belästigt fühlt, nicke ich auffordernd. »Ja, natürlich!«
Wieder schaut sie uns beide eine Weile an, bevor sie zögernd zu sprechen beginnt:
»Ich bin seit 3 Monaten in einer Klinik für Suchtkranke. Heute bin ich mit meinem Zivi zum ersten Mal auf Ausgang, weil ich zum Zahnarzt musste. Nun bin ich fertig und muss noch auf den Zivi warten, der mich hier abholt. Ich darf dieses Gelände nicht verlassen, sonst wird es mir als Fluchtversuch ausgelegt und sie schmeißen mich raus aus dem Therapieprogramm.«
Den Blick fest auf mich geheftet, macht sie eine Pause. Ich habe interessiert zugehört und ermuntere sie mit einem Nicken, fortzufahren.
»Ich habe seit Stunden nichts gegessen und furchtbaren Hunger. Hier in der Straße gibt es eine Bäckerei, aber ich wage nicht, mir dort etwas zu kaufen, denn ich darf hier nicht weg. Außerdem komme ich von hier und weiß genau, wo der nächste Dealer wohnt. Verstehen Sie, ich kann hier nicht weg, ich habe Angst davor! Ich muss hierbleiben!«
Ihr verzweifelter Blick sucht nach Verständnis.
»Klar, kein Problem! Ich gehe Ihnen was zu essen kaufen!«, erwidere ich.
Nun strahlt sie mich dankbar an und ergreift meine Hand. »Das würden Sie für mich tun? Einfach so?« Anscheinend kann sie es nicht fassen.
»Ja, warum denn nicht?«, lache ich.
»Sie schickt der Himmel!«, ruft sie aus und gibt mir etwas Kleingeld. Jonas lacht laut auf. Ich weiß, dass er dieses Gespräch nicht verstanden hat, aber er hat wohl gespürt, dass sich da eine gewisse Anspannung aufgelöst hat. Ich erkläre ihm, dass wir beide jetzt in die Bäckerei gehen, dort für die Frau (und selbstverständlich auch für ihn) ein Vesper kaufen und dann wieder hierher zurückkommen. Prompt steht er auf und rennt voraus, sodass ich Mühe habe, ihn rechtzeitig vor der großen Hauptstraße, die wir überqueren müssen, einzuholen. In der Bäckerei ist viel Betrieb, endlich an der Reihe bestelle ich das Gewünschte und befürchte schon, mein Sohn könnte Anstalten machen, sich wie immer auf seinen Stammplatz in der kleinen Tischnische zu setzen. Aber nein – er klettert auf die Taschenablage vor der Theke, um der Verkäuferin noch einmal ganz unmissverständlich unsere Wünsche zu zeigen und klärt sie auf: »Tizza iss Nonas! Özen

Fau da!« (= Die Pizza ist für mich, Jonas, und das Brötchen für die Frau da), und damit weist er aus dem Schaufenster in Richtung Zahnarztpraxis. Einige Minuten später (das Pizzabrot musste selbstverständlich erst aufgewärmt werden) verlassen wir den Laden. Jonas trägt voller Stolz die Tüte mit dem Brötchen (»Aua, Tizza heiß!«) und seine geliebte Fanta, ich die Dose Cola für die Frau und seine wirklich heiße Pizza. Den ganzen Rückweg über lässt er sich von mir bestätigen, dass das Pizzabrot auch wirklich für ihn sei, obwohl ich es doch zusammen mit der Cola trage, die nicht für ihn bestimmt ist. Endlich wieder zurück (die Frau hält bereits etwas ungeduldig nach uns Ausschau, wie mir scheint), überreicht Jonas freudig die Tüte und reißt mir die Dose aus der Hand, um sie ebenfalls übergeben zu können. Die Frau bedankt sich herzlich bei uns beiden. Dann setzen wir uns wieder zu ihr und Jonas richtet seine ganze Aufmerksamkeit auf seine Leckereien.

»Ich möchte Ihnen auch danken ...«, beginne ich unser nun folgendes Gespräch.

»Wofür denn?«, unterbricht sie mich ganz erstaunt.

»Für Ihre Offenheit!«, beende ich meinen Satz.

Nun sieht sie mich mit großen Augen an, verblüfft und berührt zugleich.

»Ja, das fiel mir seltsamerweise gar nicht schwer. Ich kam vorher gar nicht auf die Idee, jemanden anzusprechen und um Hilfe zu bitten. Aber plötzlich waren Sie da, einfach so, und saßen neben mir.«

Wir stellen uns einander vor und erzählen uns gegenseitig aus unseren Leben, die sehr verschieden waren und sind. Und doch entdecken wir einige Parallelen. Sonja, so heißt sie, ist ebenfalls 33 Jahre alt und wie ich eine Leseratte und leidenschaftliche Schreiberin. Sie schildert in Kürze ihre Drogenvergangenheit und lässt mich an ihrem Schmerz teilhaben, aber auch an ihrem Stolz darüber, dass sie den Kampf gegen die Sucht aufgenommen hat.

Wir saßen nicht sehr lange beieinander (auch die heißeste Pizza kühlt mit der Zeit ab und kann dann verschlungen werden), aber diese knappe halbe Stunde führten wir ein sehr bewegendes und tiefes Gespräch, als wären wir vertraute Freundinnen, die sich seit Langem kennen und keine Höflichkeitsfloskeln brauchen, um zum eigentlichen Kern vorzudringen.

Im Auto auf der Heimfahrt lasse ich diese Begegnung noch einmal vor meinem geistigen Auge ablaufen und habe einen Gedanken, der mich nicht mehr loslässt: Es war (wie schon so oft) Jonas, mein

Sohn mit sogenannter geistiger Behinderung, der mir dieses Erlebnis ermöglicht hat. Ich weiß nicht, was ihn an Sonja so faszinierte, aber offenbar hat er mit seiner sensiblen »Antenne für andere« gespürt, dass sie Hilfe brauchte bzw. die Begegnung für uns beide Früchte tragen würde. Was auch immer ihn magisch zu ihr gezogen haben mag, ich bin dankbar dafür, denn es hat mir ein wunderbares Geschenk zwischenmenschlicher Nähe bereitet. Ich jedenfalls wäre sicherlich an dieser Frau vorbeigegangen, ohne sie überhaupt wahrzunehmen.

Jonas' Mitgefühl gilt natürlich nicht nur Fremden, sondern auch der eigenen Familie:

Dezember 2005

Ich liege mit einem heftigen Hexenschuss im Bett. Nichts geht mehr. Wirklich gar nichts. Kann mich überhaupt nicht mehr rühren. Jonas (12) kommt von der Schule nach Hause, sucht mich, wird von Wolfgang über meinen Zustand aufgeklärt. Sofort kommt er tief besorgt zu mir ins Schlafzimmer, bleibt vor dem Bett stehen, schaut ganz mitfühlend, breitet seine Arme aus und sagt einladend: »Oh, ama Mama. Du kank? Has Aua? Komm, ich tösten dich. Komm meine Ame, ich häf dia, ama Mama! Komm, steh auf, komm!« Ja, wenn ich doch nur könnte ... aber mein Herz hat schon wieder Flügel bekommen.

März 2004

Jonas ist sehr mitfühlend! Er hat ganz feine Antennen und nimmt jede Gefühlsregung wahr. Wenn es mir schlecht geht, merkt Jonas das sofort, kommt zu mir, streichelt mich sanft, nimmt mich in den Arm und fragt besorgt: »Mama, du tauhich? Wahum? Sags mir! Ich tösten dir!«
Seine Empathie kennt kaum

Grenzen: Als er von der Schule heimkommt, riecht er sofort mein Missgeschick: »Mama, du Essen vapannt?« – »Ja, Jonas, mir ist leider das Apfelmus angebrannt.« – »Oh, ama Appelmus, Popo vapannt!« Genauso viel aufrichtige Anteilnahme bekommt ein heimatloses, weil gestohlenes Fahrrad, ein zerbrochenes Lineal oder ein altes Pflaster, das einst um eine blutende Wunde klebte ...

Nachdem ich meinem Sohn noch ein Eis spendiert habe, kommen wir kurz darauf an einer Pommesbude vorbei und Jonas macht mir »schöne Augen«. »Nein, Jonas, jetzt ist es gut! Du hattest grad erst eine Brezel und noch ein Eis. Jetzt reicht es!« – »Bitte, Mama, geb Geld!« – »Nein, Jonas, genug jetzt!« – »Mama, hab Hunga! Oda wills, ich sterb? Mein Häz kank – also!« Obwohl mir eigentlich zum Heulen zumute ist, muss ich jetzt doch lachen. »Ach, Joni, dein Herz hat mit den Pommes hier grad gar nichts zu tun!« – »Bitte Mama, will Pommes ham! Kauf mia!« – »Nein, ich habe jetzt genug Geld ausgegeben! Und du hattest auch schon genug zu essen!« – »Oh Mama, imma du wills! So gemein dir!« – »Dann kauf sie dir doch selbst!« – »Hab kei Geld nich!« – »Tja, dann hast du eben Pech! Ohne Geld kannst du auch keine Pommes kaufen.« Ohoh, Vorsicht, brüchiges Eis …

Mai 2007

Jonas (14) geht mit mir zum Einkaufen. Im Auto unterwegs durchforstet er meinen Geldbeutel und findet nur noch eine Münze. »Mama, hallo! So wenig? Reich nich kaufen nich!« — »Stimmt, Jonas, aber ich bezahle ja mit meiner Karte, deshalb brauche ich heute kein Bargeld.« Hoffnung flackert in seinen Augen auf. »Brauchs nich? Kann haben?« – »Ja, ich schenk dir die 50 Cent.«— »Joooah, Danke Mama!« Kaum aus dem Auto ausgestiegen, steuert Jonas zielstrebig die Imbissbude vor dem Aldi an. »Halt, wo willst du denn hin?« –
»Will Braaatwurs ham!« Ich erkläre ihm, dass das Geld dafür nicht ausreicht. »Hähnchen?« – »Nein, Jonas, das kostet noch mehr als eine Bratwurst.« Auch bei Döner, Cola und Pommes schüttele ich den Kopf. Schließlich ziehe ich mein zutiefst enttäuschtes Kind hinter mir her in den Supermarkt. »Schau, hier gibt es auch Günstigeres, da findest du bestimmt was für deine 50 Cent!«, versuche ich die Situation noch zu retten. »Oh Manno! Alles doof!« Ich gebe

nicht auf und zeige meinem Sohn, dessen ganze Körperhaltung Lustlosigkeit ausdrückt, die Schilder über der Ware, erkläre ihm die Preise, fordere ihn auf, etwas zu suchen, was er sich für sein Geld leisten kann. Jonas schlurft, laut vor sich hin brummelnd, in entgegengesetzter Richtung davon. Ich setze meinen Einkauf fort, hoffe, dass Jonas sich schon wieder einkriegen wird und beachte ihn nicht länger. Ein paar Minuten später steht er plötzlich strahlend vor mir und hält mir eine ganze Schachtel dampfend heißer frischer Pommes frites samt Ketchup unter die Nase. »Na, sags du jetz?«, fragt mein Sohn triumphierend. »Wie hast du denn das wieder geschafft?« Ich schüttele fasziniert den Kopf. »Ganz eimpfach, Mama: Rausgeh, hingeh, sag ›will Pommes ham‹!« – »Aber für 50 Cent kriegt man doch keine ganze Schale Pommes!«, wundere ich mich. »Doch, Mama! Fau sag, is egal. Schenk mir. So eimpfach!« – »Also, du kriegst doch wirklich alles, was du dir in den Kopf setzt!« – »Nau!«, nickt mein Sohn voller Überzeugung. »Wills pobieren jetz? Is lecker Pommes!«

Den nächsten Wutausbruch meines Sohnes fürchtend, gehe ich dieses Mal in der Fußgängerzone lieber ein paar Schritte weiter, um uns vom Ort der Verlockung wegzuführen. Als ich mich nach Jonas umdrehe, stelle ich fest, dass er mir nicht gefolgt ist. Er sitzt nun direkt neben der Pommesbude auf dem Boden im Schneidersitz. Klar, Monsieur muss erst mal wieder `ne Runde bocken, wie könnt's auch anders sein! Aber es kann. Denn als ich genauer hinsehe, erfasse ich die Situation: Jonas hockt da und hat eine Hand weit nach vorne ausgestreckt. Er bettelt! Ich fass es nicht! Klar, das hat er ja vorhin gesehen, wie das funktioniert: Man muss einfach nur dasitzen, dann bekommt man Geld geschenkt. Irgendwie ist er ja doch echt clever. Nun bin ich gespannt, wie es weitergeht. Ich bleibe auf Abstand, beobachte die Szene. Drei Seelen in meiner Mutterbrust: Die eine schämt sich für das Verhalten ihres Kindes, die andere ist stolz darauf, dass es für sein Problem nach aktiven Lösungen sucht, und die dritte könnte sich mal wieder kringeln vor Lachen.

Versäumnis!?

Als Gott entschied,
dich mir
zum Geschenk zu machen,
hat er wohl vergessen,
dir
eine Extraportion Nerven
für mich
miteinzupacken.

Die Menschen gehen an Jonas vorbei und würdigen ihn keines Blickes! Niemand, nicht eine Person, bleibt stehen oder gibt Jonas gar Geld. Vielleicht verstehen sie auch gar nicht, dass es sich hier um einen Bettler handelt, oder besser noch um ein wissenschaftliches Experiment. Jonas selbst spricht auch niemanden an. Die meiste Zeit fixiert er nur seine ausgestreckten Hände (inzwischen hat er die Linke zur Unterstützung dazugenommen und fachmännisch in die Rechte gelegt), gespannt darauf, ob sich bald klimpernde Münzen darin befinden. Aber es tut sich nichts, rein gar nichts. Irgendwann wird es Jonas dann zu blöd, er steht auf, blickt sich suchend nach mir um, und als er mich entdeckt hat, ruft er mir von Weitem schon zu: »Mama, klapps nich bäppeln nich. Kein Geld nich! Komm, Hause gehen!«, schnappt sich meine Hand und zieht mich gen Straßenbahnhaltestelle.

In der Bahn, die ich mit Jonas mittlerweile weitgehend unbesorgt vor Zorn und Störung benutzen kann, zücken wir beide unsere Bücher und tauchen ab in andere Welten. Ich tue jedenfalls so und bin froh um die Möglichkeit, mich hinter meinem Buch verstecken zu können. In Wirklichkeit tobt in meinem Inneren das Gefühlschaos, wenn ich an das Gespräch mit Dr. Schuster denke. Ich muss mich zusammenreißen. Schlucke schwer. Nein, jetzt bloß nicht hier losheulen! Ich versuche es noch einmal mit Lesen, aber meine Gedanken weigern sich, von mir abzulassen, und kreisen immer wieder um die Hiobsbotschaft »Zwei bis Drei«. Jonas entpuppt sich mal wieder als rettender Ritter und befreit mich aus den Klauen des fürchterlichen Drachens, indem er plötzlich fragt: »Mama, Ua spät?« Ich weiß die Uhrzeit nicht, habe kein Handy dabei und selbst keine Uhr an, kann aber die auf dem Kopf stehenden Ziffern der Uhr erkennen, die der Mann mir gegenüber am Arm trägt. »Halb fünf«, gebe ich zur Antwort. »Hää? Wohä weiß du?«, fragt Jonas mich verblüfft. Ich deute auf die Uhr des Mannes, der das alles höchst amüsiert beobachtet. »Mama!« Jonas ist ganz entrüstet. »Kenns Mann nich! Femda Mann, oder?« – »Ja und? Ich schaue doch nur auf seine Uhr!«, verteidige ich mich. »Nein. Daafs nich, Mama. Meina Ua schaun!« Ich weiß, dass Jonas seine geliebte Armbanduhr im Rucksack dabeihat, der auf dem Boden steht. »Na, dann schau doch selber nach!«, fordere ich ihn auf. »Nö, kei Luss nich. Mann fagen.« Und er wendet sich dem Herrn zu: »Mann, Ua spät bitte?« Dieser lacht und antwortet freundlich: »Ob du's glaubst oder nicht, es ist tatsächlich halb fünf, wie deine Mutter richtig erkannt hat.« Jonas ist beeindruckt: »Du rech, Mama! Mann nett!« Ich kann nicht anders und muss laut loslachen, der Herr ebenfalls. Jonas ist kurz verdutzt, hatte den Gag ja nicht geplant, freut sich aber wie immer darüber, gut anzukommen, und fasst die Situation und eigentlich sein ganzes Wesen in zwei Worten zusammen: »Bin Knüller!« Jetzt lacht das ganze Abteil … »Ja, das kannst du laut sagen!«, setzt der Mann noch obendrauf.

Am Abend erzähle ich Wolfgang von meinem Tag. Natürlich ist er auch geschockt von dem Ergebnis der Untersuchung, aber wie immer kann er viel gelassener damit umgehen als ich. »Doro, wir haben es echt nicht in der Hand! Da bleibt uns jetzt nur Abwarten und Ruhe bewahren. Ich hatte natürlich auch gehofft, dass die Sache jetzt endlich ausgestanden ist. Aber es scheint so, als gäbe es noch eine Fortsetzung. Tja«, seufzt er, »da müssen wir dann eben auch noch durch.«

Und dann wechseln wir das Thema und Wolfgang erzählt mir von seinen Erlebnissen heute. Als ich ihm anschließend von seinem Bettlersohn und der Uhrenstory in der Straßenbahn berichte, lacht Wolfgang sich schlapp. »Ja, er ist echt ein Knüller! Ein absolutes Original, unser Joni! Kaum zu glauben, mein Sohn – ein potenzieller Penner!« Wolfgang schüttelt immer noch ungläubig kichernd den Kopf, als er sich nach oben mit einem Glas Wein vor die Glotze verzieht. Ich gehe in mein Zimmer, zünde mir ein paar Kerzen an, lege entspannende Musik auf, zücke Stift und Tagebuch und lasse meinen Gedanken und Gefühlen freien Lauf. Ich wundere mich über mich selbst, über uns. Warum bin ich so gefasst? Warum haut uns das jetzt nicht um? Es ist, als ob das schlechte Untersuchungsergebnis nicht Teil unseres Lebens ist. Bisher nicht. Irgendwie ist es ja auch nur eine Zahl. Eine kaum veränderte. Und? Jonas geht es unverändert gut. Man merkt ihm überhaupt nichts an. Außerdem darf er weiterhin kicken und toben, also was soll das Ganze? Ich kann es einfach nicht einordnen. Als ich das erste Mal im Januar diesen Jahres von der Zahl hörte, löste sie einen unglaublichen Schock aus, und es war sofort von einer notwendigen OP die Rede. Und heute, wo es um dasselbe Ergebnis geht, heißt es nur abwarten und Tee trinken. Kann das jemand verstehen? Wie, bitte schön, soll ich denn jetzt einfach ein halbes Jahr lang warten? Einfach so tun, als ob nichts wäre? Ruhig bleiben, klar! Ist ja auch sooo einfach! Ich bin aber nicht ruhig! Und ich will es auch nicht sein! Im Grunde bin ich stocksauer. Wütend. Enttäuscht. Gefrustet! Es kann doch nicht wahr sein, dass die Operation umsonst war? Alle Schmerzen von Jonas, meine Ängste und Sorgen, die vielen, vielen Stunden am Krankenbett. ALLES VERGEBLICH? Ich fasse es nicht, will es einfach nicht glauben. Mein Gott, was soll das? Ich verstehe einfach überhaupt nichts mehr! Bitte erkläre es mir! Zeig mir, dass du mich nicht verlassen und immer noch im Blick hast! Ich brauche dich! Lass mich nicht allein!

Am nächsten Morgen stoße ich mir den Kopf an einer offen stehenden Schranktür. Ich halte mir mit beiden Händen den Kopf, schließe vor Schmerz die Augen und winsele vor mich hin. Als ich die Augen wieder öffne, fällt mein Blick auf eine kleine, längst vergessene Karte, die ich vor mindestens einem Jahr geschenkt bekommen habe und damals hier in die Ecke des Schranks geklebt habe. Unter einem schönen Sonnenuntergang stehen zwei Zeilen. Nicht mehr, aber auch nicht weniger. Sie treffen direkt ins Schwarze!

»Werde ruhig vor Gott,
erwarte gelassen sein Tun.«

Ich stehe da und bin sprachlos. Staune, lache und weine gleichzeitig. Und bin mal wieder fasziniert über Gottes Timing und seinen Humor.

Zwei Wochen später im Gottesdienst habe ich das Gefühl, die Predigt gelte mir ganz allein. Unser Pastor wirft eine überdimensionale Banane per Beamer an die Leinwand und stellt dann die Frage: »Wer will gerade machen, was Gott krumm gemacht hat?« Dank der Predigt wird mir wieder bewusst, dass es ein Irrglaube ist, zu meinen, uns Christen müsse es immer gut gehen.

Als später im Austauschteil einige Leute vorne stehen, die von unterschiedlichen Erfahrungen erzählen, bei denen Gott in ihr Leben eingegriffen und ihnen geholfen hat, spüre ich plötzlich das ganz starke Drängen, ebenfalls nach vorne zu gehen und im Sinne der heutigen Predigt mit belegter Stimme von meiner »krummen Banane« zu erzählen. »Die meisten von euch wissen schon Bescheid, aber ich will es auch hier vorne noch einmal sagen: Der Zustand von Jonas' Herz hat sich leider wieder verschlechtert und von dem Wunder, von dem ich euch hier erzählt hatte, ist im Grunde nichts übrig geblieben. Ja, da macht Gott zurzeit einiges krumm in meinem Leben und ich kann es einfach nicht verstehen, sehe keinen Sinn darin. Aber ich habe heute wieder verstanden, dass ich Gott nicht biegen kann. Und so will ich noch einmal ausdrücklich sagen, was wir gerade gesungen haben: Gott ist vollkommen in allem, was er tut! Und daran will ich glauben, darauf vertraue ich, daran halte ich mich fest.«

Summertime

Mein Geburtstag rückt immer näher. Noch vor ein paar Monaten war ungewiss, ob ich meinen Vierzigsten überhaupt feiern kann, weil wir nicht wussten, wie es Jonas gehen würde. Aber jetzt ist klar: Ich kann feiern, und wie! Ich lade viele liebe Menschen ein und schmücke zusammen mit meinen Mädchen den großen Saal im Gemeindehaus mit Kerzen, Tüchern und vielen Sonnenblumen.

Apropos Schmücken:

Juni 2007

Anlässlich eines Festes bei uns im Dorf wird die Hauptstraße mit einem bunten Blumenteppich geschmückt. Als Jonas das sieht, hat er auch gleich eine Erklärung parat: »Oh schöööön, Mama! Gott Buatstag hat!«

Es wird ein wunderschönes Fest! Vierzig zu werden ist doch nicht so schlimm, wie ich befürchtet hatte. Wir essen, lachen, tanzen miteinander und es gibt einige wunderschöne und lustige Vorführungen und Darbietungen. Das absolute Highlight des Abends ist die Vorführung eines selbst gedrehten Films. Wolfgang und die Kinder haben ohne mein Wissen mit einigen fleißigen Helfern und talentierten Schauspielern Szenen aus meinem Leben nachgespielt. Jonas verkleidet sich als Zauberer und holt unter Wolfgangs Regie lauter Liebesbriefe für mich aus knallroten Herzschachteln hervor.

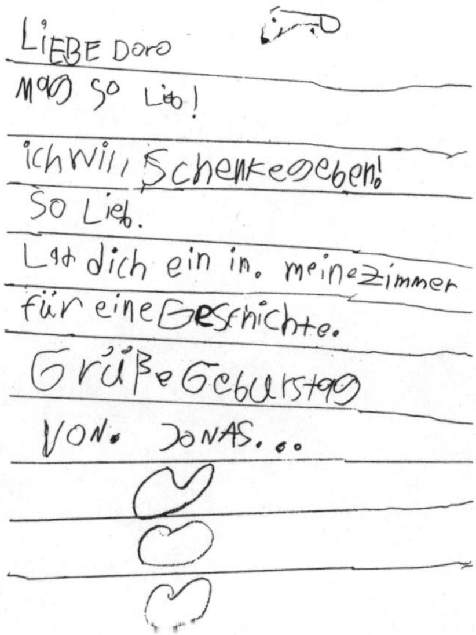

Dann sind Sommerferien! Wir genießen jeden heißen Sonnentag und sind viel im und am Pool im Garten, ein Traum, den Wolfgang sich und den Kindern vor ein paar Jahren erfüllt hat. Ich bin keine große Wasserratte, gehe aber allemal lieber hier ins kalte Nass als in einem öffentlichen Schwimmbad. Die Mädchen haben viel Besuch und feiern die eine oder andere Poolparty. Die Liegestühle auf der Terrasse sind dauerbesetzt. Naja, unsere Zeit kommt noch, denke ich mir, und freue mich auf die bevorstehenden zehn Tage, die Wolfgang und ich kinderfrei zu Hause genießen werden. Maren und Eliane fahren mit der Jugendgruppe unserer Gemeinde für zwei Wochen nach Schweden zum Kanufahren und Jonas wird an einem integrativen Zeltlager an der Costa Brava teilnehmen. Wunderbare Aussichten: Wir haben das Haus, Pool, Garten und Terrasse ganz für uns allein und müssen uns um niemanden kümmern – abgesehen von den 12 Tieren, die derzeit mit uns leben.

»Mama, gucks ich kann!« Und schon springt Jonas vom Rand auf die Luftmatratze, lässt sich von dort, etwas Eleganz vermissend, ins Wasser plumpsen, taucht nach dem Ring, den er zuvor hineingeworfen hat, und schwimmt mit ein paar kräftigen Zügen (mehr lässt der Pool nicht zu) an den Rand zu mir. Zu spät registriere ich Jonas' volle Backen und muss mich von meinem Neptun vollspritzen lassen. Jonas lacht sich schlapp und taucht wieder ab, um das Spiel zu wiederholen. Ich ergreife schnell die Flucht, gehe ins Haus, hole was zu trinken.

Kurz darauf höre ich Marens entsetzten Aufschrei aus dem Liegestuhl. Aha, ein neues Opfer ward gefunden … »Maren, gucks ich kann!« Ja, denke ich, es ist wirklich nicht schlecht, was Jonas alles kann. Die Dinge, die ihm am Herzen liegen, die ihm Freude machen und die er können will, die lernt er auch tatsächlich. Oft schneller und sicherer, als wir es ihm zugetraut haben. Dazu gehören das Schwimmen und Tauchen, das Alleinebleiben, einfache Mahlzeiten zubereiten, das Rad- und Busfahren, das Beherrschen und Wissen von unzähligen Regeln verschiedenster Brettspiele, das Spielen am Computer, Lesen und Schreiben. Sicher, alles ist noch ausbaufähig, aber ich freue mich, dass Jonas uns immer wieder mit neuen Fortschritten überrascht, auf die er selbst auch sehr stolz ist.

Oktober 2006

Mit Zahlen, Geld und Rechnen tut sich Jonas (14) ja ziemlich schwer, umso mehr hat es mich umgehauen, dass er bereits beim ersten Mal kapiert hat, wie die Sache mit dem Geldabheben am Automat funktioniert. Wochenlang hatte er mir mit dem Wunsch in den Ohren gelegen, auch Geld vom »Tomat« holen zu können wie seine Eltern und Geschwister. Also bin ich mit ihm zur Bank gegangen, habe ein Girokonto mit Taschengeld-Dauerauftrag einrichten lassen und die EC-Karte beantragt. Kaum war die Karte nebst Geheimnummer da, habe ich Jonas die vierstellige Nummer mehrmals laut wiederholen lassen. Dann sind wir zum Geldautomat gelaufen und ich habe meinem Sohn gezeigt, wie man ihn bedient. Karte rein, Knöpfe drücken, Geld raus. Das war`s! Nun hebt Jonas bereits seit drei Monaten regelmäßig sein Geld ab und es klappt anstandslos! Das hätte ich nie gedacht, dass er das so schnell kapiert und die Nummer auch nicht mehr vergisst! Tja, was ihm eben am Herzen liegt, das funktioniert. Leider liegen ihm nicht allzu viele Sachen so sehr am Herzen ...

(Was würde ich drum geben, wenn er sich auch für eine deutlichere Aussprache und bessere Tischmanieren interessieren würde. Oder fürs Einhalten von Zeitplänen, zumindest ein bisschen beeilen, das wäre auch schon was...)

Das Geldeinteilen fällt Jonas auch noch sehr schwer. Ich überweise ihm zurzeit 20 Euro im Monat, das heißt, er kann pro Woche fünf Euro abheben. Also habe ich ihm vorgeschlagen, sich einen festen »Bank- und Einkaufstag« auszusuchen. Das war wochenlang immer der Montag. Kaum von der Schule zu Hause angekommen, hat er sich den Geldbeutel geschnappt und ist damit abgezogen ins Dorf. Das war ein sehr gut funktionierendes System. Bis mein Herr Schlaumeier kapiert hat, dass der Automat ja auch an anderen Ta-

gen zugänglich ist – und so hat er diesen Monat gleich in der ersten Woche montags, dienstags, mittwochs und donnerstags sein Taschengeld abgehoben. Freitags hatte er dann ein Problem. »Mama, Tomat gibses kei Geld nich!« Ich versuche zu erklären, dass 20 durch 5 eben nur 4 ergibt, und könnte es genauso gut auch bleiben lassen. »Mama, stimms so – Tomat is kaputt, gibses kei Geld nich!«, tobt mein verkanntes Mathegenie. Da hilft jetzt alles Erklären und Kontoauszügezeigen nichts. Da hat Jonas jetzt echt ein Problem – und das wird er nun bis Ende des Monats haben. Aber vielleicht lernt er ja auf diese Weise, was Einteilen bedeutet. Tja, das Leben ist hart!

März 2007

Jonas (14) hat von Oma einen Geldschein bekommen. Da es Sonntag ist, kann er damit nicht einkaufen gehen. »Spa ich!«, verkündet mein Finanzexperte stolz und geht damit in sein Zimmer. »Mama, wo is Schwein?«, fragt er mich fünf Minuten später. »Dein Sparschwein ist doch vor längerer Zeit schon kaputtgegangen und seither wolltest du kein neues haben. Hast dein Geld immer gleich ausgegeben.« – »Will aba Spaschwein ham wieda!«, fordert Jonas. »Ich habe noch eine Blech-Spardose da, die kann ich dir schenken. Aber sie hat kein Schloß zum Aufschließen, d.h., du kannst dein Geld nicht wieder rausholen. Was drin ist, ist drin! Und wenn die Dose voll ist, schneiden wir sie auf und dann bringst du das Geld zur Bank auf dein Konto.« – »Auja, so machen!«, strahlt er. »Hahaha, als ob Jonas jemals mehr als zehn Euro zusammenhalten könnte!«, spottet der beste Ehemann von allen. »Nun lass ihn es doch wenigstens versuchen!«, verteidige ich – selbst nicht ganz überzeugt – unser Kind.
Am nächsten Morgen (es sind Ferien und wir schlafen aus) steht Jonas um 9.10 Uhr an unserem Bett und streckt mir seine neue Blechdose entgegen: »Mama, mach paputt!« Wolfgang stellt sich schlafend, gibt mir unter der Decke aber einen Knuff und grinst mit geschlossenen Augen. »Aber Jonas, du hast dein Geld doch gestern erst reingesteckt und wolltest es sparen«, starte ich noch einen Versuch. »Will nich mä sparen, is plöt, will kaufen!« Wolfgang zieht sich die Decke übers Gesicht, damit Jonas sich nicht ausgelacht fühlt. »Fau Bank sag, kein Schlüssel nich. Mama muss aufschneidn.« – »Was, du warst damit schon auf der Bank?« Jetzt krin-

gelt sich Wolfgang nur noch. »Ja, und Fau sag, Mama muss aufschneidn!« — »Aber dann ist die Dose doch kaputt und du hast wieder keine.« — »Bauch nich! Hab Spaschwein! Guck!«, und Jonas zaubert aus seiner Jackentasche ein quietschgelbes Plastikschweinchen. »Fau Bank mi schenk!« – »Ah, du willst also doch sparen!«, fasse ich laut zusammen und kann mir einen Gegenknuff unter der Decke einfach nicht verkneifen. »Mama, bitte aufschneidn!« – »Ja, gleich stehe ich auf und mach Frühstück. Dann köpfe ich dir die Dose. Jetzt lass uns noch fünf Minuten ...« Kaum ist Jonas zur Tür draußen, prusten wir bösen Eltern um die Wette.

Später, als Jonas seinen Zehner aus der aufgeschnittenen Dose geangelt hat, »fürchte« ich, dass er ihn nun gleich wie gewöhnlich in der Bäckerei in fette Beute umtauschen wird. Pustekuchen. Vor meinen triumphierenden und Wolfgangs äußerst verblüfften Augen faltet Jonas den Schein ganz klein zusammen und schiebt ihn durch den kleinen Schlitz in das neue Sparschweinchen. Stolz schüttelt Jonas sein Geldtier. Anstatt es aber in sein Zimmer zu tragen, huscht er damit aus der Wohnungstür. Eine knappe halbe Stunde später ist er wieder da und zeigt uns seinen Großeinkauf: zwei süße Stückchen, eine Literflasche Cola, fünf Päckchen Harry-Potter-Aufkleber. Die Einzelheiten erfahre ich am Nachmittag von der Bankangestellten, als ich selbst Geld abheben gehe. »Frau Zachmann, heute Morgen hatten wir hier schon so viel zu lachen! Ihr Sohn war wieder da!«, freut sie sich ehrlich und schildert Jonas' Abwicklung der Geschäfte: »Also, seine Blechdose wollte ich ihm nicht aufschneiden. Habe ihm gesagt, das soll lieber seine Mama machen, und hab ihm dann ein Sparschwein von uns geschenkt. Ich hatte ihm erklärt, dass ich dafür hier einen Schlüssel in der Bank habe und es ihm aufschließen kann. Ich dachte ja, er fängt jetzt an, damit zu sparen, und kommt dann am Weltspartag zum Öffnen. Aber, ach was! Kurz darauf stand er wieder hier am Schalter und streckte mir das neue Schwein entgegen. Ich sollte es ihm aufschließen. Da waren zehn Euro drin. Als ich sie ihm geben wollte, hat er den Kopf geschüttelt und gesagt: ›Mach Konto, bitte!‹ Also habe ich das Geld auf sein Girokonto eingezahlt. Und dann ist er mit seiner EC-Karte an den Automat gegangen und hat abgehoben. Hat mir noch mit dem Zehner in der Hand zugewunken und ›Danke. Siehse, geht doch!‹ zugerufen, bevor er ging. Nein, also das war wirklich zu gut! Er wusste ganz genau, was er wollte! Und dann diese drollige Art – ich freu mich immer, wenn

Ihr Sohn zur Tür hereinkommt! Grüßen Sie ihn bitte herzlich von mir!« Hat man da noch Worte? Warum denn so langweilig einfach, wenn es auch herrlich kompliziert geht?

Jonas ist den dritten Tag in Spanien auf der Freizeit, als der erwartete Anruf am Nachmittag kommt. »Hallo Mama, bin Jonas!« – »Hallo, mein Süßer! Alles okay bei dir?« – »Ja, okay. Gehts Schina?« – »Gina? Der geht es gut! Sie liegt hier grad bei mir und lässt sich die Ohren kraulen.« – »Un Luna?« – »Luna geht es auch gut – sie ist gerade draußen im Garten und fängt vielleicht eine Maus.« – »Un Papa?« – »Papa liegt im Liegestuhl und döst.« – »Un Maren Elli?« –

»Die sind jetzt mit der Fähre gefahren und in Schweden angekommen.« – »Und Katha?« – »Die ist doch noch in Argentinien.« – »Un du? Machs du?« – »Ich sitze am Pool, lasse die Füße im Wasser baumeln und lese.« – »Aha!« Zufriedenes Grunzen. Allen seinen Lieben geht es gut. Jetzt ist Jonas' Welt wieder in Ordnung. »Und wie geht es dir, Jonas?« – »Schön. Hab Muschl fundet. Fußball spiel im Sand. Schwimmses Wassa.« – »Wow, hört sich gut an. Und, hast du auch schon einen Freund gefunden?« – »Nö, hab Feundin. Heißes ähm, heiß noch mal … hm, weiß nich mär ein.« Ich höre im Hintergrund Gekicher. »Heiß du nomma?«, fragt Jonas jetzt in eine andere Richtung. »Ah, Laura, stimms ja! Heißes Laura, Mama!« – »Laura, deine Betreuerin?« – »Ja, Treuin. Wills rede dir. Schüss Mama, grüß Papa mich un Schina un Luna un Hühna un Hase un Märsweinse!« Bevor ich noch etwas sagen kann, hat Jonas den Hörer bereits weitergereicht.

»Hallo Laura! Na, wie läuft's?« – »Na ja«, seufzt sie, »seit heute ganz gut. Aber die ersten zwei Tage waren schlimm.« Und Laura erzählt mir, dass heute der erste Tag sei, an dem Jonas nicht heftig gebockt und sich der Gruppe verschlossen habe. Anscheinend hat er sich seit der Abfahrt total abgekapselt und wollte mit niemandem reden, hat keinen an sich rangelassen. Das kenne ich ja überhaupt nicht von meinem Sohn! Jonas wollte bis gestern Abend an keiner Unternehmung teilnehmen, hat sich stattdessen auf den Boden gehockt und ist nur zum Essen freiwillig aufgestanden. Ja, das kommt mir wiederum bekannt vor. Außerdem hat er in der ersten Nacht ins Bett gemacht und Laura musste seinen Schlafsack und einige Kleidungsstücke auswaschen. Ein schlechtes Gewissen beschleicht mich … »Scheint, als ob er sich aber jetzt gefangen hätte, jedenfalls war er heute den ganzen Tag gut drauf und hat auch in der Gruppe mitgemacht. Ich denke, der Damm ist gebrochen.« Laura fragt mich noch nach einigen Kniffs und Tricks, wie sie mit Jonas' Verweigerungshaltung umgehen kann, und ich kann ihr leider kein Patentrezept liefern, aber vielleicht den einen oder anderen hilfreichen Anstoß. Wir reden noch über Jonas' Sonderstellung in der Gruppe, denn leider hat sich außer ihm kein anderer Jugendlicher mit Behinderung angemeldet, was ich sehr bedaure, weil sich somit wieder alles auf ihn konzentriert. Aber so ist es nun mal und ich bitte Laura, ihm nicht durchgehen zu lassen, wenn er allgemeine Regeln nicht einhält. (Sie erzählt mir, dass Jonas sich geweigert habe, wie alle anderen sein eigenes Geschirr und Besteck abzuspülen. Stattdessen hat Laura es für ihn übernommen. Tja, gewusst wie!) »Dann hat Jonas eben beim nächsten Essen keinen Teller und keine Gabel. Das muss er erleben, sonst kapiert er den Zusammenhang nicht. Außerdem nutzt er das auch aus, wenn er merkt, dass Grenzen nicht eindeutig gezogen sind.« »Gut, das war mir nicht klar, inwiefern ich da streng mit ihm sein soll.« Sie erzählt mir noch ein bisschen von der Gruppe und den geplanten Aktivitäten, dann legen wir auf.

Ich habe sehr gemischte Gefühle. Jedes Jahr überlegen Wolfgang und ich aufs Neue, wohin wir unseren Sohn in den Ferien schicken sollen. So viele unterschiedliche Erfahrungen haben wir schon gemacht und trotzdem bleibt es jedes Mal eine ganz schwer einschätzbare Situation. Wenn Jonas auf eine Freizeit mit vorwiegend nichtbehinderten Gleichaltrigen fährt, kann es sein, dass er (wie wohl auch dieses Mal) manchmal überfordert ist. Zwar gibt es tolles Action-Programm, aber auch hier merke ich, dass »Watertrekking« und »Mountainbike« gar nicht unbedingt sein müssen und eigentlich auch nicht Jonas' Kragenweite entsprechen. Zwar macht Jonas ganz gerne Sport, aber im gemäßigten Stil: ein bisschen Fußball hier, ein bisschen Rad fahren dort, mal ein Federballmatch und gerne auch mal eine Runde Schwimmen. Aber nichts übertreiben. Mit stundenlangen Wanderungen, Kletterpartien oder Skifahren hat Jonas nichts am Hut. Er hat sich noch nie gerne richtig angestrengt, also nicht bis zum Anschlag, noch nicht mal, bis der Schweiß ausbricht. Ich denke, das ist auch Jonas' Bremse, sein Herz nicht mehr zu belasten, als es verträgt. Und darüber bin ich natürlich froh.

Auf Freizeiten, die ausschließlich für geistig Behinderte ausgeschrieben sind, gibt es dieses Problem nicht. Im Gegenteil: Zweimal haben wir diese Variante ausprobiert, hatten aber das Gefühl, dass Jonas zwar sehr gut und »fachmännisch« betreut war und nicht nur »nebenherlief«, aber auch nicht so ganz auf seine Kosten kam und eher unterfordert war, weil viele Programmpunkte mehr auf Schwerstmehrfachbehinderte zugeschnitten waren, die z.B. im Rollstuhl saßen. Das Problem liegt schon in der Ausschreibung einer solchen Freizeit: Von 6 bis 18 Jahren ist die Altersspanne. Und die Kinder und Jugendlichen bringen alle möglichen Besonderheiten mit. Da ist es natürlich schwer, allen gerecht zu werden und die unterschiedlichen Bedürfnisse zu erfüllen.

Außerdem findet Jonas ja von sich selbst, dass er weder Down-Syndrom hat noch behindert ist, also warum sollte er auf solch eine Freizeit mitfahren. »Ich nich bahindat, Mama!« Denn behindert sein, das will er nicht! Aus zweierlei Gründen: Zum einen hat er sich dieses Wort von anderen Kindern auch immer wieder als hässliches Schimpfwort anhören müssen, also muss es was ganz Doofes sein. Neulich regte sich Jonas in meinem Beisein über einen Jugendlichen auf, der einfach bei Rot über die Fußgängerampel lief. »Hey, du bahindat? Is rot!«, rief Jonas ihm empört hinterher. Sollte ich lachen oder weinen?

Und zum anderen verbindet Jonas mit »behindert sein« das Angewiesensein auf einen Rollstuhl – und das ist er ja schließlich nicht.

Mai 2006

Ich stehe mit Jonas im Auto an einer Ampel. Die Fußgänger haben Grün. Ein Mann im Rollstuhl überquert vor uns die Straße.
»Mann bahindat«, stellt Jonas fest. Ich nicke. Mein Sohn schaut mich eindringlich an und bittet um Bestätigung: »Ich nich, gell, Mama?«
»Doch Jonas, du bist auch behindert.«
»Nein, bins nich!«, empört sich Jonas heftig.
»Du sitzt nicht im Rollstuhl. Du hast gesunde Beine und kannst laufen. Deine Behinderung heißt Down-Syndrom.«
»Nein, wills nich! Un basta jetz, Mama!«

Juni 2006

Abgesehen vom Rollstuhlfahren kann Jonas (13) keinerlei Beeinträchtigungen einstufen. Selbst das Wort Down-Syndrom, das er ja von klein auf kennt, hat er noch nie (auch nicht in seinem Kauderwelsch) benutzt, weder auf sich noch auf andere bezogen. Damit kann (und will) er überhaupt nichts anfangen. Mir ist es wichtig, dass er sich aber damit auseinandersetzt, und so mache ich ihn immer aufmerksam, wenn wir jemandem mit Down-Syndrom begegnen, zeige ihm immer mal wieder unser abonniertes Heft »Leben mit Down-Syndrom« und zähle ihm die Kinder in seiner Schule auf, die dieselbe Besonderheit haben. Jonas wischt das alles jedes Mal nur mit einem unwirschen »Mama, wills nich!« beiseite. Irgendwie ist ihm die Sache nicht geheuer. Naja, vielleicht ist auch einfach die Zeit noch nicht reif dafür. Der Begriff »behindert« ist zwar irgendwie blöd, eben weil er so negativ behaftet ist, aber er ist nun mal der geläufigste. Und so erkläre ich Jonas von Zeit zu Zeit und in einem günstigen Augenblick wieder meine Sicht: »Behindert sein bedeutet, irgendetwas nicht oder nicht so gut zu können, wie andere es können. Ich finde, jeder Mensch ist irgendwie behindert. Nur auf verschiedene Weise. Manchen Menschen sieht man ihre Behinderung sofort an, weil sie z.B. nicht laufen können und deshalb im Rollstuhl sitzen. Oder einen Blinden kann man an der Armbinde und dem Stock erkennen. Manche Menschen brauchen ein Hörgerät, weil ihre Ohren nicht gesund sind, oder eine Brille für ihre schlechten Augen. Und dann gibt es Menschen, die lernen einfach alles langsamer als andere. Da gehören auch Leute mit Down-Syndrom dazu, also auch du. »Wills nich ham! Stimms nich!«, wehrt sich mein Sohn. »Jonas, das ist nichts Schlimmes. Das ist einfach eine Art von Behinderung.« – »Has du?« – »Was ich habe? Gute Frage! Ich bin mehrfach behindert, weil ich vieles nicht gut kann. Zum Beispiel bin ich ganz schlecht im Rechnen!« Jonas lacht! »Ha, bins gut Rächn!« – »Ja, bist du gut im Rechnen? Also ich überhaupt nicht! Ich kann mir Zahlen auch ganz schlecht merken.« – »Noch?« – »Hm, ja außerdem bin ich ganz schlecht beim Spielespielen. Weißt ja, ich verlier dauernd und kann mir die Regeln überhaupt nicht merken.« – »Stimm so, vagess du imma. Du schlech! Ich bessa!«, freut sich mein Kind. »Ja, du bist viel, viel besser als ich im Spielen. Du gewinnst ja auch dauernd. Und beim Computerspielen habe ich überhaupt keine Chance gegen dich!« – »Stimm so! Jooaah, ich bessa!« Jonas reibt sich vor Freude die Handflächen. »Noch?« – »Ja, und dann bin ich auch noch ganz schlecht im Aufräumen.« Jonas schaut mich fragend an: »Hää?« – »Naja, ich finde meine Sachen oft nicht, weil ich Chaos im Zimmer oder auf meinem Schreibtisch habe.« Ja, das hat er verstanden. »Ich auch Charos hab!« »Siehst du, da sind wir beide gleich behindert«, mache ich ein Friedensangebot und Jonas schlägt breit grinsend in meine offene Hand ein.

Für die Ferien haben sich am meisten Freizeiten mit integrativen Gruppen bewährt, in denen eben mindestens noch 4 bis 5 andere Behinderte dabei waren. Aber leider scheitert diese gute Idee oft an mangelnden Anmeldungen, wie wir schon mehrfach erlebt haben.

Am liebsten würde ich Jonas auch öfter mit der gleichen Gruppe fortschicken, suche seit Jahren irgendwas Verlässliches, wo er zumindest schon den einen oder anderen Mitarbeiter oder Teilnehmer und vielleicht auch das Urlaubsziel kennt. Aber so eine Gruppe haben wir bisher nicht gefunden. Tja, da bietet sich natürlich die Jugendgruppe unserer Gemeinde an. Aber erstens gibt es in diesem Jahr zum ersten Mal überhaupt eine Freizeit, zweitens ist Kanufahren für Jonas mit Sicherheit eine Nummer zu groß und drittens sind Maren und Eliane überhaupt nicht scharf darauf, in ihrem Urlaub auch noch ihren Bruder zu sitten, nachdem sie mehrfach bei früheren gemeinsamen Freizeiten von den Betreuern viel zu stark dafür in Anspruch genommen wurden. Kann ich gut verstehen. Und so haben wir eben wieder experimentiert – und suchen weiter … So groß die Herausforderung für Jonas auf Freizeiten auch sein mag: Er bekommt nicht genug davon und will unbedingt wieder auf eine fahren. Bei allem Stress, den es für ihn zeitweise sicher bedeutet, im Ungewissen und unter zunächst Fremden zu sein, unterm Strich war es auch immer eine gute Erfahrung, die ihn hat sehr reifen lassen. Und die Urlaubsfotos beweisen, dass sich Jonas durchaus auch sehr wohlgefühlt hat. Ja, und so hoffe ich, dass mein Kind auch diesmal zurechtkommt, Spaß hat und Anschluss an die Gruppe findet.

»Ach, eins noch«, hatte Laura am Schluss erwähnt. »Jonas hat bereits sein ganzes Taschengeld ausgegeben, das Sie ihm mitgegeben haben. Wir waren heute Morgen hier im Städtchen und Jonas hatte seinen Geldbeutel dabei …« Den Rest kann ich mir bildlich vorstellen. »Naja, ich kann ihm gerne noch was leihen, das ist nicht das Problem, aber ich glaube, es ist doch besser, wenn ich das Geld bei mir behalte.« Sehr weise!

April 2005

Oma kommt zu Besuch und bringt wie immer allen Kindern ihre Lieblingssüßigkeit und etwas Geld mit. »Joaah, fünf Eujo!« Glücklich dreht und wendet Jonas (12) den Schein in seiner Hand. »Geh kaufen!« Sofort möchte Jonas Bares in Materielles (meist Essbares) umwandeln. »Jonas, das geht jetzt nicht. Es ist Mittagszeit, da haben alle Läden im Dorf zu. Du musst warten, bis sie um drei Uhr wieder aufmachen«, gebe ich ihm einen mütterlichen Rat. Aber eigentlich hätte ich es lassen können, denn ich kenne mein Kind doch nur zu gut: Wenn Jonas sich etwas in den Kopf gesetzt hat, dann will er es auch unbedingt erreichen – und meist schafft er es auch irgendwie. Jedenfalls lässt er sich nicht so einfach von seinen Plänen abbringen. »Nein, Mama! Geh kaufen! Geh Bäckei und basta jetz!« — »Gut, dann geh und sieh selbst, dass geschlossen ist«, seufze ich kopfschüttelnd. Einsichtsfähigkeit bleibt für Jonas wohl immer ein Fremdwort. Jonas geht aus dem Haus. Meine Mutter fragt besorgt: »Aber wo will er denn nun hin, der Junge? Kann ihm denn nichts passieren?« — »Ach, Mutti. Es hätte keinen Sinn, ihn zurückzuhalten, dann hätte er jetzt nur getobt. Soll er doch seine Erfahrung machen und sich selbst davon überzeugen, dass die Bäckerei zu hat. Dann wird er schon wiederkommen.« Kam er aber nicht! Nach einer Viertelstunde war Jonas immer noch nicht zurück (und zur Bäckerei sind es nur ein paar Schritte). »Doro, willst du nicht

mal nach Jonas suchen? Er müsste doch längst wieder da sein!« Meine Mutter wird unruhig. Ich auch etwas, aber dennoch beruhige ich sie. »Ich denke, er gibt nicht auf und probiert es eben auch noch bei der Metzgerei, oder vielleicht geht er auch noch zur Sparkasse (dort gibt es Gummibärchen) oder ihm fällt die Drogerie ein, die hat sogar über Mittag offen. Ich warte jetzt noch zehn Minuten, dann gehe ich ihn suchen.«
Kurz darauf klingelt es und Jonas steht vor der Tür. Breit und zufrieden grinsend streicht er über seinen vorgestreckten Bauch. »Ah, so satt, läcka Essen fü mich!« – »Was? Was hast du denn gegessen, wo warst du denn?«, frage ich ganz erstaunt. »Da Haus annere Seite. Gibses Bratwurs, Pommes un Cola!«, strahlt mein Sohn stolz. Ich fasse es nicht und bekomme fast einen Lachkrampf. »Wo war er denn nun?« Meine Mutter hat nicht verstanden. »Jonas war im Gasthaus Krone und hat sich dort den Bauch vollgeschlagen!« Ich platze schier vor Stolz auf mein ideenreiches Kind. Und gäbe viel darum, die Situation aus der Sicht des Wirts erlebt haben zu können ...

Aber Jonas schafft es durchaus auch, sich ohne Geld über Wasser zu halten. Das hat er recht früh gelernt. Und da kam ihm sein »Behinderten-Bonus« sehr zu Hilfe:

Mai 1998

Ich schlendere mit unseren drei Kleinen über den Flohmarkt. Jedem Kind habe ich einen Geldbeutel mit 5 DM umgehängt, die sie ausgeben dürfen. Die Mädchen (6) sind ganz aufgeregt und suchen gezielt nach Teilen für ihre Barbie- und Playmobil-Sammlung. Jonas (5), der an meiner Hand gehen muss, ist von allem begeistert. An jedem Tisch nimmt er ein Kuscheltier, ein Auto, ein Buch oder ein Spiel in die Hand und zeigt es mir mit fragendem Blick. »Ham?« Ich erkläre jedes Mal, dass er es sich von seinem Geld kaufen darf, wenn er es haben möchte. Aber dazu kommt er gar nicht, denn das ist nun der dritte Tisch hintereinander, an dem der Standbesitzer sagt: »Gefällt es dir? Na, dann schenke ich es dir!« — »Ganke!«, strahlt ihn mein Sohn an und stopft den Hubschrauber in seinen Rucksack, der sich zunehmend füllt. Meine Töchter beobachten, dass ihr Bruder ständig Sachen geschenkt bekommt, während ihr Geldbestand schon erheblich abgenommen hat, weil sie bezahlen müssen. Schnell haben sie verstanden, dass das mit dem »Mitleidsding« zu tun haben muss, und entwickeln behände eine Erfolg versprechende Methode: Sie bleiben nah bei uns, aber nicht zu dicht bei ihrem Bruder, warten, bis er wieder etwas geschenkt bekommt, und drängen sich dann rasch neben ihn und outen sich als Schwestern, indem sie sagen: »Oh Jonas, was hast du denn da Schönes gekauft?« Nun folgt Jonas' vor Glück strahlendes »Mi schenk!« und das Zeigen mit dem kleinen Zeigefinger auf den Standbesitzer, der es sich nun natürlich nicht nehmen lassen kann, auch den beiden süßen Mädchen etwas zu schenken. Echt clever, meine Kinder! Ich überlege beim Weitergehen noch, ob ich aus erziehungstechnischen Gründen einschreiten und das seltsame »Kaufverhalten« unterbinden soll, entscheide mich dann aber dafür, den Dingen ihren Lauf zu lassen und die Sache aus einem entspannten Blickwinkel zu betrachten. Warum auch nicht? Schließlich darf es ja auch durchaus ein paar Vorteile haben, behindert zu sein bzw. ein behindertes Geschwister zu haben. Schmunzelnd muss ich an den Film »Rainman« denken ...

Gelernt ist gelernt. Es mag ja viele Dinge geben, die mein Sohn nicht so fix raus hat, aber wenn es sich um die Beschaffung von Essen dreht, beweist er größte Cleverness und unglaubliches Geschick! Reihenweise wickelt mein kleiner Charmeur die Leute um seinen Finger …

Juni 2001

Wieder mal beim Einkauf. Als wir an der Metzgertheke vorbeikommen, zupft Jonas (8) an meinem Ärmel: »Mama, Wuas bitte!« – »Na schön, dann such dir mal eine Sorte Wurst aus.« Jonas' Finger schnellt nach vorn: »Lami!« – »Bitte geben Sie mir 100 g von der Salami.« – »Möchtest du eine Scheibe zum Probieren haben?«, fragt die nette Verkäuferin mein Kind. »Jooaa! Bian!«, ist Jonas gleich dabei und hält schon die Hand hin. »Hmm, smecks läcka!«, beurteilt er fachmännisch. Dann zeigt er auf eine andere Sorte Wurst und fragt die Verkäuferin mit seinem charmantesten Lächeln: »Bian?« Sie lacht. »Ach, du möchtest auch die Lyoner probieren? Na, von mir aus gern!«, und gibt ihm eine Scheibe davon. »Hmm, smecks läcka!«, kommt es wieder, und bevor Jonas erneut die Hand ausstreckt, beeile ich mich zu sagen, dass es jetzt gut ist und wir weitergehen. Der erwartete Protest bleibt nicht aus: »Mama, Wuas bian!« – »Nein, Jonas, jetzt hast du zwei Sorten probiert, jetzt ist es genug.« – »Ach, lassen Sie ihn doch!«, fällt mir die Verkäuferin in den Rücken und hält Jonas bereits die nächste Scheibe hin. »Hier, probier mal diese Schinkenwurst! Ist meine Lieblingssorte!« Freudig nimmt Jonas die Wurst entgegen und bedenkt mich mit einem triumphalen Blick. »Hmm, smecks läcka au!«Jonas reibt sich genießerisch den Bauch. Und als er nun auf die großen Fleischwurstringe zeigt, die links vor ihm hinter Glas aufeinandergestapelt liegen, zucke ich innerlich zusammen. »Nein, Jonas, jetzt reicht es wirklich. Wir gehen jetzt weiter!« – »Nein!«, empört sich Jonas. »Will Wuas bian!« — »Komm, die eine kriegst du noch, und dann gehst du brav mit deiner Mutti weiter, okay?«, und als Jonas zustimmend nickt, reicht ihm die Verkäuferin ein Stück Fleischwurst über die Theke. Mir steigt die Röte ins Gesicht. Ich bedanke mich herzlich und nehme mein genussvoll schmatzendes Kind an der Hand mit mir. Einige Reihen weiter, als ich von meiner Suche nach Nagellackentferner zurück zum Einkaufswagen komme, muss ich feststellen, dass Jonas nicht mehr danebensteht. Na, ich kann mir denken, wo ich ihn suchen muss, und eile zur Wursttheke zurück. Aber da ist mein Kind nicht. Nun doch etwas ratlos schaue ich suchend umher, und plötzlich kommt mir eine Idee. Er ist doch nicht etwa …? Doch, ist er! Ich finde meinen Sohn mit dicken Backen an der Bäckertheke stehend, ein trockenes, angebissenes Sesambrötchen in der Hand, und höre ihn sein »Hmm, smecks läcka!« zum Besten geben.

Nun ist es längst August geworden. Die Kinder sind wieder wohlbehalten aus ihren Freizeiten zurück und Maren und Elli schwärmen nur so von der tollen und abenteuerlichen Zeit bei den Elchen (sie haben tatsächlich welche gesehen). Auch Jonas scheint es gut gefallen zu haben und hier und da lässt er einen Brocken Information fallen, bleibt aber nach wie vor erzählfaul, obwohl er den ganzen Tag über viel redet.

Wie braun sie alle geworden sind, meine Sommerkinder! Und so hübsch: Die Mädchen sehen in ihren Bikinis zum Anbeißen aus. Perfekte Figuren, wohlgeformte Rundungen, gut verteilte Proportionen, straffe Haut – meine Töchter sind Frauen geworden. Und ich werde alt …

Vor allem Jonas hat sich in Spanien am Meer viel Farbe geholt und blonde, von der Sonne gebleichte Haare – steht ihm richtig gut. Überhaupt finde ich, nachdem ich ihn zwei Wochen nicht gesehen habe, dass er ein richtiger junger Mann geworden ist. Hat noch mehr von seiner Kindlichkeit verloren.

November 2004

Jonas (11) wird erwachsen! Gerade entdeckt er die ersten Schamhaare an sich. Stolz kommt er mit heruntergelassener Hose und nacktem Po in die Küche gewatschelt und verkündet lauthals: »Mama, guck! Hab Raare da! Ich kleina Vater!«

Gestern legte Elli Jonas ihren Arm um die Schultern und schrie plötzlich erschrocken auf. »Ahh, Jonas ist ja größer als ich!« Sofort kamen alle herbeigerannt. Tatsächlich! Jonas überragt seine Schwester um ein klitzekleines, aber doch sichtbares Stück. Er konnte sein Glück kaum fassen, war außer sich vor Freude! Endlich ist er nicht mehr der Kleinste in der Familie und seine Prophezeiung, die Zwillinge zu überholen, ist mit dem gestrigen Tag ein Stückchen näher gerückt. Wir stellten uns nacheinander Rücken an Rücken, um zu vergleichen, wer wen bald eingeholt oder überholt hat. Maren ist kaum kleiner als ich, aber ein knappes Stück größer als Eliane, und Jonas genau zwischen den Mädchen. Wolfgang lieferte sofort eine Theorie für das Mysterium der eineiigen Zwillinge, die unterschiedlich groß sind. »Elli, das kommt wahrscheinlich davon, dass du sieben Jahre lang strenge Vegetarierin warst. Da hat Maren nun den entscheidenden Eiweiß-Vorsprung!«

Jonas stellte sofort die neue Familienhierarchie auf, indem er nachdenklich und mithilfe seiner Finger einzeln alle durchging: »Ers komms Papa, dann Kathanini is sweitgroßes, dann Mama dran, kommses Maren nach, dann kommses ICH und dann – (mit sich überschlagender Stinme) kleina Elli!«, und klatscht sich laut prustend auf die Schenkel. Wir lachen uns halbtot.

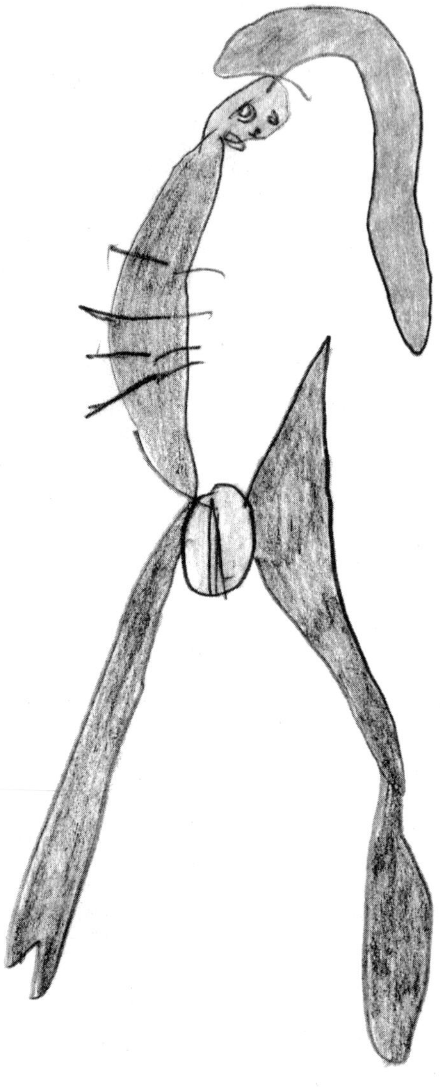

Familienurlaub

Die Ferien neigen sich dem Ende zu. Aber ein Highlight soll noch kommen: eine Woche Familienurlaub in Kroatien. Nachdem wir drei Jahre hintereinander nicht mehr zusammen fort waren (ist immer schwierig mit unserem vielen Viehzeug, dem großen Hof, Pool und Garten mit Gewächshaus und was sonst noch versorgt, gefüttert, Gassi geführt, gechlort oder gegossen werden muss), sind wir auf den Wunsch von Maren und Eliane eingegangen, dieses Jahr mal wieder was zusammen zu machen. Vielleicht ist es ja der letzte Urlaub, den unsere Mädchen noch mit ihren alten Eltern teilen wollen.

Es ist wunderschön in Kroatien. Zumindest das Meer, die Landschaft und die Luft. Ansonsten ist es ein ziemlich schwieriger Urlaub. Nichts scheint zu passen und es ist furchtbar anstrengend, alle unterschiedlichen Vorstellungen und Wünsche der einzelnen Familienmitglieder unter einen Hut zu bekommen. Die Twinsis wollen entweder am Strand »chillen«, im Städtchen shoppen und abends Party machen oder in die Disco gehen. Jonas will am liebsten gar nicht aus der Ferienwohnung, weil es ihm draußen zu heiß ist. Das Animations-Programm für Kinder lehnt er ab, schließlich ist er ja keines mehr. Stattdessen steht er am Rand des Pools, schaut traurig den Wasserball spielenden Jungs zu und würde am liebsten reinspringen und mitmachen. Aber das erlaubt ihm sein Teenager-Ehrenkodex ja nicht (»Hallo, bin kein Kind nich mär!«). Wolfgang verkneift sich zu sagen, dass er von Anfang an gegen so einen doofen animierten Urlaub war. So was haben wir auch noch nie gemacht, aber ich dachte, es wäre gut, wenn Jonas Programm geboten bekäme, da er sonst nur uns oder seinen Schwestern ständig am Rockzipfel hängt. Und die Mädchen wollten unbedingt Leute kennenlernen und Party machen und auch mal Hotelatmosphäre schnuppern mit Schlemmen am Buffet. Ich hatte auch nichts dagegen, mal eine Woche lang nicht kochen zu müssen … Das Essen hier ist aber alles andere als irgendwelche Sterne wert. Und zu allem Übel wohnen wir genau im Zentrum der Anlage am Pool, und das Animationsprogramm, das über den ganzen Tag verteilt stattfindet, wird über riesige Lautsprecher in vier Sprachen übertragen, sozusagen direkt vor unserer Tür. Von morgens 9.00 Uhr bis nachts 00.30 Uhr dröhnt laute Disco-Musik oder nerviges Gequatsche über die Boxen. Macht fast nichts – ich kann ja sowieso nicht schlafen, bevor meine ausgehfreudigen Töchter wohlbehalten in ihren Betten liegen. Also insgesamt ein ziemlicher Flop, unser Urlaub.

Für Teens ist so gut wie gar nichts geboten, sie müssen sich selbst arrangieren. Ist ja auch kein großes Problem – wenn man es kann. So wie die Mädchen, die rasch Anschluss gefunden haben und nun ständig in einer Clique (bestehend aus drei 20-jährigen Italienern und fünf 16- und 17-jährigen deutschen Mädchen) unterwegs sind. Sie haben keine Lust, Jonas ins Schlepptau zu nehmen. Alleine bekommt er aber nirgends Anschluss, wie immer geht kein anderer Gleichaltriger auf ihn zu.

Am Rande des Spielplatzes sitzend

beobachte ich

bedauernd
das kleine Mädchen,
wie es ängstlich davonläuft
vor deiner etwas ungestümen Art,
auf sie zuzugehen;

enttäuscht,
wie die großen Jungs
dich fortschicken,
weil du ihnen lästig bist;

erleichtert,
dass ein fremdes Kind
sich für dich interessiert;

froh darüber,
wie dieser Gleichaltrige
dich aufmunternd zu sich ruft;

argwöhnisch,
dass er dich
für seine Zwecke missbraucht;

zornig,
dass der Junge sich darüber amüsiert,
einen Dummen gefunden zu haben;

betrübt,
wie du seine Absicht fehldeutest
und dich daran erfreust,
gebraucht zu werden;

getroffen,
dass du sein hämisches Grinsen
nicht einmal bemerkst.

Zweimal versuche ich für Jonas etwas einzufädeln und begleite ihn zum Dartspielen und Tischtennis. Kaum angekommen, schickt er mich wieder weg, schließlich bin ich die einzige Mutter weit und breit. Die anderen Teens sind ja auch ohne Eltern hier. Wie peinlich für ihn. Es dauert aber keine Viertelstunde, da steht Jonas wieder in unserem Bungalow. Weinend, zitternd vor Wut. Ganz erregt versucht er uns zu schildern, was passiert ist, aber wir verstehen nur die Hälfte. Irgendwie muss es Zoff gegeben haben und ich kann mir die Szene bildlich vorstellen: Jonas hatte wahrscheinlich andere Vorstellungen von den jeweiligen Spielregeln und wollte daran partout festhalten. Das hat dann zum Streit geführt. Jedenfalls steht er nun hier und weint bittere Tränen des Ausgestoßenseins. Wieder mal. Und ich Heulsuse weine natürlich mit.

Ich bin hin- und hergerissen zwischen Mitgefühl für mein armes Kind und Ärger, dass Jonas sich so wenig Mühe gibt, sich auch nur ein bisschen anzupassen. Das kann er eben überhaupt nicht. Er ist, wie er ist, daran gibt es nichts zu rütteln. Das ist ja auch im Grunde gut, aber es macht ihm das Leben oft so viel schwerer. Er hat einfach keinen Blick dafür, dass er sich den »Luxus« nicht wirklich leisten kann, andere zurückzuweisen, ständig auf sein Recht zu pochen, das letzte Wort zu haben etc. Spielerisches Ausprobieren, den anderen erst mal vorsichtig kennenlernen, sich sachte aufeinander einlassen – das sind für Jonas alles Fremdwörter. Er stolpert in die Situation, prallt auf sein Gegenüber und konfrontiert es sofort mit seinem herausfordernden Hier-bin-ich-wie-ich-bin. Bestimmt bin ich die Letzte, die findet, er müsse immer klein beigeben, sich verstecken oder unterordnen, aber ich bedauere es auch, dass er so wenig diplomatisches Geschick hat und sich selbst auf diese Weise oft im Weg steht. In solch pubertären Zeiten ist dieser unangenehme Zug bei Jonas extrem ausgeprägt und ich hoffe und wünsche für ihn, dass sich das wieder etwas legt.

März 2007

Jonas hat im Dorf derzeit nur einen einzigen Freund. Maxi ist 11 Jahre alt, also drei Jahre jünger als Jonas. Er war bisher auf einer Förderschule und geht seit diesem Jahr nun auch auf Jonas' Schule. Sie verstehen sich ganz gut. Schwierig ist manchmal der gravierende Altersunterschied. Nicht etwa, weil Jonas so viel reifer wäre (die beiden passen von ihrem Spielniveau wirklich gut zusammen), sondern weil er manchmal meint, den Älteren raushängen zu müssen. Es kann sein, dass Max klingelt und Jonas ihn dann eiskalt abserviert: »Nö, Maxi, kein Bock dir spiele. Bin kei Kind mär. Geh Hause!« Zum Glück gibt Max nicht auf und klingelt meist am nächsten Tag wieder. Diesmal öffnet Jonas die Tür, ruft begeistert: »Maxi, mei Feund! Du komme mir? Wills spiele? Jooaah! Komm rei!« Glücksspiel ... Ich habe schon mehrfach versucht, Jonas klarzumachen, dass das sehr verletzend sein kann, wenn er seinen Kumpel so verprellt, aber Jonas ist da eindeutig: »Mama, wenn kei Bock, dann kei Bock!«

Dazu kommt, dass trotz jahrelanger logopädischer Behandlung Jonas' Sprachschatz und -gebrauch immer noch zu wünschen übrig lassen.
Schon oft habe ich mir Sorgen gemacht um das Sprechenlernen bei Jonas. In diesem Punkt hinkt er wirklich sehr hinterher und mein jahrelanges Hoffen, dass es eines Tages viel besser sein wird, habe ich inzwischen an den Nagel gehängt.

Keine Fahrkarte

In den Momenten,
in denen
ich nicht verstehe,
was du
mir sagen willst,

fühle ich
deinen Schmerz
des Unverstandenseins

und wünsche mir
aufs Neue,
du könntest
mich mitnehmen

auf die Reise
in deine
mir fremde
Gedankenwelt.

Mit den Jahren findet Jonas doch immer mehr Worte. Nicht viele und meist auch falsch ausgesprochen und schon gar nicht in grammatikalisch richtiger Reihenfolge, aber immerhin Wortfetzen, die ihm helfen, seine Gedanken auszusprechen. Den Rest übernehmen überdeutliche Mimik und Gestik. Und oft haben Jonas' Kreationen schon allseits zu Lachmuskeltraining geführt:

Juli 2004

Jonas (11) kommt von der Schule heim. Durch die offenen Fenster höre ich ihn schon von Weitem immer wieder singen: »ohohoh ... ama Floh ... sess Beine ... Holspopo ...« Die Worte dazwischen lässt er einfach weg – wozu auch, wenn alles Wesentliche gesagt ist?!

Dezember 2004

Jonas (11) und Wolfgang spielen in der Küche Mühle. Während ich im Bad Wäsche zusammenlege, lausche ich höchst amüsiert ihrer Unterhaltung.

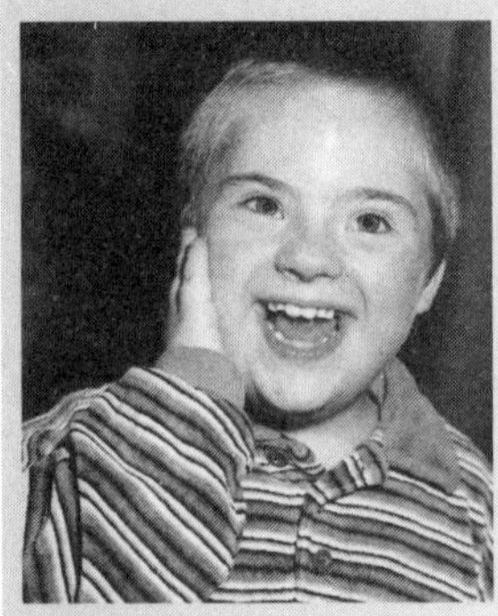

Wolfgang:»Jonas, mach! Du bist dran!«
Jonas: »Waate, Papa! Ich lege!«
Wolfgang:»Das heißt: ich ÜBERlege! Legen tun die Hühner Eier!«
Jonas: »Du rech, Papa! Ich kein Hühna mär!«

Juni 2006

Jonas (13) spielt mit seinen Gummitieren. Wolfgang setzt sich zu ihm und nimmt sich ebenfalls ein Tier. Jonas begeistert: »Au ja. Is spije bade!« (Direktübersetzung: Au ja. Ich spiele beide. Er meint aber: Au ja, wir spielen beide zusammen.)
Wolfgang daraufhin grinsend zu mir: »Weißt du, warum er ›ich beide‹ sagt? Das ist total logisch, denn schließlich bestimmt ausschließlich er die Regeln, nach denen wir beide dann spielen sollen!«

September 2006

Wolfgang und ich gehen mit Jonas (13) und seinem Freund Patrick ins Kino. Mit Getränken und Popcorn ausgestattet, betreten wir den Kinosaal. Jonas ist voller Vorfreude und fragt Patrick: »Feus du?« Bevor dieser antworten kann, verbessert Wolfgang: »Das heißt: Freust du dich?«
Jonas wiederholt: »Feus dich?« Wolfgang belustigt: »Nein! Freust du dich?« Nun reicht es Jonas und er fragt Patrick: »Du Film mags?« Wolfgang gibt auf...

Dezember 2006

Mit korrekter Aussprache hat Jonas (13) ja sowieso seine Mühe. Als er dann aber zusammen mit mir im Musical »Maria« mitsingt und den Text üben soll, der ziemlich schnell gesungen wird, kommt er absolut an seine Grenzen. Statt »Gloria, Gloria, Gloria – in excelsis deo« singt er voller Überzeugung: »Flora, Flora, Flora – Gsels is Theo!« Auch gut!

Januar 2007

Auf der Autobahn nimmt Jonas (14) sehr genau den nicht aufhören wollenden Stau auf der Gegenseite zur Kenntnis und spricht erleichtert laut aus, was wir alle denken: »Foh bin, hier sin!«

Da uns Jonas' Wortschatz so vertraut ist und einige seiner Wortschöpfungen einfach genial sind, haben wir sie mehr oder weniger bewusst in unseren Familienjargon übernommen (wobei wir meist darauf achten, uns nicht in Jonas' Beisein so zu unterhalten).

Wenn ich mich z.B. von Katharina verabschiede, bekomme ich grundsätzlich ein liebevolles »De Baas de dir!« mit auf den Weg (= Ich wünsch dir viel Spaß!), und wenn ich dann wiederkomme, heißt es allgemein »Du hiiiier?« (= Wieso bist du schon wieder/überhaupt/noch immer hier?).

Vor dem Mittagessen gibt es ein fröhliches »Gudn Titt alle nander!« (= Guten Appetit alle miteinander!) zu hören, und wenn Wolfgang Eliane um etwas zu trinken bittet, dann heißt das: »Abblsoole oda Rooschensaff titte!« (= Reich mir mal die Apfelschorle oder den Orangensaft, bitte!) Wenn Elli dann Lust auf ein weiteres Spielchen hat, lehnt sie sich extrem weit zurück, streckt die Hand so weit aus, dass sie nicht ganz an die Flasche kommt und verkündet bedauernd: »Eng! Eng!« (= Tut mir leid, aber ich komme auch nicht ran!).

Weil ich den Wecker auf meiner Bettseite stehen habe, fragt mich mein Mann dauernd »Ua spät?« (= Wie spät ist es bitte, Liebling?), und wenn er auf dem stillen Örtchen sitzt, aber leider kein Toilettenpapier zur Verfügung hat, ruft er laut »Bauch Bobbobier!« (= Schnucki, könntest du mir bitte eine Rolle Toilettenpapier bringen?). Komme ich zu Maren ins Zimmer und störe sie im Gespräch mit ihrer Zwillingsschwester, schickt sie mich mit einer wedelnden Handbewegung und den gehauchten Worten »Nixe dich – Heimnis!« aus dem Raum. (= Das ist nichts für dich! Geheimnis!)

Es gibt noch unzählige solcher Beispiele, hier nur noch ein paar: Eine Unterhose heißt bei Jonas Osterhose, komisch ist kömisch, Nicnic ein Picknick und ein Luftballon ist ein Luffgebong. Lustig sind auch seine zusammengesetzten und durchaus sinnvollen Neuschöpfungen wie z.B. »weggepennt« (aus weggetreten + eingepennt), »reingäppelt« (aus reingelegt + veräppelt) oder »ich weiß nich mär ein« (= ich weiß es nicht mehr + es fällt mir nicht mehr ein) und »unser dran« (= das gilt/gehört uns + nun sind wir dran).

Und seit etwa einem Jahr hat Jonas den Tick mit der Verniedlichung – auch zum Brüllen gut!

Mai 2006

Jonas (13) verniedlicht und verkleinert gerade alles und jeden in seiner Sprache. So reichen wir ihm »Käslein« und »Wuaslein, Brotili oder Buttili« über den Tisch und amüsieren uns über »Mamalein« und »Opilili«. Wieder mal gehen Jonas' kreative Ideen in unseren allgemeinen Familienwortschatz über und so ruft Wolfgang gerade überspitzt und zuckersüß einschmeichelnd: »Ellilili oder Marenlein, kann eine von euch beiden dem lieben Papilili kurz im Gärtlein helfen beim Salätlein pflanzen?«

Dieser Urlaub in Kroatien fordert uns als Eltern komplett. Für uns selbst bleibt eigentlich nicht viel an Entspannung übrig, so viel Nerven kostet uns das tägliche Ausloten und Diskutieren neuer Regeln und Grenzen mit den Mädchen. Je mehr sie ausgehen und vor allem abends nicht heimkommen wollen, desto weniger will Jonas das Haus verlassen und am liebsten will er nur noch vor dem Fernseher sitzen, den es auch hier im Bungalow gibt. Was wir Eltern wollen, danach fragt keiner. Ich frage mich, wofür wir eigentlich die 1000 km ans Meer gefahren sind (in einer 16-stündigen Horror-Fahrt, die hauptsächlich aus Stau bestand!), und auch Wolfgang hadert mit diesen – wenn man die Fahrtzeit abzieht – letztlich verbleibenden fünf Tagen, die die Bezeichnung Urlaub überhaupt nicht verdienen. Wir haben das Gefühl, dass hier der Satz noch mehr zutrifft, den ich kurz vor unserer Abfahrt meinem Mann gegenüber nach einer Auseinandersetzung mit unseren Zwillingen seufzend geäußert habe: »Das Zusammenleben mit den Teens fühlt sich immer weniger nach Familie an. Es bekommt immer mehr den Charakter einer großen Wohngemeinschaft.« – »Ja, hast recht«, pflichtet mir mein Mann, ebenfalls stöhnend, bei. »Und zwar einer, in der grundsätzlich jeder nur noch macht, was er will.« An schwarzen Tagen habe ich das Gefühl, für die Kinder nur noch als Chauffeurin, Wäscherin, Köchin und Taschengeldgeberin wichtig zu sein. Fühle mich öfter ausgenützt und in meinen Bedürfnissen völlig übersehen und missachtet. Dampfwalze Pubertät – da müssen alle Eltern durch! Und wir eben gerade parallel mal drei. Heftig.

Wir machen von unserer Ferienanlage aus eine ganztägige Schiffsfahrt. Nun hat das Boot gerade in einem traumhaft schönen Städtchen angelegt und wir haben eine Stunde Zeit zur freien Verfügung, bevor wir wieder an Bord sein müssen. Entzückt entdecken wir die vielen schmalen Gässchen im Altbauviertel mit den verlockenden kleinen Läden und einladenden Straßencafés. Maren und Eliane verabschieden sich nach fünf Minuten von der Familie, die ja leider gerade keine allzu idyllische Umgebung darstellt, und biegen links ab in einen »coolen Klamottenladen«. Wolfgang und ich schlendern Händchen haltend eine Gasse entlang, uns gegenseitig auf die urige Bauweise mancher Häuser aufmerksam machend, Jonas schlurft lustlos hinter uns her. Würde viel lieber jetzt im Bungalow hocken und Fernsehen glotzen oder mit uns »Mollypolly« spielen. Als ich mich ein paar Sekunden später wieder nach ihm umdrehe, ist er verschwunden. NEIN! Bitte nicht schon wieder! Panisch blicken wir uns in der (von Touristen recht gut bevölkerten) Fußgängerzone um und entdecken unseren Sohn 50 Meter hinter uns vor einem Schaufenster. Ich gehe zurück, bin neugierig, was seine Aufmerksamkeit gewonnen hat: Aha, eine Videothek. Wie gebannt schaut Jonas in das Fenster und ist begeistert, hier im Urlaub, so weit weg von zu Hause, viele seiner »Freunde« wieder zu entdecken: Shrek, Spiderman, Harry Potter, Mickey Mouse und sogar seine momentane Lieblingsfigur: den Piraten Captain Jack Sparrow… »Mama, guck! Films hia!« – »Ja, das ist eine Videothek, da kann man Filme ausleihen!« – »Will Films leihn! Mama, bitte!« Ich lache. »Nein, Jonas, ich leihe jetzt bestimmt keinen Film hier. Wir sind doch nur auf der Durchreise und kommen gar nicht wieder hierher, um ihn wieder abgeben zu können.« – »Nein, nich abgeben wieda nich. Halten!« »Jonas, geliehene Filme kann man nicht behalten, die muss man wieder abgeben.« – »Will aba haam! Bitte Mama, kauf mich!« – »Jonas, ich kauf jetzt hier auch keinen Film für dich, weil die alle auf Kroatisch sind, das ist doch eine ganz andere Sprache, die wir gar nicht verstehen.« – »Egal, Mama! Kauf mich!« – »Nein, Jonas!« – »Bitte, Mama!« – »Nein, tut mir leid, aber das macht wirklich keinen Sinn!« – »Oh Mann, imma du wills!« – »Jonas, lass uns jetzt weitergehen und sehen, was wir anderes für dich finden!« – »Nein, will Films haben! Imma du Bestimma! Lass mich Ruhe! Mei Scheidung!« Ich werde zunehmend sauer: »Nein Jonas, das ist nicht allein deine Entscheidung, denn wir warten auf dich! Wir wollen weitergehen und können dich hier nicht allein lassen, also bitte, komm jetzt!« – »Nö, wills nich. Will Films haam!« Und so geht das noch eine Weile. Am Ende hab ich keine Lust mehr zu diskutieren und zu erklären, lasse meinen Sohn stehen und gehe zurück zu meinem Mann, der immer noch dort steht, wo wir schon waren. Ich erzähle ihm, was gerade vorgefallen ist. Wolfgang verdreht (noch) amüsiert die Augen: »Typisch Jonas!« Wir bleiben stehen, unterhalten uns, schauen uns die Schaufenster links und rechts zum wiederholten Mal an, warten auf unser Kind, das aber nicht kommt. Nun geht Wolfgang zurück, redet auf seinen Sohn ein, der sich inzwischen auf die Gasse vor das Schaufenster gesetzt hat. Als mein Mann zurückkommt und resigniert mit den Schultern zuckt, ist mir klar, dass er dieselbe fruchtlose Diskussion hinter sich hat. Wir warten noch eine Weile, rufen immer mal wieder, Jonas möge doch jetzt kommen, damit wir weitergehen können, und werden zunehmend ungeduldiger und ärgerlicher. Versuchen es mit Trick 17 und kaufen uns ein Eis. Doch das Lockmittel versagt. Jonas bleibt hocken und unterhält sich bestimmt mit Captain Sparrow über seine ganz und gar unmöglichen Eltern. Es reicht. Wir beschließen, genug gewartet zu haben, und setzen unseren Weg fort, wenn auch nur gaaanz laaangsaaam und uns immer wieder unauffällig nach Jonas umdrehend. Der hockt nach wie vor dort und rührt sich nicht von der Stelle. Macht keinerlei Anstalten, aufzustehen und hinter uns herzukommen. Wir überlegen, wie weit wir ohne allzu großes Risiko weitergehen können. Aber hier kennen wir uns alle nicht aus, müssen selbst darauf achten, uns nicht im Labyrinth der Gässchen zu verirren und pünktlich wieder zurück am Schiff zu sein. Wir dürfen Jonas auf keinen Fall hier verlieren. Ein Blick auf die Uhr verrät, dass wir inzwischen nur noch 35 von den kostbaren 60 Minuten haben. Entsetzt und verärgert laufen wir zurück zu unserem Kind, haken es kurzerhand unter und nehmen es in die Mitte. Jonas protestiert heftig. »Will Films haam!«. Wir ziehen ihn einfach mit uns und Wolfgang erklärt ihm, dass wir nun nicht mehr viel Zeit haben, bis unser Schiff wieder abfährt und wir auch noch ein bisschen was von dem Städtchen sehen wollen. Jonas aber fängt an zu weinen und wiederholt stur sein »Will Films haam!«. Ich versuche ihn abzulenken und mache ihn auf andere Schaufenster aufmerksam, in denen es auch Interessantes gibt. Aber Jonas will nur Films haam. Da entdecke ich einen Schreibwarenladen und habe eine Idee: »Komm, Jonas, wir gehen da mal rein und fragen, ob sie die Harry-Potter-Aufkleber haben, die du sammelst. Da ist es ja egal, in welcher Sprache sie sind.« Schlagartig ändern sich Jonas' Laune und seine ganze Körperhaltung. Wir verschwinden in dem

Laden und kommen etwas enttäuscht, aber nicht mutlos wieder heraus, denn nun haben wir ein Ziel, das Jonas bewegt, vorwärtszugehen. Ab jetzt gehe ich mit ihm in jedes Geschäft und jeden Kiosk, wo es möglicherweise Aufkleber geben könnte. Wolfgang bleibt jedes Mal draußen stehen und ich sehe, wie sehr die Situation an ihm nagt. Natürlich hatte auch er sich auf diesen Ausflug gefreut, insbesondere auf diesen Freigang in dem malerischen Örtchen hier. Wahrscheinlich hat auch er sich vorgestellt, mit mir Hand in Hand verliebt durch die Gässchen zu schlendern und vielleicht genüsslich irgendwo einen Cappuccino zu trinken – stattdessen jagt seine Frau nun mit seinem Sohn von einem Laden zum anderen auf der Suche nach irgendwelchen dämlichen Zauberer-Bildchen. Und gleichzeitig schenkt mir Wolfgang einen dankbaren Blick dafür, dass ich mich so um unser Kind kümmere. Wieder am Hafen angekommen, haben wir immer noch keine Bilder gefunden, und damit Jonas nicht völlig gefrustet wieder mit aufs Boot muss, habe ich ihn an einem Kiosk auf ein Harry-Potter-Kartenspiel aufmerksam gemacht, das er sich dann völlig begeistert kaufen darf. Puh, gerade noch mal gut gegangen! Nicht auszudenken, wie der Nachmittag weiter verlaufen wäre mit einem schlecht gelaunten Jonas auf dem voll besetzten Schiff…

Als ich später an Bord oben auf dem Deck an der Reling stehe, kommt Wolfgang zu mir, legt seinen Arm um mich und flüstert mir zu, dass er diesen Tag gerne mit mir allein genossen hätte und sich so gestört gefühlt habe durch Jonas. »Ich empfinde es manchmal wirklich als Last, ständig nach ihm schauen und seinen Bedürfnissen gerecht werden zu müssen. Irgendwie hat er uns doch alle in der Hand und bestimmt durch seinen Mangel an Einsicht den ganzen Ablauf. Und da er genau weiß, wie sehr wir seine Ausbrüche in der Öffentlichkeit fürchten, hat er uns echt am Wickel. Manchmal bin ich es wirklich leid!« Ich verstehe ihn so gut, auch wenn Jonas' Verhalten mich gerade heute nicht so getroffen hat.

Mai 2005

Manchmal liegt die ganze Verantwortung und das ewige Sichkümmernmüssen, Sorgetragen, Vorausplanen, Organisieren und Sittersuchen rund um Jonas' (12) Betreuung wie zentnerschweres Blei auf meinen Schultern und ich beäuge neidisch einige Freundinnen, die alle gleichaltrige Kinder und dieses Thema schon seit vielen Jahren aus dem Kopf haben.
Wie sehr wünsche ich mir, dass Jonas endlich auch mal allein bleiben kann!
Aber ich bin nicht fair – wenn ich nur an Sabine mit ihrem Sohn Kai denke, der wahrscheinlich nie in seinem Leben auch nur selbstständig sitzen können wird, geschweige denn laufen oder essen lernen kann, der blind ist und Zeit seines Lebens in jeder Sekunde betreut werden muss, dann verstummt jeder Schrei auf meinen Lippen. Ich darf wirklich nicht undankbar sein!

So lehnen Wolfgang und ich aneinander, blicken dem Horizont entgegen, lassen uns den Wind um die Ohren blasen und unsere Herzen im Gleichtakt schlagen und sind einfach froh, einander zu haben. »Unser Urlaub kommt erst noch! Südafrika!«, flüstere ich Wolfgang ins Ohr. (Mein Mann hat mir doch tatsächlich zum Vierzigsten eine Traumreise geschenkt!) Er grinst breit. Bei der Vorstellung an die gemeinsamen zwei Wochen im November nur für uns allein geht es uns beiden schlagartig besser …

Vollzählig

Die Ferien sind vorüber, der Alltag mit Arbeit und Schule hat uns wieder in seinen Klauen. Ich bin aber auch froh, nach den langen sechs Wochen wieder etwas mehr Struktur und klarere Abläufe zu haben.

Darf es denn wahr sein? Heute ist eine Straßenbahnfahrt mit meinem Vierzehnjährigen im wahrsten Sinne des Wortes in die Hose gegangen! Als ich mit Jonas an der Haltestelle stehe, kurz vor Eintreffen der Bahn, meint mein Held: »Mama, muss Pippi!«, und hält sich dabei die Hand vorne auf den Hosenlatz. Ich schaue mich Hilfe suchend um, zum Glück sind wir allein an der Haltestelle am Dorfrand. »Okay, da vorne ist ein Gebüsch, aber mach schnell, die Bahn kommt gleich!« Jonas eilt davon. Kommt ein paar Minuten später breitbeinig zurück und ruft schon von Weitem verzweifelt: »Mama, Umpfall mach!« Tatsächlich. Während es vorne geklappt zu haben scheint, muss gleichzeitig hinten was schiefgegangen sein. Ich rieche es jedenfalls. »Hab Pups macht. Aba komms mär!«, erklärt mir mein Sohn die Details. In dem Moment kommt die Bahn. Wir steigen ein und gehen ganz nach hinten durch. Jonas setzt sich nicht hin, bleibt steif stehen und hält sich an einer Stange fest. Ich überlege unsere nächsten Schritte. Eigentlich hatten wir geplant, die dreiviertelstündige Fahrt mit einmaligem Umsteigen zu unserer Gemeinde zu unternehmen, weil Jonas heute zum ersten Mal in den Teenkreis gehen darf, da er ja jetzt auch zu den Großen gehört. Und weil die Teens alle selbstständig mit der Bahn oder dem Rad fahren und keiner mehr von Mama oder Papa mit dem Auto gebracht wird, will Jonas das natürlich auch. Nur kann er es eben noch nicht allein. Später vielleicht, wenn wir die Strecke mehrfach geübt haben, mal sehen … Ich überschlage drei Möglichkeiten, die mir einfallen: a) wir fahren wie geplant in die Gemeinde und Jonas muss da jetzt einfach durch, b) wir fahren bis zum Europaplatz, wo wir sowieso umsteigen müssen, und ich schaue, wo ich ihm eine Unterhose kaufen kann und wir ein WC zum Waschen und Umziehen finden oder c) wir steigen an der nächsten Haltestelle aus und fahren wieder zurück. »Jonas, dreh dich doch mal bitte um!«, fordere ich mein Kind auf. Als ich ihn von hinten sehe, ist die Entscheidung gefallen: nichts wie raus hier und nach Hause! Zum Glück kommt bald eine Bahn und auch der anschließende Bus (Jonas bleibt wieder stehen, mag sich gerade nicht auf seinen Allerwertesten setzen, was auch besser so ist) und so sind wir 20 Minuten später wieder zu Hause. Ich verschwinde mit meinem Fasterwachsenen im Bad, putze ihm den Hintern und stelle ihn unter die Dusche. Nachdem er frisch angezogen ist, starten wir mit dem Auto los, damit Jonas noch eine Chance hat, einigermaßen pünktlich zu kommen. »Mama, aba nächs Mal Bahn fahd! Du mi sprochen! Bin große Kärl!« – »Na klar fahren wir das nächste Mal mit der Bahn! Wenn du nicht wieder in die Hose machst, du großer Kerl, du!« Und wir lachen uns beide platt. »Bin Knüller, gell?«, holt sich Jonas noch eine Bestätigung ab.

Katharina ist wieder da!

Als in der Frühe das Telefon läutete, erkannte ich im ersten Moment gar nicht, wer dran war, denn sie meldete sich nur mit einem freudigen »Hallo!«. (Wir wussten zwar, dass sie Ende September zurückkommen würde, aber nicht genau, wann, weil es mit der Buchung des Rückflugs Schwierigkeiten gab.)

»Katharina, bist du's? Wo bist du?«

»Gleich bei euch, ich laufe schon zum Hof rein!«

Wolfgang und ich rannten zur Tür hinaus und konnten es kaum fassen: Das Handy noch in der einen Hand, in der anderen einen großen Trolley hinter sich herziehend und auf dem Rücken den schweren Rucksack, so kam uns unsere Große entgegen. Und strahlte! Ein wunderbares Gefühl, sie nach so langer Zeit wieder im Arm zu haben!

Wir setzten erst mal Kaffee auf, es gab schließlich viel zu erzählen nach einem halben Jahr Argentinien …

Als mittags Eliane und Maren aus der Schule heimkamen, konnten sie ihr Glück kaum fassen und fielen der großen Schwester gleichzeitig um den Hals. Alle waren wir gespannt, wie wohl Jonas reagieren würde auf Katharinas überraschende Heimkehr. Wahrscheinlich mit sich vor Freude überschlagender Stimme. Wie immer beim Nachhausekommen ist Jonas' erster Gang in die Küche, um einen Blick in die Töpfe auf dem Herd zu werfen. »Mama, du kochst du?« Als er Katharina entdeckte, die sich extra in einer Nische etwas versteckt hatte, rief er laut »Katha, du da!«, und das klang eindeutig nach einer schlichten Feststellung, nahm sie in den Arm und drehte dann gleich den Kopf zu mir, um mir triumphierend mitzuteilen, dass er – wie eigentlich immer – recht behalten hatte: »Siehse Mama, Katta da meine Buatstag! Wuss ich doch! Oh Katta, foh du da bis! Mag dir so! Ha, ich rech hab, du komms du!«

November 2006

Ich mache mit dem Friseur (bei meinem Sohn heißt er nur »mei Feund Rudi«) einen Termin für Jonas (13) aus und sage, dass er zum ersten Mal alleine kommen wird. »Wie immer, Frau Zachmann?« – »Ja, wie immer, einfach kurz!«, spreche ich mit Rudi ab und schicke Jonas los. Er muss mit dem Bus ins Nachbardorf fahren und kann fast direkt vor dem Salon aussteigen. »Kei Pobläm, Mama! Mach kei Sorge! Ich schaff alles!«, entgegnet er mir, als ich ihm noch diverse Regieanweisungen mit auf den Weg geben will. Ja, ich traue es Jonas zu, immerhin haben wir oft genug zusammen geübt. Als Jonas knapp zwei Stunden später wieder heimkommt, bin ich megastolz auf ihn. Er auch. Aber nicht in erster Linie darauf, die Aufgabe »Friseurbesuch« so exzellent allein gemeistert zu haben. Triumphal lächelnd zeigt er auf seinen hochgestylten Pony – in leuchtendem Blau!

Da fällt mir eine Szene von vor drei Wochen wieder ein, die ich vollkommen vergessen hatte: Jonas beobachtete, wie ich über den Badewannenrand gebeugt meinen Haaren mithilfe einer Tönung einen ordentlichen Rotstich verpasste.

»Will au! Will blau haben. Blaue Raare! Au ja!« Jonas war begeistert von seiner Idee.

»Blaue Haare willst du? Blau gibt es doch gar nicht als Haarfarbe!«, konterte ich.

»Blau gibses doch!«, hielt er dagegen.

»Na gut, wir können ja mal in der Drogerie schauen, was es für Farben gibt, okay?«, kam ich ihm noch entgegen und dachte an dezente blonde Strähnchen oder einen Ton dunklere Haartönung…

Die Hände in die Hüften gestemmt, den Satz mit einem kräftigen Nicken unterstreichend, steht mein Halbstarker nun vor mir und beweist: »Siehse Mama Doro, gibses doch blaue Raare! Ich rech! So! Basta jetz!«

Ich liebe Happy Ends! Egal, ob im Film, im Roman, im Theater – wenn sich am Ende der Kreis schließt, dann seufze ich zufrieden. Was ich überhaupt nicht mag, sind offene Enden. Wenn man einfach nicht weiß, wie es denn jetzt weitergeht, oder gar aufgefordert ist, sich den Schluss selbst zu basteln. Das sind dann Filme und Storys, die mich tagelang beschäftigen, aber auf eine ungute, weil unruhige Weise. Geschichten jedoch, die einen »guten Ausgang« haben, gehen mir zwar auch oft noch tagelang durch Kopf und Herz, aber sie haben etwas Beruhigendes, Harmonisierendes, zart Ausklingendes … Natürlich bin ich realistisch genug, zu wissen, dass das Happy End nicht das wirkliche Ende ist. Wenn sie und er den ganzen Film über darum ringen, endlich zusammenzukommen und sich dann am Ende glücklich in den Armen liegen, ist das zwar ein schönes Happy End – aber noch viel mehr der Anfang ihrer Beziehung. Denn jetzt geht's erst richtig los, jetzt wird es erst wirklich spannend, wenn es heißt, Alltag zu leben, Kinder zu bekommen und zu erziehen, sich den Belastungen in Beruf, Ehe, Familie etc. zu stellen. Alles andere ist ein nettes Vorspiel – aber eben eines mit Happy End.

Ich mag Filme, in denen ich lachen und weinen kann. Ja, beides! Nur Klamauk ödet mich meist an, sagt mir nichts. Und ausschließlich Schmerz und Tränen finde ich schrecklich anstrengend, auslaugend. Die Mischung macht's! Wie im wirklichen Leben! Da wohnen Schmerz und Liebe, Lachen und Weinen (ja, ich gebe zu: bei mir besonders), Gesundsein und Krankheit, Tod und Leben doch auch ganz nah beieinander, sind oft ineinander verflochten und geben einander erst den eigentlichen Sinn. Keines gibt es ohne das andere. Was wäre mir das Leben wert auf der Sonnenseite, wenn ich nicht wüsste, dass es auch Schatten gibt?

Ich weiß nicht, wie die Geschichte mit Jonas weitergeht. Happy End? Wie sähe das aus? Ich weiß nicht, ob er noch einmal oder gar mehrfach operiert werden muss, ob er eine künstliche Klappe braucht oder gar mit der 2 bis 3 alt werden kann. Ich weiß nicht, ob er überhaupt alt wird. Ich kann es auch nicht wissen. Bei Jonas genauso wenig wie bei unseren Töchtern, meinem Mann, mir selbst oder sonst irgendwem … Happy End? Man könnte meinen, dass es keines ist, aber trotz all der vielen Turbulenzen, die mich in diesem Jahr durchgewirbelt haben, bin ich im Moment auf fast schon unheimliche Weise gelassen. Ich bin fasziniert, dass es möglich ist, ruhig zu sein, ja abzuwarten und Tee zu trinken. Gott macht es möglich. Er schenkt mir diesen Frieden, diese innere Ruhe, diese Gelassenheit. Bei allem, was er mir auch zumutet (oder besser: zutraut?) – er lässt mich tatsächlich nicht im Stich, zeigt mir seine Nähe, gibt mir Kraft für den nächsten Schritt. Und so will ich weitergehen. In eine ungewisse Zukunft – aber an der Hand meines wunderbaren Gottes.

24.9.2007: Jonas wird fünfzehn! Wo sind die Jahre nur geblieben?

Heute fällt sein Geburtstag auf einen Montag und so sind wir alle früh aufgestanden, um uns genügend Zeit für das freudige Ereignis zu nehmen, bevor der Löwenanteil der Familie aus dem Haus stürmt. Heute Nachmittag wird sein großer Wunsch wahr: Wir holen ihn mitsamt seinen Freunden von der Schule ab, treffen uns mit seinen Schwestern dann in der Stadt im Biergarten zum Essengehen (»Mama, will grooße Fleisch mit viiiel Pommes! Un lecka Salat!«) und gehen dann zusammen ins Kino in den neuen Shrek-3-Film. Jonas war gestern Abend deswegen schon ganz aufgeregt. Aber zuerst kommt noch Altvertrautes:

Seit die Kinder klein waren, gibt es bei uns immer dasselbe Geburtstags-Frühstückritual: Erst wenn der Tisch mit hübscher Decke, Kuchen, Brezeln, brennenden Kerzen, Blumen etc. gedeckt ist und die Karten und Geschenke (heute: neues Computerspiel, erstes Handy und eigener Haustürschlüssel – das gehört zum »Großer-Kerl-Sein«!) bereitliegen, darf das Geburtstagskind aus seinem Zimmer kommen (egal, wer es ist, gilt auch für die Eltern). Alle anderen Familienmitglieder haben sich indes vor der Wohnküche aufgestellt und bilden einen Tunnel, indem jeweils zwei sich gegenüberstehen und die Arme zu einem Dach zusammenlegen. Zum Glück haben wir seit vier Jahren unseren Hund, der natürlich auch »mitmachen« darf und somit dafür sorgt, dass es nun endlich paarweise aufgeht. Während wir das schönste aller Geburtstagslieder singen, darf das Geburtstagskind mit eingezogenem Kopf durch den Tunnel gehen, wobei es nur in kleinen Schritten vorankommt, weil es dreimal von den jeweiligen Partnern »eingefangen« und festgehalten wird zum Durchknuddeln, Abküssen, Gratulieren und Rückentätscheln … Jonas singt das Ständchen für sich selbst aus voller Kehle mit, und als wir beim Refrain angekommen sind, bekomme ich von Wolfgang, der neben mir steht, einen liebevollen Knuff in die Seite. Ich bin sicher, er empfindet genau wie ich, dass der Text schon immer wunderschön war, aber heute drückt er mehr denn je aus, was uns alle zutiefst bewegt: »Wie schön, dass du geboren bist, wir hätten dich sonst sehr vermisst!« Da Jonas oftmals Wert darauf legt, das letzte Wort zu haben, will ich ihm hier gern den Gefallen tun: »Schöhöhön, dass bore bin – hädde mich so sähär miss!«

Abschließend

Über acht Jahre ist es nun her, dass mein erstes Buch über Jonas ... *mit der Stimme des Herzens* erschienen ist (aus dem die meisten der hier verwendeten Texte in lyrischer Form entnommen sind). Damals hatte ich bereits den Gedanken, evtl. eines Tages eine »Fortsetzung« zu schreiben, wenn es denn an der Zeit sei. Und nun war es so weit: ich freue mich, dass *Bin Knüller* gewachsen und gereift ist und schließlich geboren wurde und dass ich dieses Buch aus unterschiedlichen Puzzleteilen zusammenfügen konnte. Mir war wichtig, Jonas selbst möglichst viel zu Wort kommen zu lassen, damit seine Originalität sichtbar wird. Seine genialen Aussagen hätte ich mir ja auch nicht ausdenken können! Es hat sich bewährt, all die Jahre Tagebuch zu führen und darin Aussagen und Anekdoten unserer Kinder zu sammeln, auf die ich jetzt zurückgreifen konnte. Perlen aus der Erinnerungsschatzkiste …

Bis auf unsere Familie und Freunde habe ich alle Namen der vorkommenden Personen verändert.

Ich möchte mich bei allen Menschen auf das Herzlichste bedanken, die dieses Buch möglich gemacht und dazu beigetragen haben, dass es ist, wie es ist:

Allen voran natürlich bei meinem einzigartigen Sohn. Jonas, du bist einfach klasse! Ich bin so froh, dass es dich gibt, mein Knüller! Und danke, dass du mich zum Schreiben gebracht hast. So viele Türchen sind seit dem ersten Buch aufgegangen …

Wolfgang, dir danke ich für dein unermüdliches An-mich-Glauben, deine Liebe und Geduld. Was wäre ich ohne dich?

Katharina, hab ganz vielen Dank für deine Verbesserungsvorschläge (und die versteckten Liebesbotschaften dazwischen …).

Eliane, danke, dass du mir Mut gemacht hast, dranzubleiben, als es zäh wurde.

Maren, dir danke ich dafür, dass du so mitfühlend im Blick hattest, was es mit mir macht, Rückschau zu halten.

Mutti und Vati, euch möchte ich von Herzen danken für eure vielfache Unterstützung und eure große Liebe zu dem besonderen Enkelsohn.

Christian, Matthias und Thomas samt Familien: Ihr seid die besten Brüder und meine geliebte bucklige Verwandtschaft …

Anke und Ingrid, meine Seelenschwestern, euch danke ich für eure kostbare Freundschaft, euer stets offenes Ohr und die Tasse Tee mit Apfelsaft …

Unserem Hauskreis und allen lieben Freunden aus der Gemeinde danke ich für euer Mittragen, alle Unterstützung und euer Gebet.

Liebe Familie Keller! Herzlichen Dank für euer Gartenhäuschen, das war meine Rettung!

Stephanie Dressler, hab vielen Dank für deine Bereitschaft, das »Projekt« mit mir zu wagen, und deine zugleich professionelle und freundschaftliche Betreuung.

Bianka, dir danke ich ganz besonders für deine »kollegiale« Begeisterung. Ich habe die Nachricht auf meinem Anrufbeantworter bis heute nicht gelöscht …

Ein ganz dickes Dankeschön an Cora Halder. Sie sind mir ein großes Vorbild im Umgang mit Ihrer Tochter Andrea. Danke für all Ihre Arbeit, Zeit und Liebe, die Sie in die wertvolle Zeitschrift »Leben mit Down-Syndrom« und das deutsche Down-Syndrom-Infocenter stecken!

Und unbedingt möchte ich auch an dieser Stelle noch einmal all den vielen Lesern danken, die mir zum ersten Buch geschrieben haben. Danke für das Vertrauen und die vielen bewegenden Lebensgeschichten, das Interesse an Jonas' weiterem Weg und den deutlich geäußerten Wunsch, mehr von ihm/uns zu lesen. Das hat mir all die Jahre über immer wieder das Ziel vor Augen gemalt, die Stimme des Herzens erneut sprechen zu lassen.

Herzliche Grüße vom »Knüller« und von mir!

Jonas ZAchmann und

Dana Zachmann

Über Zuschriften an den Verlag oder an meine E-Mail-Adresse freue ich mich:

Doro Zachmann
c/o R. Brockhaus Verlag
im SCM Verlag GmbH & Co. KG
Bodenborn 43
58452 Witten

doro.zachmann@gmx.de

Auch zu diesem Buch biete ich gerne wieder eine Lesung an. Bitte wenden Sie sich bei Interesse direkt an mich über die oben genannte E-Mail-Adresse.

DANKE!